枕　草　子

〔日〕清少纳言——著
周作人—译　李妍—注

国际文化出版公司
·北京·

图书在版编目（CIP）数据

枕草子 /（日）清少纳言著；周作人译；李妍注．-- 北京：国际文化出版公司，2020.12
ISBN 978-7-5125-1222-1

Ⅰ．①枕… Ⅱ．①清… ②周… ③李… Ⅲ．①散文集－日本－中世纪 Ⅳ．①I313.63

中国版本图书馆 CIP 数据核字（2020）第 104187号

枕草子

作　　者	〔日〕清少纳言
译　　者	周作人
注　　者	李　妍
责任编辑	宋亚晅
特约监制	胡　峰
策划编辑	王敬波
出版发行	国际文化出版公司
经　　销	全国新华书店
印　　刷	北京柯蓝博泰印务有限公司
开　　本	880 毫米 ×1230 毫米　　32开
	14 印张　　350千字
版　　次	2020 年 12月第 1 版
	2020 年 12月第 1 次印刷
书　　号	ISBN 978-7-5125-1222-1
定　　价	58.00 元

国际文化出版公司
北京朝阳区东土城路乙 9 号　　邮编：100013
总编室：（010）64271551　　传真：（010）64271578
销售热线：（010）64271187
传真：（010）64271187-800
E-mail：icpc@95777.sina.net

目　录
Contents

卷　一

卷　二

卷　三

卷　四

卷　五

卷　六

卷　七

卷　八

卷　九

卷 十

卷十一

卷十二

卷一

菊花上的露水也很湿的，盖着的丝棉也都湿透了，染着菊花的香气特别的令人爱赏。

第 1 段　四时的情趣

春天是破晓的时候最好。渐渐发白的山顶，有点亮了起来，紫色的云彩微细的横在那里，这是很有意思的。

夏天是夜里最好。有月亮的时候，这是不必说了，就是暗夜，有萤火到处飞着，也是很有趣味的。那时候，连下雨也有意思。

秋天是傍晚最好。夕阳很辉煌的照着，到了很接近了山边的时候，乌鸦都要归巢去了，便三只一起，四只或两只一起的飞着，这也是很有意思的。而且更有大雁排成行列的飞去，随后变得看去很小了，也是有趣。到了日没以后，风的声响以及虫类的鸣声，也都是有意思的。

冬天是早晨最好。在下了雪的时候可以不必说了，有时只是雪白的下了霜，或者就是没有霜雪也觉得很冷的天气，赶快的生起火来，拿了炭到处分送，很有点冬天的模样。但是到了中午暖了起来，寒气减退了，所有地炉以及火盆里的火，都因为没有人管了，以致容易变了白色的灰，这是不大对的。

第2段　时节

时节是正月，三月，四五月，七月，八九月，十一月，十二月，总之各自应时应节，一年中都有意思。

第3段　正月元旦

正月元旦特别是天气晴朗，而且很少有的现出霞彩，世间所有的人都整饬衣裳容貌，格外用心，对于主上和自身致祝贺之意①，是特有意思的事情。

正月七日，去摘了雪下青青初长的嫩菜②，这些都是在宫里不常见的东西，拿了传观，很是热闹，是极有意思的

---

① 祝贺主上，指朝贺朝拜。祝贺自己，指年节时的一些习俗。譬如正月初三，有“固齿”之俗，古时，齿象征年龄，固齿寓意着延年益寿的愿望。古人年节时喜食鹿肉或野猪肉，但佛教大昌后，此俗被禁，人们改而食用年糕与盐鱼。

② 原文称若菜，指生在春日的七种野菜：芜菁、荠菜、鸡肠草、芹菜、蘩蒌、鼠麴草和萝菔。七种中，有部分是蔬菜，有部分是可食用的野草。古俗，正月初七，取七草叶片，调而做羹汤，服之，可疗百病，驱邪祟。

事情。这一天又是参观“白马”[1] 的仪式，在私邸的官员家属都把车子收拾整齐，前去观看。在车子拉进了待贤门的门槛的时候，车中人的头常一起碰撞，前头所插的梳子也掉了，若不小心也有折断了的，大家哄笑，也是很好玩的。到了建春门里，在左卫门的卫所那边，有许多殿上人站着，借了舍人们的弓[2]，吓唬那些马以为玩笑，才从门外张望进去，只见有屏风立着，主殿司[3]和女官们走来走去，很有意思。这是多么幸福的人，在九重禁地得以这样熟悉的来去呢，想起来是很可羡慕的。现在所看到的，其实在大内中是极狭小的一部分，所以近看那舍人们的脸面，也露出本色，白粉没有搽到的地方，觉得有如院子里的黑土上，雪是斑剥的融化了的样子，很是难看。而且因为马的奔跳骚扰，有点觉得可怕，便自然躲进车里边去，便什么都看不到了。

---

① 正月初七观青马，是中国极古老的年俗。彼时，古人认为，马是象征纯阳的兽类，青色象征着阳气最盛的春日，观青马可攘福去灾，保人一年康健顺遂。是以，日本宫廷也有了初七观马的习俗，初时，所观亦为青马，但十世纪初，青马被白马替代，也便有了现在的“白马节会”，只是有些时候，还会按照旧俗，称之为青马。

② 殿上人，指有资格上殿朝贺议事的公卿，其官位多在五品以上。舍人，指宫中禁卫，分属左右禁卫府，每府约有禁卫三百人，允许在宫中携带弓箭刀枪，负责宫中警卫。一般说来，舍人皆出身高贵，是有爵位的勋贵子弟。

③ 主殿司，宫中官阶之一，多由有品阶的女官担任，负责掌管宫中的灯油炭火，为后宫十二司之一。

正月八日是女官叙位和女王给禄的日子，凡是与选的人都去谢恩，奔走欢喜，车子的声响也特别热闹，觉得很有意思。

正月十五日有“望日粥”[①] 的节供，进献于天皇。在那一天里，各家的老妇和宫里的女官都拿粥棒[②]隐藏着，等着机会，别的妇女们也用心提防着后边，不要着打，这种神气看来很有意思。虽是如此，不知怎的仍旧打着了，很是高兴，大家都笑了，觉得甚是热闹。被打的人却很是遗憾，那原是难怪的。有的从去年新来的赘婿[③]，一同到大内来朝贺，女官们等着他们的到来，自负在那些家里出得风头，在那内院徘徊伺着机会，前边的人看出她的用意，嘻嘻的笑了，便用手势阻止她说：“禁声禁声。”可是那新娘若无其事的样子，大大方方的走了来。这边借口说：“且把这里的东西取了来吧。”走近前去，打了一下，随即逃走，在那里的人都笑了起来。新郎也并不显出生气的模样，只是好意的微笑，新娘也不出惊，不过脸色微微的发红了，这是很有意思的事情。又或是女官们互相打，有时连男人也打了。原来只是游戏，不知是什么意思，被

---

① 望日，是十五日的别称。旧时，有正月十五加小豆煮粥的习俗，这种小豆粥，就是望日粥。现在，部分地区还保留着这一习俗。

② 粥棒，又名粥杖，是煮望日粥时所用的木柴。相传，十五日，被粥棒击打过后背的女性，更容易怀孕生下男孩。

③ 古代日本，嫁娶之时，多是丈夫前往妻子家，俗称“往来”，旧名为“通”，对此，《源氏物语》中常有提及，中国唐代的一些书籍也有记载。所以，此处的赘婿，指的并不是入赘女方家的男性。

打的人哭了发怒，咒骂打她的人，有时候也觉得是很好玩。宫中本来是应当不能放肆的地方，在今天都不讲这些了，什么谨慎一点都没有了。

其二　除目[①]的时候

有除目式的时候，宫中很有意思。雪正下着，也正是冰冻的时候，四位五位的人拿着申文[②]，年纪很轻，精神也很好，似乎前途很有希望。有的老人，头发白了的人，夤缘要津有所请求，或进到女官的司房，陈说自身的长处，任意喋喋的讲，给年轻的女官们所见笑，偷偷的学他的样子，他自己还全不知道。对她们说："请给好言一声，奏知天皇，请给启上中宫吧!"这样托付了，幸而得到官倒也罢了，结果什么也得不到，那就很是可怜了。

---

① 除目，指官员的转迁任免，为中国古语，"除"有除旧转新之意，唐时有诗云："一日看除目，三年损道心。"古时，日本的官员任用，分内外两套体系，外指地方官员的任免，每年正月初九日到正月十一日，是外官的任免之期，文中所述便是此事。按照惯例，国司任免的多是位阶为五位或五位之下的官员，但有时也有例外，会任用四位的官吏。

② 申文，指申请补用、调任的文书，文书中所叙多为官员的为官履历。每逢官职有缺，候缺的官员便会向国司承递申文，申请补用或调动。申文或为自撰，或请文博士代写。本书第 173 段在历数"美文"时，除提到《白氏文集》和《文选》外，也专辟了一节写"博士的申文"。申文体例仿照中国，格式行文皆与唐代的公文类似。

其三　三月三日

三月三日，这一天最好是天色晴朗，又很觉得长闲。桃花这时初开，还有杨柳，都很有意思，自不待言说。又柳芽初生，像是作茧似的，很有趣味。但是后来叶长大了，就觉得讨厌。不单是柳叶，凡是花在散了之后，也都是不好看的。把开得很好的樱花，很长的折下一枝来，插在大的花瓶里，那是很有意思的。穿了樱花季节的直衣和出袿的人[①]，或是来客，或是中宫的弟兄们，坐在花瓶的近旁，说着话，实在是很有兴趣的事。在那周围，有什么小鸟和蝴蝶之类，样子很好看的，在那里飞翔，也很觉得有意思。

其四　贺茂祭的时候

贺茂祭的时候很有意思。其时树木的叶子还不十分繁茂，只是嫩叶青葱，没有烟霞遮断澄澈的天空，已经觉得有意思。到了少为阴沉的薄暮的时候，或是夜里，听那子规细微的鸣声，远远的听着有时似乎听错似的，几乎像没

---

① 直，意为平常，直衣，指贵人日常穿的衣服，和礼服相区别。一般说来，只有能上殿参政的人才可称贵人，有穿直衣的资格。袿指穿在直衣下面的里衣，通常，人们穿衣时会把衣裾纳入衣裳内，略露出少许，露出的部分，即为出袿。

有，这时候觉得怎样的有意思呢？到得祭日逼近了，做节日衣服用的青杇叶色和二蓝的布匹成卷[①]，放在木箱的盖里，上面包着一些纸只是装个样子，拿着来往的送礼，也是很有意思的。末浓、村浓以及卷染等种种染色[②]，在这时候比平常也更有兴趣。在祭礼行列中的女童在平日打扮，洗了头发加以整理，衣服多是穿旧了的，也有绽了线，都已破旧了的，还有屐子和鞋也坏了，说"给穿上屐子的纽袢吧！""鞋子给钉上一层底吧！"拿着奔走吵闹，希望早日祭礼到来，看来也是有意思。这样乱蹦乱跳的顽童，穿上盛装，却忽然变得像定者[③]一样的法师，慢慢的排着行走，觉得是很好玩的。又应了身份，有女童的母亲，或是叔母阿姊，在旁边走着照料，也是有意思的事情。

① 青杇叶，以青色经线、黄色纬线编织的衣物、丝织品，常用于贺茂祭的祭典；二蓝，有两层表意，一指以红色经线、蓝色纬线编织的丝织衣物，二指印染时蓝色与红色的中间色，也就是现在的淡紫色。

② 末浓、村浓、卷染是染色的三种不同方式。其中，末浓指的是一种上浓下淡的染色方式，染出的颜色多为紫色或者绀色；村浓，又称斑浓，染出的色彩斑驳复杂，浓淡不一，处处参差；卷染，是绞染的分支，中国古代称绞缬，染色时，用若干绢线捆缚住坯布，捆缚方式与位置不一，染色完成后，被绢线捆缚的地方会呈白色。

③ 指执香的童子。举行盛大的佛门法会时，执香在前引领的多是小沙弥；一些祭典中，则会以女童为定者。

第4段　言语不同[①]

言语不同者，为法师的言语，男人的与女人的言语，又身份卑贱的人的言语，一定多废话的。

第5段　爱子出家

使可爱的儿子去做法师，实在是很可怜的。这虽然很是胜业，但世人却把出家的看作木块一样的东西，这是很不对的事情。吃的是粗恶的素食，睡眠也是如此，其实年轻的人对于世上万事，都不免动心吧，女人什么所在的地方，有什么嫌忌似的不让窥见，若是做了便要了不得的加以责备。至于修验者[②]的方面，那更是辛苦了。御岳和熊野以及其他[③]，没有足迹不

① 这段讲的是，因为阶级不同，虽然说着同一种语言，但说话的格调、内涵却不同，底层民众目不识丁、文化素养不高，说话也较为粗俗拖沓。

② 修验者，俗称山伏，为佛教密宗——真言宗的苦修行者，崇尚苦修，通过在山间苦修、跋山涉水、历尽艰险，获取法力。中古时代，以祈福、符咒为主要修行内容的修验者势力是极庞大的。

③ 御岳，指今日日本境内的金峰山；熊野，在古日本纪伊国境内，多山，山皆挺拔雄峻。

到的地方，要遇到种种可怕的灾难，及至难行苦行的结果，渐渐闻名，说有灵验了，便这里那里的被叫了去，很是时行，愈是没有安定的生活。遇有重病的人，去给降伏所凭的妖鬼，也很吃力，到得倦极了瞌睡的时候，旁人就批评说："怎么老是睡觉。"也是苛刻，在他本人不知道怎样，但是也觉得是很可怜的。不过这已经是很从前的事情了。现在法师的规矩也废弛了，所以已是很舒适的了。

第6段　大进生昌①的家

当中宫临幸大进生昌的家的时候，将东方的门改造成四足之门②，就从这里可以让乘舆进去。女官们的车子，从北边的门进去，那里卫所里是谁也不在，以为可以就那么进到里面去了，所以头发平常散乱的人，也并不注意修饰，估量车子一定

---

① 大进，从六品侍从官，位阶不高，却是中宫即皇后近臣。生昌，平珍材之子，惟仲的弟弟，初为文章生，后被擢拔为中宫大进，以郡守之位致仕。其兄惟仲，官至中纳言，履行太政官之职。当时的中宫皇后，是藤原家的女儿，其父藤原道隆，位至关白，类似古代三公，为天皇辅臣。公元990年，藤原道隆之女藤原定子与一条天皇成婚，正位中宫，成为帝国皇后。本书作者就是藤原定子身边的女官。

② 指四柱之门。事实上，在门坊两侧，还有两根立柱，所以，虽名为四足，但实则为六足。古时日本，唯有贵族之家，才能用四足之门。这样形制的门，停车较为方便。

可以靠近中门下车，却不料坐的槟榔毛车[①]因为门太小了，夹住了不能进去，只好照例铺了筵道[②]下去，这是很可愤恨的，可是没有法子。而且有许多的殿上人和地下人[③]等，站在卫所前面看着，这也是很讨厌的事。

后来走到中宫的面前，把以上的情形说了，中宫笑说道：

“就是这里难道就没有人看见么？怎么就会得这样的疏忽的呢？”

“可是谁都看惯了我们的这一副状态的人，所以如果特别打扮了，反会著目叫人惊异的。但是这么样的人家，怎么会有得车子都进不去的门呢？见着了主人翁，回头且讥笑他看。”

说着的时候，生昌来了，说道：

“请把这个送上去吧。”将文房四宝从御帘底下送了进来。便对他说道：

“呀，你可是不行哪！为什么你的住宅，把门做的那么的小呢？”生昌笑着说道：

“什么，这也只是适应了一家和一身的程度而构造的罢了。”又问道：

---

① 四位以上的官员、女官们乘坐的车架，虽然名为槟榔，但与槟榔无关。车顶覆盖的不是槟榔叶，而是一种与棕榈叶相似的、长于热带的蒲葵树的叶子。

② 筵道，又称席道，顾名思义，就是室内或院外，用席子铺成的道路，一般，铺路用的席子边缘都会用绢布扎好，或者，在席子上铺上地毯或绸缎。

③ 地下人，指没有升殿议事资格的人，通常官阶在五六位之下。

“但是，也听说有人单把门造的很高的哩。”生昌出惊道：

“啊呀，可怕呀！那是于定国[①]的故事吧。要不是老进士[②]的话，恐怕就不会懂得这个意思。因为偶然于此道稍有涉猎，所以还能约略懂得呢。”我便说道：

“可是你这个道[③]可就不很高明了。铺着筵道，底下的泥泞看不出来，大家都陷下去了，闹得一团糟呢。”生昌答说：

“天下雨了，所以是那样的吧。呀，好吧，若在这里，又有什么难题说出来也不可知。我就此告辞了吧。”就退出去了。之后中宫说道：

“怎么样了？生昌似乎是很惶恐的样子？”我回答说：

“没有什么。不过说那车子不能进来的事情罢了。”说完了便即退了下来。

那天夜里，同了年轻的女官们睡了，因为很是渴睡，所以什么事也不知道的睡觉了。这屋乃是东偏殿的一间，西边隔着

---

① 指前汉于公的故事。于公，是于定国的父亲。《蒙求》有载，于公是县内执掌刑狱的官吏，为官清正，刚直不阿，断狱公正。他家的闾门坏了，乡亲们自发前来帮忙修门，于公就说：“门可以稍稍修高些，以便驷马高车通行。我整治刑狱，积了不少阴德，没造成任何冤假错案，子孙后代必然兴盛。”果不其然，其子于定国因功被封西平侯，世袭罔替，且官至丞相。其孙于永也官至御史大夫。

② 日本古时，效法唐朝，以科举文章取士。各地官学子弟，择优进入大学，大学学生应试及第者，受封准进士，也就是“拟文章生”，“拟文章生”们再通由式部即文部大臣亲自考核，考核通过，便被授予进士衔，也就是所谓的“文章生”。

③ 大进生昌说“于此道稍有涉猎”，这里的道，指的不是日常的道路，而是学问，此处被曲解为“道路”，自然不高明。

厢房，北面的纸障①里没有闩，可是因为太是渴睡了，也没有查问。但是生昌是这里的主人，所以很知道这里的情形，就把这门打开了，用了怪气的有点沙哑的声音说道：

“这里边进去可以么？”这样的声音说了好几遍，惊醒来看时，放在几帐②后面的灯台的光照着，看得很清楚，只见纸障打开了约有五寸光景，生昌在那里说话。这是十分可笑的事。像这样钻到女人住屋来似的，好色的事情是决不会干的人，大概因为中宫到家里来了，便有点得意忘形，想来觉得很是有趣。我把睡在旁边的女官叫醒了，说道：

“请看那个吧。有那样的没有看惯的人在那里呢！”女官举起头来看了，笑说道：

“那是谁呀，那么全身显现的？”生昌说道：

“不是别人，乃是本家的主人，来跟本房主人非商谈不可的事情，所以来的。”我就说道：

“我刚才是说门的事嘛。并没有叫你打开这里的纸障的呀。”生昌答道：

“不，也就是说关于那门的事。我进来成么，成么？”还是说个不了，女官说道：

“嗳，好不难看！无论怎么总非进来不可么？”笑了起来，

---

① 指障子。门的一种，以木为格，糊纸为窗。糊薄纸者，为“纸门”；糊厚纸者，即“纸障”。

② 几帐，屏风的一种，即在五尺高的木架上挂上四幅或五幅帷帐。冬夏季节有别，几帐的材质也各有不同。

生昌这才明白，说道：

“原来这里还有年轻的人们在呢。”说着，关了纸障去了以后，大家都笑了。凡是男子将女人的房门开了之后，便进去好了，若是打了招呼，有谁说“你进来好吧”的呢。想起来实在好笑得很。次日早晨走到中宫面前，把这事告诉了，中宫说道：

“生昌平日并没有听说这种的事，那是因为昨夜关于门的这番话感服了，所以进来的吧，那么的给他一个下不去，也实在可怜的。”说着就笑了。

在公主①身边供奉的女童。要给她们做衣服的时候，中宫命令下去，生昌问道：

“那女童衵衣的罩衫是用什么颜色好呢？”这又被女官们所笑，因为那不是有汗衫的正当的名称么？又说道：

“公主的食案②，如用普通的东西，便太大了，怕不合适。用小形食盘和小形食器好吧。”我们就说道：

“有这样奇怪的食器，配着穿衵衣的罩衫的童女，出现在公主前面，这才正好哩。”中宫听了说道：

“你们别把他当作平常的人看待，这样的加以嘲笑。他倒是非常老实的人哩。这么笑他实在太可怜了。”把我们的嘲笑

---

① 指一条天皇的长女，年仅四岁的修子内亲王。

② 日本的食案酷似中国唐代的案几，其尺寸、高矮，皆有规定，贸然改小，难免令人讶异。

制止了，很是有意思的事。

正在中宫面前有事的时候，女官传达说：

“大进有话要同你说呢。”中宫听见了，说道：

“又要说出什么话来，给大家笑话吧。”说得很有意思。接着又说道：

“你就去听听看吧。”我便出来到帘子旁边，生昌对我说道：

“前夜你关于门的那番话，我同家兄中纳言说了，他非常的佩服，说怎么样找到适当的机会，想见面一回，领教一切。”就是这个，此外别无事情。我心想把生昌在夜里偷偷进来的时候的事拿来，戏弄他一番，心里正踌躇着，他却说道：

“一会儿在女官房里会见，慢慢的谈吧。”就辞去了。我回来的时候，中宫问道：

“那么，有什么事呢？”我便把生昌的话，一五一十的照说了，且笑说道：

“本来没有值得特别通报，来叫了出去说的什么事情，那样子只要等候在女官房里的时候，慢慢的来谈，岂不就好了么！”中宫听了却说道：

“生昌的心里觉得顶了不得的哥哥称赞了你，你也一定很高兴吧，所以特别叫你出去，通知你一声的吧。”这样的说了，也是很有意思的事情。

第 7 段　御猫与翁丸

清凉殿里饲养的御猫，叙爵五位，称为命妇①，非常可爱，很为主上所宠爱。有一天，猫出来廊下蹲着，专管的乳母马命妇②看见，就叫它道：

“那是不行的，请进来吧！”但是猫并不听她的话，还是在有太阳晒着的地方睡觉。为的要吓唬它，便说道：

“翁丸在那里呢，来咬命妇吧！”那狗听了以为是真叫它咬，这傻东西跑了过去，猫出了惊，逃进帘子里去了。正是早餐的时候，主上在那里，看了这情形，非常的出惊。他把那猫抱在怀中，一面召集殿上的男人们，等藏人③忠隆来了，天皇说道：

“把那翁丸痛打一顿，流放到犬岛去，立刻就办！”大家聚集了，喧嚷着捕那条狗。对于马命妇也给予处罚，说道：

“乳母也调换吧。那是很不能放心的。”因此马命妇便表示惶恐，不敢再到御前出仕。那狗被捕了，由侍卫们流放

---

① 命妇，在古代中国，指有品阶的官员的家眷。日本多有沿用，近代方才废止。此处，“命妇”指御猫。

② 马命妇，为御猫的乳母，专职照顾御猫，因为她的直系男性亲属在御马监任职，所以称其为马命妇，马并不是她的姓氏。

③ 藏人，官职名。藏人所是宫中职司之一，专管杂役事务。常保二年，源忠隆供职于藏人所，任藏人之职。

去了。

女官们却对于那狗很觉得怜惜，说道：

“可怜啊，不久以前还是很有威势的摇摆走着的哩！这个三月三日的节日，头弁[①]把它头上戴上柳圈，簪着桃花，腰间又插了樱花，在院子里叫走着，现在遇着这样的事，又哪里想得到呢。”又说道：

“平常中宫吃饭的时候，总在近地相对等着，现在却觉得怪寂寞的。”这样说了，过了三四天的一个中午，突然有狗大声嗥叫。这是什么狗呢，那么长时间的叫着？正听着的时候，别的那些狗也都乱跑，仿佛有什么事的叫了起来。管厕所的女人走来说道：“呀，不得了。两个藏人打一只狗，恐怕就要打死了吧！说是给流放了，却又跑了回来，所以给它处罚呢！”啊，可怜的，这一定是翁丸了。据她说是忠隆和实房这两个人正打那狗，叫人去阻止，这才叫声止住了。去劝阻的人回来说道：

“因为已经死了，所以抛弃在宫门外面了。”大家正有觉得这是很可怜的，那天晚上，只见有遍身都肿了，非常难看的一只狗，抖着身子在院子里走着。女官们看见了说道：

“啊呀，这不是翁丸么？这样的狗近时是没有看见嘛。”便叫它道：

“翁丸！”似乎却没有反应。有人说是翁丸，有人说不是，

① 藏人所的最高领导者，太政官的亲信，此处指藤原行成。

各人意见不一，乃对中宫说了。中宫道：

“右近[1]应该知道，叫右近来吧。”右近这时退下在私室里，说是有急事召见，所以来了。中宫说道：

“这是翁丸么?”把狗给她看了，右近说道：

“像是有点相像，可是这模样又是多么难看呀。而且平常叫它翁丸，就高兴的跑了来，这回叫了却并不走近前来。这好像是别的狗吧。人家说翁丸已经打死，抛弃掉了，那么样的两个壮汉所打的嘛，怎么还能活着呢。”中宫听了，显得怜惜的样子。

天色暗了下来，给它东西吃也不吃，因此决定这不是翁丸，就搁下了。到了第二天早晨，中宫梳头、漱口，我在旁边侍候，拿了镜子给看，那个狗在柱子底下趴着。我就说道：

“啊，是昨天翁丸给痛打的吧。说是死了，真是可悲呵！这回要变成什么东西，转生了来呢？想那被打杀的时候，是多么难过呵！”说着这话的时候，那里睡着的狗战抖着身子，眼泪滚滚的落了下来，很出了一惊。那么，这原来是翁丸。昨夜因为畏罪的关系，一时隐忍了不露出来，它的用心更是可怜，也觉得很有意思。我把拿着的镜子放下，说道：

“那么，你是翁丸么?”狗伏在地面上，大声的叫了。中

---

① 右近，右近卫府的简称，此处指右近内侍，即家中有亲属在右近卫府任职的内侍女官。

宫看着也笑了起来。女官们多数聚集了拢来，并且召了右近内侍来，中宫把这事情说了，大家都高兴的笑了。主上也听到了这事，来到中宫那里，笑说道：

“真好奇怪，狗也有这样的惶恐畏罪的心呢。”天皇身边的女官们也听说跑来，聚集了叫它的名字。似乎这才安心了的样子，立起身来，头脸什么却还是很肿的，我说道：

“做点什么吃食给它吧。”中宫笑着说道：

“那么终于显露了说了出来了。”忠隆听说，从台盘所[①]里出来，说道：

“真的是翁丸回来了么？让我来调查一下吧！”我答道：

“啊，不行呵，这里没有这样的东西。”忠隆却说道：

“你虽是这么说，可是总有一朝要发见的吧。不是这样隐瞒得了的。”但是在以后，公然得到赦免，仍旧照以前的那样生活着。但是在那时候，得到人家的怜惜，战抖着叫了起来，那时的事情很有意思，不易忘记。人被人家怜惜，哭了的事原是有的，但是狗会流泪，那是想不到的。

第8段　五节日

正月元日，三月三日，都是天色非常晴朗的好。五月五日

---

① 台盘所，放置食器之处，在清凉殿早餐间南侧，共三间。

整天的阴晦。七月七日天阴，到了傍晚在晴空上，月色皎然，牵牛织女的星也可以看见。九月九日从破晓稍为下点雨，菊花上的露水也很湿的，盖着的丝棉[1]也都湿透了，染着菊花的香气特别的令人爱赏。早上的雨虽然停住了，可是也总是阴沉，看去似乎动不动就要落下来的样子，是很有意思的。

第9段　叙官的拜贺

叙官任位之后的拜贺的礼仪，看去很好玩的。衣裳后面的衣裾拖在地上，执着朝笏，在御前直立着的样子，随后是拜了舞踏那种动作呵![2]

第10段　定澄僧都

旧大内被烧了之后，在现今一条院的东边，平常称作北阵的。在那里有一颗楷树，很高的立着，就是远方也看得见，平

---

① 民间百姓多认为菊花有延年益寿的功效，所以，九月初八日夜，会用丝棉盖住菊花，以收集重阳日凌晨的露水，然后用露水擦拭身体，以期延年长生。

② 日本有拜舞谢恩的旧俗，即朝拜时以手舞足蹈的方式来表示欢乐喜悦。

常人总问道：

“这树有几仞[①]的高呵？”权中将成信曾说道：

“把这从根边砍了，拿来给定澄僧都当枝扇[②]用倒好。”过了几时这定澄被派为山阶寺别当[③]，要入内谢恩，权中将是近卫府官员也出场了，定澄个子很高，又著了那高屐子，更显得非常的高大。在仪式完了退出之后，我对权中将说道：

“你为什么不把那枝扇给他拿着的呢？”权中将笑着答道：

“你倒是没有忘记。”

第11段　山

山是小仓山，三笠山，叶暗山，不忘山，入立山，鹿背山，比波山。方去[④]山，仿佛是说对谁谦让，避在一边的样子，很有意思。五幡山，后濑山，笠取山，比良山，鸟笼山，“不要告诉我的名字，”古代天皇曾经歌咏，很有意思。伊吹山，朝仓山，以前见过的人呵，现在隔着山漠不相关了，有这样的歌，也是很有意思的。岩田山，大比礼山也有意思，这令

① 仞，高度单位，古时，六尺为一仞。

② 枝扇，用三杈的树枝做的扇子，一杈为扇柄，二杈为扇面，此处是在调侃定澄卓于众人的身高。

③ 别当，官职名，与四位官员位阶相当，仅次于僧正。在寺院体系中，别当为最高长官，类似中国寺庙中的住持。

④ 方去，古语，有避让、让路之意。

人联想起石清水的临时祭礼，奉大比礼乐，派遣敕使的事情。手向山，三轮山，很有意思。音羽山，待兼山，玉坂山，耳无山，末松山，葛城山，美浓御山，柞山，位山，吉备中山，岚山，更级山，姨舍山，小盐山，浅间山，片敷山，鹿蒜山，妹背山，也都是有意思的。

第12段　峰

峰是叶让峰，阿弥陀峰，弥高峰。

第13段　原

原是竹原，瓮原，朝原，园原，萩原，粟津原，梨原，稚子原，安倍原，篠原。

第14段　市

市是辰市，椿市是在大和的许多集市中间，凡到长谷寺礼拜的人，必在那里停留，所以似乎与观音有缘，有一种特别的感觉。小房市，饰磨市，飞鸟市。

第 15 段　渊

渊是贤渊，这是有多么深的本性，给人家看见了，所以起了这个名字，想起来很有意思；勿入渊，是什么人教谁不要这样的呢？青色的渊又最有意思，藏人们服装的染料似乎是从这里出来的样子。稻渊，隐渊，窥渊，玉渊。

第 16 段　海

海是近江的水海，与谢海，河口海，伊势海。

第 17 段　渡

渡是志贺须香渡，水桥渡，古利须磨渡。

第 18 段　陵

陵是莺陵，柏原陵，天陵。

第19段　家

家是近卫御门，二条院，一条院也很好。染殿之宫，清和院，菅原院，冷泉院，朱雀院，洞院，小野宫，红梅殿，县之井户，东三条院，小六条院，小一条院。

第20段　清凉殿的春天

在清凉殿的东北角，立在北方的障子上，画着荒海的模样，并有样子很可怕的生物，什么长臂国和长脚国的人。弘徽殿的房间的门一开，便看见这个，女官们常是且憎且笑。在那栏干旁边，摆着一个极大的青瓷花瓶，上面插着许多非常开得好的樱花，有五尺多长，花朵一直开到栏干外面来。在中午时候，大纳言①穿了有点柔软的樱的直衣，下面是浓紫的缚脚裤，白的下著，上面是浓红绫织的很是华美的出袿，到来了。天皇适值在那房间里，大纳言便在门前的狭长的铺着板的地方坐下来说话。

---

① 官职名。此处指中宫皇后藤原定子的兄长，关白藤原道隆的儿子藤原伊周。

御帘的里面，女官们穿着樱的唐衣，宽舒的向后边披着，露出藤花色或是棣棠色的上衣，各种可喜的颜色，许多人在半窗上的御帘下边，拥挤出去。其时在御座前面，藏人们搬运御膳的脚步声，以及“嘘，嘘”的警跸的声音，可以听得见。这样的可以想见春日悠闲的样子，很有意思。过了一会儿，最后搬运台盘的藏人出来，报告御膳已经预备，主上于是从中门走进御座坐下了。大纳言一同进去，随后又回到原来樱花的那地方坐了。中宫将前面的几帐推开，出来坐在殿柱旁边，与大纳言对面，这样子十分优美，在近侍的人觉得别无理由的非常可以喜庆。这时大纳言缓缓的念出一首古歌来：

日月虽有变迁，
三室山的离宫，
却是永远不变。

这事很有意思。的确同歌的意思一样，希望这情形能够保持一千年呀！

御膳完了，侍奉的人叫藏人们来撤膳，不久主上就又来到这边了。中宫说道：

“磨起墨来吧。”我因为一心看着天皇，所以几乎把墨从墨挟子里滑脱了。随后中宫再拿出白色的斗方来叠起来道：

“在这上面，把现在记得的古歌，各写出一首来吧。”这样的对女官们说了，我便对大纳言说道：

“怎么办好呢?”大纳言道：

“快点写吧。这是对你们说的，男子来参加意见是不相宜的吧。”便把砚台推还了。又催促道：

“快点快点！不要老是想了，难波津也好，什么也好，只要临时记起来的写了就好。”我不知道自己为什么会这样的畏缩，简直连脸也红了，头里凌乱不堪。这时高位的女官写了二三首春天的歌和咏花的歌，说道：

“在这里写下去吧。”我就把藤原良房的《古今集》里的一首古歌写了，歌云：

年岁过去，
身体虽然衰老，
但看着花开，
便没有什么忧思了。

只将“看着花开”一句，变换作“看着主君”，写了送上去，中宫看了很是喜欢，说道：

“就是想看这种机智嘛，所以试试看的。”这样说了，顺便就给这个故事：

“在从前圆融天皇的时候，有一天对殿上人说道：‘在这本册子上写一首歌吧。’有人说不善写字，竭力辞退，天皇说道：

‘字的巧拙，歌的与目前情形适合与否，都不成问题。’大家很是为难，但都写了。其中只有现今的关白①，那时还是三位中将，却写了一首恋歌：

潮满的经常时海湾，
我是经常的，经常的
深深的怀念着吾君②。

只将末句改写为‘信赖着’，这样便大被称赞。”这么说了，我惶恐得几乎流下冷汗来了。像我那首歌，因为自己年纪老大了，所以想到来写了，若是年轻的人，这未必能够写也未可知吧。有些平时很能写字的人，这一天因为过于拘谨了，所以有写坏了的。

其二　宣耀殿的女御

中宫拿出《古今集》来放在前面，打开来念一首歌的上句，问道：

“这歌的下句是什么呢?”这些都是昼夜总搁在心头，记住了的东西，却不能立刻觉得，说了出来，这是怎么的呢？宰

① 此处，关白指藤原道隆。
② 君，在恋歌中指恋着的对方，可指代男性，也可指代女性。

相君[1]算是能答出十首来，但是那个样子，能够算是记得了么，至于记得五六首的，那还不如说一首也不记得更好了。但是女官们说：

“假如一口说不记得，那么辜负中宫所说的意思么。”这件事也很有意思的。等得中宫把没有人知道的歌，读出下半首来，大家便说：

“啊，原来这都是知道的。为什么记心这样的笨呢！”便觉得很悔恨。其中也有些人，屡次抄过《古今集》，本来就应当记得了。

中宫随后给我们讲这故事：

“从前在村上天皇的时代，有一位叫做宣徽殿女御的，是小一条的左大臣[2]的女儿，这是没有不知道的吧。在她还是做闺女的时候，从她的父亲所得到的教训是，第一要习字，其次要学七弦琴，注意要比别人弹的更好，随后还有《古今集》的歌二十卷，都要能暗诵，这样的去做学问。天皇平常就听见过这样的话。有一天是宫中照例有所避忌的日子[3]，天皇隐藏了一本《古今集》，走到女御的房

---

① 官职名，中宫高级女官，此处指藤原重辅之女。

② 左大臣，官名；小一条，地名。小一条的左大臣，即住在小一条的左大臣，即藤原师尹。

③ 中古时代，出于阴阳家的一种迷信说法，在鬼星巡游之日，冒犯鬼星，必招灾祸。所以，每逢鬼星巡游日，按惯例，不允许出行，不允许会客，也不接收书信，宫中政务拖延处理，也不召见任何外臣。

子里去，又特别用几帐隔了起来，女御觉得很是奇怪，天皇翻开书本，问道：

‘某年，某月，什么时候，什么人所作的歌是怎么说呢？’女御心里想道，是了，这是《古今集》的考试了，觉得也很有意思，但是一面也恐怕有什么记错，或是忘记的地方，那也不是好玩的，觉得有点忧虑。天皇在女官里边找了两三个对于和歌很有了解的人，用了棋子来记女御记错的分数，要求女御的答案。这是非常有趣的场面，其时在御前侍候的人都深感觉到欣羡的。天皇种种的追问，女御虽然并不怎么敏捷的立即回答全句，但总之一点都没有什么错误。天皇原来想要找到一点错处，就停止考验了的，现在却找不到，不免有点懊恼了。《古今集》终于翻到第十卷了，天皇说道：

‘这试验是不必要了。’于是将书签夹在书里，退回到寝殿去了。这事情是非常有意思的。过了好久醒来时，想道：

‘这事情就此中止，不大很好吧。下面的十卷，到了明天或者再参考别本。’说道：

‘且在今夜把这完毕了吧。’便叫把灯台移近了，读到夜里深更。可是女御也终于没有输了。在天皇走到女御屋里去以后，人家给她父亲左大臣送信，左大臣一时很为忧虑狼狈，到各寺院里念经祈祷，保佑女御不要失败，自己也对着女御的方向，一夜祈念着，这种热心，实在是可佩服。”这样的说了，天皇听了也觉得很感心，说道：

“村上天皇怎么会这样的读得多呀！我是连三四卷也读不了。”大家就说道：

“从前就是身份不高的人，也都是懂得风流的。在这个时候，很不容易听到那样的故事了。”其时侍候中宫的女官们和天皇方面的女官许可到这里来的，都这样的说。其时的情形真是无忧无虑的。

其三　女人的前途

前途没有什么希望，只是老老实实的守候仅少的幸福，这样的女人是我所看不起的。有些身份相应的人，还应该到宫廷里出仕，与同僚交往，并且学习观看世间的样子，我想至少或暂任内侍的职务。有些男人说，出仕宫廷的女人是轻薄不行的，那样的人最是可厌。但是，想起来这话也不是没有道理。到宫廷出仕，天皇皇后不提也罢，此外公卿，殿上人，四位，五位，六位，还有同僚们的女官更不必说，要见面的人着实不少。此外女官们的从者，又从私宅来访问的人，侍女长，典厕，石头瓦块等人，又怎能都躲避不见呢。倒是男子或者可以和这等卑贱的人不相见，但是既然出仕，这也大概是一样的吧。宫廷里出仕过的女人，娶作夫人，因为认得的人太多，觉得不够高雅，这虽然似乎有理，但若是这是典侍，时时进宫里去，或者在贺茂祭的时候充当皇后的使者前去，岂不也是名誉么？而且此后就此躲在家里，做着主妇，也是很好的。地方官的国司在一年五节的时候，将女儿来当舞姬，如果其妻有过出仕宫廷的经验，那就不会像乡下佬的样子，把有些不懂的事情去问别人的必要了。这也就是很是高雅的事情了。

卷二

容易求得的莲华的
露，放下了不想去沾益，
却要回到浊世里去么？

第21段　扫兴的事

扫兴的事是白天里叫的狗，春天的鱼箔①，三四月时候的红梅的衣服②，婴儿已经死去的产室，不生火的火炉和火盆，虐待牛的饲牛人，博士家接连的生下女子来③，为避忌方角而去的人家，不肯作东道，特别是在立春的前日④，尤其是扫兴。

---

① 在10~12月，为捕捉冰鱼，用竹子做的箔为梁截断水流，称为鱼箔。宇治川的鱼箔闻名遐迩。春日来时，鱼箔季已经过去。

② 适合11、12月穿的夹衣，内衬为紫色，外衫为红色。

③ 古时，朝廷有官学，官学中设有明经、明法、文章等不同的课程，授课的教授被称为博士。依古俗，唯男子才能承继衣钵、延续家业、入朝出仕，所以，若博士家生的全是女儿，便后继无人、家业难续。

④ 避讳方角，为古时旧俗，若出行之日不宜向东，却又必须东行，可先向南行，寻一人家歇息一日，第二天再转道东行，按例，被借宿的人家应以盛情款待来客。立春前日，为冬春分界，是很重要的日子，此日，若没接到宴乐的邀约，人们会倍感孤独。

从地方寄来的信里，一点都没有附寄的东西[①]，本来从京城里去的信，也是一样，但是里边有地方的人想要听的事情写在里头，或是世间的什么新闻，所以倒是还好。特别写的很好的书信，寄给人家，想早点看到回信，现在就要来了吧，焦急的等着，可是送信的人拿着原信，不论是结封，或是立封，弄得乱七八糟很是龌龊的，连封口地方的墨痕也都磨灭了，说是“受信人不在家”，或是“因是适值避忌，所以不收”，拿了回来，这是最为不愉快，也是扫兴的事。

又一定会得来的人，用车子去迎接，却自等着的时候，听见车子进门了，心想必是来了，大家走出去看，只见车子进了屋，车辕砰的放了下来，问使者说怎么样呢，答道：“今天不在家，所以不能来了。”说着只牵了牛走了[②]。

又家中因为有女婿来了，大为惊喜，后来却不见来了[③]，很是扫兴的事。这大概是给在什么人身边出仕的女人所截走了吧，到什么时候还会来吧，这样的等候着，煞是无聊。幼儿的乳母说要暂时告假出外，小儿急着找人，一时哄过去了，便差人去叫，说“早点回来吧”，带来的回信却说“今晚不能回来”，这不但是扫兴，简直还是可恨了。乳母尚且如此，况且

---

① 古时，交通极不发达，如有疑问、问候，需要专人传讯，所以，传讯时很多人会附带送些小礼品。

② 古代日本，唯帝王才有资格乘辇出行，其余人，出行时，代步的工具都是牛车。此处说将牛牵走，指的就是把拉车的牛牵走。

③ 日本古时有男子往女方家中就婚的习俗，男方不算入赘，晚上到女方家去，早晨离开。有的男子性格乖戾，会中途离开，甚至消失无踪。中国唐代也有类似的婚俗，《霍小玉传》等传奇小说中多有记载。

去迎接所爱的女人前来的男子，将更是怎么样呢？男人等待着，到得夜深的时候，听见轻轻敲门的声音，稍为觉得心乱，叫用人出去问了，却是别的毫不相干的人，报告姓名进来了，这是扫兴之中最为扫兴的事了。

修验者说要降服精怪，很是得意的样子，拿出金刚杵和念珠来，叫那神所凭依的童子[①]拿着，用了绞出来的苦恼似的声音，诵读着经咒，可是无论怎么祈祷，妖精没有退去的模样，护法也一点都不显神通。聚集拢来一起祈念着的病家的男女，看着都觉得很奇怪，过了一忽儿念经念得困倦了，对那童子说道：

"神一直不凭附，到那边去吧。"取还了所拿的数珠，自己说道：

"没有灵验呀！"从前额往上掠着头发，打了一个呵欠，好像被什么妖精附着似的，自己先自睡着了。

在除目时得不着官的人家，是很扫兴的。听说今年必定可以任官了，以前在这家里做事的人们，以及散出在别处的，还有住在偏僻乡下的人们，都聚集到那旧主人的家里来，出入的车辕一点没有间隙的排列着，为主人祈祷得官陪着到寺院里去的人，大家争先欲去，预先祝贺，饮酒吃食非常热闹，可是到了仪式终了三日的早晨，一直没有通知任官的人的敲门的声音。这是奇怪了，立起耳朵来听，只听见前驱警跸的声音，列

---

① 修验者作法召唤神灵精怪时需要为精怪提供一个附身的载体，精怪神灵通过这个载体，向修验者讲述病者的病情。一般，修验者都会选择年齿尚稚、心灵澄澈的童子为精怪的载体。

席的公卿都已退出了。出去打听消息的人，从傍晚直到天亮，因寒冷而战抖着的下男，很吃力似的走了回来。当场的人看了这情形，连情形怎样也不再问了。可是从外面聚集拢来的家人还是问道：

“本家老爷任了哪一国的国司了？”下男的答词是：

“什么国的前司[①]。”诚心信赖这主人而来的人，知道了这事就非常的失望。到了第二天早晨，本来挤得动也不能动的人，就一个两个的减少，走了回去了。本来在那里执役的人，自然不能那么的离去，只好等待来年，屈指计算哪一国的国司要交代，在那里走来走去的，那实在是很可怜，也是很扫兴的事。

自己以为做得还好的一首歌，寄到人家那里，不给什么回信，觉得是扫兴的事。若是情书，并不要立即答复，这也是没有法子，但是假如应了时节歌咏景物的歌，若是不给回信，这是很讨厌的。在很得时的人那里，出入的人很多的时候，有时势落后的老年人，因为没有事做写了旧式的、别无可取的歌送去，也是扫兴的事。又有祭礼或是什么仪式当时要用的桧扇[②]，很是重要，知道某人于此颇有心得，托付他画一画，到了日子，画得了却是意外的没有意思。

生产的庆祝，以及饯别的赠送，对于送礼的使者不给报

---

① 国司，官职名，此处指郡守。前司，即前任郡守，有先前是郡守之意。因为新的官职任免还没下达，所以以之前的官职来称呼。

② 用桧木或杉木薄片精工制作而成的扇子，扇骨三十九支，以各色绢绸联结，薄纸为扇面，扇面上绘有各种图画。桧扇不是日常使用的扇子，多用于典礼、仪式之上。

酬，这是很扫兴的。就是送一点什么香球[①]或是卯槌[②]来的人，也必定须给与报酬。预想不到的收到这种礼物，非常有意思的事。这样就当然可以得到好些报酬，送礼的人正兴头很好的走来，却是得不到什么，那真是扫兴的。

招了女婿，已经过了四五年，还不曾听说有出产，这是扫兴的事。有些有许多孩子，已经成为大人，或者说不定有孙子都会爬了，做父母的却一同的睡着午觉。旁边看着的别人不必说，就是儿子也是觉得非常扫兴的。午睡起来之后，再去洗澡，这不但是扫兴，简直有点可气了。

十二月三十日从早晨下起的长雨。这可以说："只有一天的精进的懈怠，百日千日的精进也归于无效。"八月里还穿着白的衣服[③]。不出奶的乳母，都是扫兴的。

第22段　容易宽懈的事

容易宽懈的是精进日的修行，离开现在日子甚远的准备，

---

① 香球，端午节的赠礼之一，有驱邪避秽之用，是一种锦缎做的锦囊香袋，袋内装有艾草、菖蒲、麝香或沉香，袋上垂着五色的丝缕，长八尺到一丈。

② 卯槌，用桃木做的槌，一寸宽，三寸长，槌上悬挂五尺长的五色丝线。正月的第一个卯日使用，可驱邪避灾保平安。

③ 白色的服饰，是夏天的专用服饰，八月便不适合再穿了。

长久住在寺院里的祈祷[①]。

第23段 人家看不起的事

人家看不起的事，是家的北面[②]，平常被人家称为太老实的人，年老的老翁，又轻浮的女人，土墙的缺处。

第24段 可憎的事

可憎的事是，有紧要事情的时候，老是讲话不完的客人。假如这是可以随便一点的人，那么说："随后再谈吧"，那么就这样谢绝了，但偏是不得不客气些的人，不好这样的说，所以很是觉得可憎。

砚台里有头发纠缠了磨着。又墨里面混杂着砂石，磨着轧轧的响。

忽然有人生了病，去迎接修验者来祈祷，可是平常在的地方却找不到，到外边去了，叫人四面寻找，焦急的等待了好久，后来总算等着了，很高兴的请他念咒治疗，可是在这时候

① 时人或为祈福，或为驱邪，常到寺中斋戒祈愿，并长住寺中，多达数十日。

② 彼时，房屋大多坐北朝南，所以，朝南的门为正门，朝北的门，则多为后门。此处，北面指的就是后门。

大概在别处降伏妖怪，已是精疲力竭了的缘故吧，坐下了念经，就是渴睡的声音了，这是很可憎的。

没有什么地方可取的人，独自得意的尽自饶舌的谈话。在火盆围炉的火上，尽把自己的两手烤着手背，并且伸长着皱纹烘火的人。什么时候有年轻的人，做出这种举动的呢？只有年老的才有这种事情，连脚都搁到火炉边上，一面说着话，两脚揉搓着。举动这样没规矩的人，到了人家去，大抵在自己所坐的地方，先把扇子扇一下尘土，也不好好的坐下，就那么草草的，将狩衣的前裾都塞在两膝底下去。像这样没规矩的人，以为多是不足道的卑贱的人吧；却不道是稍为有点身份的，例如式部大夫或是骏河前司，也有这样做的。

又，喝了酒要噪闹，擦嘴弄舌，有胡须的用手摸着胡须，一面敬人家的酒，这个样子看了真觉得讨厌。意思是说，“再喝一杯吧”，战抖着身子，摇晃着头，口角往下面挂着，像是小孩子刚要唱“到了国殿府”① 的时候的样子。这在下贱的人那也罢了，在平常很有身份的人这样的做了，真觉得看了不顺眼。

羡慕别人的幸福，嗟叹自身的不遇，喜欢讲人家的事，对于一点事情喜欢打听，不告诉他便生怨谤，又听到了一丁点儿，便觉得是自己所熟知的样子，很有条理的说与他人去听，这都是很可憎的。

正想要听什么话的时候，忽而啼哭起来的婴儿。又有乌鸦许多聚集在一起，往来乱飞乱叫，都是可憎的。

---

① 当时的童谣，出处已不可考。

偷偷的走到自己这里来的男子，给狗所发见了叫了起来，那狗真是可恨，想打杀了也罢。又本是男子所不应当来的，给隐藏在很是勉强的一个地方的人，却睡着了发出鼾声来。本来秘密出入的地方戴着长的乌帽子[①]，容易给人看见，便加意留心，却不防因为张皇了，撞在什么东西上边，噗哧的一声响，这是很可憎的。在挂着伊豫地方的粗竹帘的地方，揭起帘子来钻过去，发出沙沙的声音，也是可憎的。有帛缘的帘子因为下边有板，进出的时候声响也就愈大。可是这如是轻轻的拉了起来，则出入时也就不会响了。又如拉门什么用力的开闭，也很是可恨。这只要稍为抬起来的去开，哪里会响呢？若是开的不好，障子等便要歪曲了，发出嘎嘎的声音。

渴睡了想要睡觉，蚊子发出细细的声音，好像是报名似的，在脸边飞舞。身子虽然是小，两翅膀的风却也相当大的哩。这也是很可憎的。

坐了轧轧有声的车子走路的人，我想他是没有耳朵的么？觉得很是可憎。我如是坐了借来的车子，轧轧的响的话，我便觉得那车子的主人也是可憎了。

在谈话中间，插嘴说话，独自逞能的饶舌，这是很可憎的。无论大人或是小孩，凡是插嘴来说，都是可恨。在讲古代的故事什么，将自己所知道的事，忽然从旁边打断，把故事弄

---

① 乌帽子，即礼冠下用黑色绢布做的一种束发裹头的袋状头巾，材质多为纱、绢，很柔软，但后来因为在绢布上涂了漆料，就变得坚硬起来。

糟了，实在是可憎的事。

老鼠到处乱跑，甚是可恨。有些偶然来的子女，或者童稚，觉得可爱，给点什么好玩的东西。给他弄的熟了，后来时常进来，把器具什物都散乱了，这是可憎的。

在家里或是公家服务的地方，遇见不想会面的人来访，便假装着睡觉，可是自己这边的使用人却走来叫醒，满脸渴睡相，被叫了起来，很是可憎。后来新到的人，越过了先辈，做出知道的模样来指导，或是多事照管，非常可憎。自己所认识的男子，对于从前有过关系的女人加以称赞，这虽然过去了很久的事情，也煞是可憎。况且，若是现在还有关系，那么这可憎更是不难想象了。可是这也要看情形来说，有时候也并不是那么样的。

打了喷嚏，自己咒诵的人，也是可憎的。[①] 本来在一家里除了男主人以外，凡是高声打喷嚏的人，都是很可憎。跳蚤也很可憎，在衣裳底下跳走，仿佛是把它掀举起来的样子。又狗成群的叫，声音拉得很长，这是不吉之兆，而且可憎。

乳母的男人实在是很可憎的。若是那所养的小孩是女的，他不会得近前来，那还没有什么。假如这是男孩的话，那就好像是他自己的东西，走上前去，拿来照管，有一点事不如少爷的意的，便去向主人对这人进谗，把别人不当人看，很是不成

---

① 古人多迷信多避讳，认为打喷嚏会招致灾祸，有人打喷嚏，周围的人为他念经诵咒，可避免灾祸。可，若是打了喷嚏，自己给自己诵咒，则被认为是可憎的行为。

事体，但是因为没有人敢于举发他，所以更是摆出了不得的架子，来指挥一切了。

第25段　小一条院

小一条院就是现在的大内。主上所住的殿是清凉殿，中宫则住在北边的殿里。东西都有厢房，主上时常到北殿去，中宫也是常到清凉殿里来。殿的前面有个院子，种着各样的花木，结着篱笆，很有风趣。二月二十日①太阳光很是灿烂而悠闲的照着，在西厢房的廊下，主上吹奏着笛子。太宰大式高远是笛子的师范，来御前侍候，主上自己的笛子和高远所吹的别的笛子反复吹奏催马乐里的《高砂》，说吹得非常的出色，也就是世上平常的说法，说不尽它的好处。高远陈说笛子心得的事，很可佩服，中宫的女官们也都聚集在御帘前面，看着这种情形，那时自己觉得心里丝毫没有不如意事，有如俗语所说的“采芹菜”② 的事了。

辅尹这人任木工允的职务，是藏人之一，③ 因为举动很

---

① 传此事发生在长保二年，即公元1000年。

② 采芹菜，俗语，代指不如意，愿望没能达成，是一则民间典故，源出已不可考，或出于野人献芹的故事，或出于其他轶闻野史，后人莫衷一是，各持己见，孰是孰非，难以断定。

③ 木工允，官职，木工寮三等属官，兼任藏人所藏人，时任木公允藤原辅尹，乃藤原家子弟，尾张郡守藤原兴方之子。

粗，殿上人和女官们给他起诨名曰“荒鳄”，且作歌云：

粗豪无双的先生，
那也是难怪的呵，
因为是尾张的乡下人的种子。

这是因辅尹乃是尾张的兼时的女儿所生的缘故。主上将这首歌用笛子吹奏，高远在旁助吹，且说道：

“更高声的吹吧，辅尹不会知道是什么事的。”主上答说道：

“这怎么行呢，虽说他不懂，辅尹也会听见的。”仍旧很是低声的吹着，随后到得中宫的那里，说道：

“这里那人不在了，可以高声的吹了吧。”便那样的吹奏了。这是很有意思的事。

第26段　可憎的事续[1]

信札措辞不客气的人，更是可憎。像是看不起世间似的，随意乱写一起那种文字，实在可憎得没法比喻。可是对于没有什么重要的人，过于恭敬的写了去，也是不对的事情。那种不客气的信札，自己收到不必说了，就是在别

---

① 续第24段“可憎的事”。个别版本会将此段与第24段合作一段，但本书援引《枕草子春曙抄》，所以，独立成段，并未与前文合并。

人那里收到，也极是可憎的。其实这不但是信札，对谈的时候也是一样，听着那无礼的言辞，心想这是怎么说出来的，实在觉得心里不痛快。况且更是关于高贵的人说这样无礼的话，尤其荒唐，很可憎恶。说男主人的坏话，也是很坏的事情。自己对于所使用的人，说“在”以及“说话”都用敬语，也是可憎的。这样办还不如自己说“在下”的好吧。即使没有客气，使用文雅的言辞，对话的人和旁边听着的人，也都高兴的笑了。但是觉得是这样，便乱用文雅的语言，使人家说是这是出于嘲弄的，那也是不好的。殿上人以及宰相[①]等人，对于他们毫不客气的直呼其名，甚为不敬，可是并不这么说，却是反对的对于在女官房做事的人，也称作什么“君”，她们因为向来没有听见过这么称呼，听了便觉得高兴难得，对着称呼的人非常的称赞了。称呼殿上人和公卿，除了在主上御前，都称他们的官职名。在御前说话，即使互相谈说，而主上可以听见的时候，不说名字，自称“本人”，这也是很可憎的。这时候不说“本人”[②] 这句话，有什么不方便呢？

没有什么特别可取的男子，用了假装的声音，做出怪样子来。滑不受墨的砚台。女官们的好奇，什么事情都想知道。本来就不讨人喜欢的人，做出讨厌的事情，这都是很可憎的。

---

① 宰相，官职名，指殿上参政的参议官，按制，满员为八人。皆由官阶在四位以上的官员担任。

② 个人称谓，指代自己，不分男女。

一个人坐在车上，观看祭礼什么景物的男子，这是什么样子的人呀！同伴的人即使不是贵人也罢，少年的男子好奇喜欢观看的也有，何不带着他乘车一起的看呢？从车帘里望过去，只有一个人的影子独自摆着架子，一心的看着的那副样子，真是可憎呵！

天刚破晓，从女人那边回去的男子，将昨夜里所放着的扇子、怀中纸片，摸索寻找，因为天暗便到处摸索，用手按扑，口中说是“怪事”，及至摸到了以后，悉索悉索的放在怀里，又打开扇来，啪啦啪啦的扇，便告假出去，这却是可憎，还是寻常的批评，简直可以说是一点没有礼貌了。同上面所说的事情一样，在深夜里从女人那里出去的人，乌帽子的带子系得很坚固的，是很可讨厌的事。这没有那么系得紧固的必要吧，只须宽宽的戴在头上，也未必会有人责备。非常的懒散，毫不整齐的，穿着直衣和狩衣，也都歪斜着，不见得有人看了会得讥笑的。凡是破晓时候临别的情形，人们觉得最有情趣。大抵是男的总是迟迟不愿意起来，这是女的勉强催促，说：“天已经大亮了，给人看见了怪不好看的。”男的却是叹口气，觉得很是不满足的样子，似乎起来回去也是很勉强的样子。老是坐着连下裳也并不穿，还是靠着女人的方面，将终夜讲了没有说完的话，在女人耳边低声细说，这样的没有特别的事情，其时衣裳都已穿好，便系上了带子。以后将和合窗打开，又开了房门，二人一同出去，说尽闲等着一定是很不好过吧，这样说着话便轻轻的走去了，一面送着回去的后姿，这种惜别是很有情趣的。但是惜别也要看男子的行动而定。若是赶快就起来，匆匆忙忙的，将下裳的腰间带子紧紧的结了，直衣和外袍以及狩衣都卷着袖子，把自己的东西一切都塞在怀里，再把上边带子切实的系上，那就是很可憎的了。又凡走出去，不把门关上的人，也很可憎。

第27段　使人惊喜的事

使人惊喜的事是，小雀儿从小的时候养熟了的，婴儿在玩耍的时候走过那前面去，烧了好的气味的薰香[1]，一个人独自睡着，在中国来的铜镜上边，看见有些阴暗了[2]，身份很是上等的男子，在门前停住了车子，叫人前来问讯。洗了头发妆束起来，穿了熏香的衣服的时候。这时虽然并没有人看着，自己的心里也自觉得愉快。等着人来的晚上。听见雨脚以及风声，便都以为那人来了，都是吃一惊的。

---

① 类似香水。古时用来熏衣之物。

② 铜镜在日本属于舶来品，产自中国，精细贵重，所以，发现铜镜上有阴影，持有者会十分忧虑。此处，是在以此来描述内心的惊动。但这种惊动，并不一定是惊喜，如这一则就是一例。

第28段　怀恋过去的事

怀恋过去的事是：枯了的葵叶①。雏祭的器具②。在书本中见到夹着的，二蓝以及葡萄色的剪下的绸绢碎片。在很有意思的季节寄来的人的信札，下雨觉着无聊的时候，找出了来看。去年用过的蝙蝠扇③。月光明亮的晚上。这都是使人记起过去来，很可怀恋的事。

第29段　愉快的事

看了觉得愉快的事是，画得很好的仕女绘上画，有些说明的话，很多而且很有意思的写着。看祭礼的归途，有些车子上挤着许多男子，熟练的赶牛的人驾着车快走。洁白清楚的檀纸上，用很细的笔致，几乎是细得不能再细了，写着些诗词。河里的下水船的模样。牙齿上的黑浆④很好的染上了；双陆掷异

① 每年四月，中京都都会举行盛大的贺茂祭祭典。届时，人们会相约前往上贺茂神山，采集山上的葵叶，或挂在帘上，或用作装饰，直到葵叶枯萎。

② 雏，原指用绢布、木头、泥、纸裁剪捏塑的替身人偶，有男有女，本来用于祓除，后来，成了女孩子的玩具。每年三月，雏祭期间，会一一陈列而出，除了人偶，还有其他各色的器具。

③ 蝙蝠扇，折扇的一种，因状若蝙蝠的翅膀而得名，一面裸露，一面糊上纸制扇面，十分奇特。

④ 明治维新之前，日本国内有染牙的习俗，妇女们会用铁浆和五倍子粉制成的黑浆将牙齿染成黑色，也就是所谓的“齿黑”。

同的时候，多掷得同花[1]。绢的精选的丝线，两股都打得很紧。请很能说话的阴阳师，到河边上，祓除咒诅[2]。夜里睡起所喝的凉水。在闲着无聊的时候，得有虽然不很亲密，却也不大疏远的客人，来讲些闲话，凡是近来事情的有意思的，可讨厌的，岂有此理的，这样那样，不问公私什么，都很清楚的说明白了，听了是很愉快的事。走到寺院去，请求祈愿，在寺里是法师，在社里是神官[3]，在预料以上的滔滔的给陈述出愿心来，这是很愉快的事。

第30段　槟榔毛车

槟榔毛车以缓缓的行走为宜，走得太急了，看起来有点轻浮了。网代车[4]则宜于急走，走过人家的门口，连看的时间都没有就走过去了，只见随从的人跑着走，心想这车里的主人是谁呢，也是很有意思的。若是慢慢的，很费时光的走着，那就

---

① 同花，从中国传入日本的双陆游戏的一种玩法。游戏者同时投掷两颗骰子，同花获胜，异花判负。

② 阴阳师，日本职业之一，隶属阴阳寮管辖，有占卜、祓除之能。民间若有人担心自己被诅咒，可请阴阳师作法除邪去咒，作法完成，所有的罪孽、污秽、诅咒都会随水流远去，直至冥土。

③ 神道教神社中专司祈祷事宜的职官。非道教出身，与道教神官迥异。

④ 用桧皮或竹子编织的箔作车身，车身上漆，有彩绘的一种车，因竹箔又名“网代”，得名“网代车”，为日本古代官员的日常用车。

很是不好。牛要额角小，那里的毛是白的，又它的腹下、脚尖、尾巴梢头也都是白的。马是栗色有斑纹的，又芦花毛的也是好的。此外是纯黑的，在四脚那里以及肩头都是白色的马。淡红色的身子，马鬣和尾巴全是白的，这真是所谓木棉鬣[①]的吧。赶牛的人要个子大，头发带红色，脸也是红的，而且样子很是能干似的。杂色人[②]和随身[③]则是瘦小一点的好。就是身份好的男子，在年轻的时候也是瘦的好，很是肥大的人看去像是想要睡觉似的人。小舍人[④]要个子小，头发丰满，披在后头，声音很可爱的，规规矩矩的说话，很是伶俐的样子。猫要背上全是黑的，此外则都是白色。

第31段　说经师

说经师须是容貌端丽的才好。人家自然注视他的脸，用心的听，经文的可贵也就记得了。若是看着别处，则所听的事也会忽而忘记，所以容貌丑陋的僧人，觉得使听众得到不虔诚听经的罪。但这话且不说也罢。若是再年轻一点，便会写出那样

---

① 指经过处理后呈白色的楮树皮，因色若木棉，形似马鬣，得名木棉鬣。

② 无官品在身的人，因无官品，服装无定式、无定色，所以，穿什么颜色衣服的都有，故称之为杂色人。

③ 随身，即贵人的侍卫，多为近卫府低级侍官。

④ 指官厅所役使的小童。

要得罪的话来吧，但是现在年纪大了，亵渎佛法的罪很是可怕呀。

又听说那个法师可尊敬，道心很深，便到那说经的地方，尽先的走去听，由我这样有罪业的人来说，似乎不必那样子做也行吧。有些从藏人退官的人，以前是全然隐退，也不参与前驱，也更不到宫禁里来露面，现在似乎不是这样了。所谓藏人的五位[①]虽退了职还在禁中急忙奔走，但是比起在职繁忙的情形来，便觉得闲着没有事干了，心里感觉着有了闲暇，于是便到这种说经场，来听过一两回的说经，就想时常来听了。在夏天盛暑的时候，穿着颜色鲜明的单衣，着了二蓝或是青灰色裤子，在那里踱着。在乌帽子上面插着“避忌”的牌子，今日虽然是忌日，但是出来赴功德的盛会，所以这样办显得是没有问题的吧。这样的赶忙来了，和说经的上人说话，后到的女车在院子里排列[②]，也注意的看，总之凡事都很留心。有好久不见的人到来与会，觉得很是珍重，走近前去，说话点头，讲什么好笑的事，打开扇子，掩着口笑了，玩弄装饰的数珠，当作玩物来戏耍，这边那边的四顾，批评排在院子里的车子好坏，

---

① 按制，五位及以上的官员有升殿的资格，但于藏人所致仕的藏人，在退职前官阶是六位，因为退职了，才加恩为五位，与一般的五位官员不同，所以，并不能升殿。换言之，他们本质上还是六位官员，只是享受着五位的一部分待遇。

② 女性抛头露脸者少，听经听法时常坐于车内，不露面。

又说什么地方，有某人举办的法华八讲①，或者写经供养，比较批评，这时说经已经开始，就一点都没有听进去了。大概是因为平常听得多了，耳朵已经听惯了，所以并不觉得怎么新鲜了吧。

有些人却不是这样做，在讲师已登高座过了一会儿之后，喝道数声，随即停车下来，都穿着比蝉翼还轻的直衣，裤子，生绢的单衣，也有穿着狩衣装束的，年纪很轻，身材潇洒的三四个人，此外侍从的人有同样的人数，着了相当的服装，一同走了进来。以前在那里听着的人便稍为移动一下，让出坐位来，在高座近旁柱子旁边，给他们坐了下来，到底是很讲规矩的贵人，便将数珠揉搓了，对于本尊俯伏礼拜，这在讲师大概是很有光荣的吧。想怎样传说出去，在世间有很好的声誉，就努力很好的讲说起来，但是听的方面却没有大的影响，或者归依顶礼，等到差不多的时候，就都站起来走了，一面望着多数的女车，自己讲着话，——这自己所讲是什么事呢，不免令人猜想。那些认得的人，觉得这样子是很有意思，那不知道的人也猜想说这是谁呀，这个那个的来想，也是有意思的事吧。

“什么地方有说经了，这里是法华八讲。”有人讲起这种事情来时，人家问道：

---

① 法华八讲，指讲解《法华经》的法会。《法华经》共八卷，一卷一讲，讲经人各不相同，加上起始、结束之讲，一共十讲，起、始各一天，八卷八讲合共三天，分早中晚三个时段，第三日中午，宣讲第五卷经文时，恰好是法会讲经活动进行到一半的时候，要举行与众不同的仪式。

“某人在那里么?”这边答说:

“他哪里会得不在呢?”好像是一定在那里似的，这未免太过了。这并不是说，说经场里连张望一下也是不行，听说有很卑贱的女人，还热心去听哩。但是当初去听的女人，没有那么徒步走去的。就是偶尔有徒步的，也都是穿那所谓“壶装束”①，一身装饰得很优雅的。那也是往寺院神社去礼拜罢了，说经的事也不大听见说起。在那时节曾经去过的人，假如现在还长命活着，看见近时说经的情状，那不知道要怎样的诽谤了吧。

第32段　菩提寺

在菩提寺里，有结缘的法华八讲，我也参加了。人家带信来说:

“早点回家里来吧，非常的觉得寂寞。”我就在莲花瓣②上写了一首歌回答道:

容易求得的莲华的露，

放下了不想去沾益，

① 中古时期，妇女外出时的一种装束。

② 佛门法会中常会举办散华活动，即在行路时抛撒莲花瓣，这些莲花瓣不是真的莲花花瓣，而是纸张折叠而成的。

却要回到浊世里去么？

真是觉得经文十分可尊，心想就是这样长留在寺里也罢。至于家里的人像等湘中老人[①]一样，等着我不回去，觉得焦急，就完全忘记了。

第33段　小白河的八讲

小白河殿是小一条的大将[②]的宅邸。公卿们在那里举行结缘的法华八讲，很是盛大的法会，世间的人都聚集了前去听讲。说道：

“去得晚了，恐怕连车子也没处放。”于是便同了朝露下来的时候前去，果然已是满了，没有空处了。在车辕上面，又驾上车子去，到了第三排还约略听得说经的声音。

是六月十几的天气，酷热为以前所不曾有过，这时只有望着池中的荷花，才觉得有点凉意。除了左右大臣之外，几乎所有的公卿们都聚集在那里了。多穿着二蓝的直衣和裤子，浅蓝的里衣从下边映透出来。稍为年老一点的人穿青灰色的裤子，

① 《列仙传》有载，老人嗜爱黄老之书，在山中废寝忘食地阅读，恰值湘江水涨，君山被江水淹没，成为水中一座孤岛，老人全神贯注地读书，对此一无所知，也忘了要返回巴陵。

② 指右近卫大将藤原济时，左大臣藤原师尹第二子。

白的里裤，更显得凉快的样子。佐理宰相[1]等人也更显得年轻了，也都到来，这不但是见得法会的尊严，也实在是很有意思的景象。

厢间的帘子高高的卷上，在横柱的上边的地方，公卿们从内至外很长的排坐着，在那横柱以下是那些殿上人和年轻的公卿们，都是狩衣直衣装束，很是潇洒的，也不定坐，这边那边的走着，也是很有意思的。实方兵卫佐[2]与长明侍从都是小一条邸的家人，所以比起别人来，出入更是自在。此外还在童年的公卿，很是可爱。

太阳稍为上来的时候，三位中将——就是说现在的关白道隆公，穿了香染[3]纱罗的里衣，二蓝的直衣和浓苏枋色的裤子，里面是笔挺的白色的单衫，颜色鲜明的穿着走了进来，比起别人都是轻凉的服装来，似乎觉得非常的热，却显得更是尊贵的样子。扇骨是漆涂的，与众人的虽有不同，用全红的扇面却和人家一样，由他拿着的模样却像是石竹花满开了，非常的美丽。

---

① 宰相，是日本参议官的别称，此处指时任参议的书法家藤原佐理。

② 指时任兵卫府佐官的藤原实方，实方为大将藤原济时之子。

③ 香染，又称丁子染，是以丁香汁为原料的一种染色方式，染出的色彩多为浅红，红中略带黄色。

其时讲师还没有升座，看端出食案来，在吃什么东西。义怀[1]中纳言的风采，似乎比平日更是佳胜，非常的清高。本来公卿们的名字在这种随笔里不应当来说，但是过了些时日，人家便要忘记了，这到底是谁呢，所以写上了。此外各人的服装颜色光彩都很华丽的当中，只有他里边穿着里衣，外边披了直衣，这样子，似乎很是特别。他一面看着女车的方面，一面说着什么话，看了这情形，不觉得很有意思的人，恐怕不会有吧。

后来到达的车子，在高座近旁已经没有余地，只能在池边停了下来。中纳言看见了，对实方君说道：

“有谁能够传达消息的，叫一个人来吧。”这样说了，不知道是什么人，选出一个人来。叫他去传达什么话好呢，便和在近旁的人商议，叫去说的内容这边没有听见。那使者很摆着架子，走近女车边去，大家都一齐大声的笑了。使者走到车子后边，似乎在传话的光景，但好久立着不动，大家都笑说：

“这是在作和歌吧。兵卫佐，准备好作返歌[2]吧。”连上了年纪的公卿们也想早点听到回信，都向着那边看，其

---

① 指时任权大纳言的藤原义怀。藤原义怀是藤原伊尹第五子，花山天皇的舅舅，最有权势的外戚。天皇生母怀子的亲哥哥。因弘徽殿女御逝后，花山天皇悲痛欲绝，宽和二年（986年）六月二十三日夜半离宫，到花山元庆寺落发出家。翌日，藤原义怀闻讯，也追随天皇，落发为僧。

② 古时，日本文人权贵间有以诗唱和的习俗，他人作和歌相赠，被赠予者就要作一首“返歌”来回赠唱和，作不出，会被人轻视耻笑。

他露立的听众也都一样的望着，觉得很有意思。其时大概是已得了回信了吧，使者向这边走了几步，只见车里边用了扇子招他回去，这是和歌中的文字有的是用错了，所以叫了回去。但是以前等了不少工夫，大概不会得有错吧。就说是有了错，我想也是不应该更正的。大家等使者走近前来，都来不及的问询道：

“怎么啦，怎么啦?”使者也不答话，走到中纳言那里，摆了架子说话。三位中将从旁边说道：

“快点说吧，太用心过了，便反要说错了。”使者说道：

“这正是一样的事，反正都是扫兴的是了。”藤大纳言①特别比别人尽先的问道：

“那是怎么说的?”三位中将答道：

“这好像是将笔直的树木，故意的拗弯了的样子。”藤大纳言听说便笑了起来，大家也一齐笑了，笑声恐怕连女车里也听到了吧。中纳言问道：

“在叫你回去之前，是怎么说的呢？还是这是第二回改正了的话呢?”使者道：

“我站了很久，并没有什么回信，随后我说那么回去吧，刚要走来，就被叫转去了。”中纳言问道：

“这是谁的车呢？你有点知道么?”正说这话的时候，讲师升了高座了，大家静坐下来，都望着高座的这一刻工夫，那女车就忽然消灭似的不见了。车子的下帘很新，似乎是今天刚

---

① 指时任大纳言的藤原为光。同年7月，为光被擢拔为右大臣。

用的样子，衣服是浓紫的单袭[1]，二蓝的绫的单衣，苏枋色的罗的上衣，车后面露出染花模样的下裳，摊开了挂着，这是什么人呢？的确是，与其拙笨的做什么歌，倒不如女车似的不答，为比较的好得多哩。

朝座讲经的讲师清范在高座上似乎发出光辉，讲的很好。但是因为今天的酷热，家里也有事情，非得今天里做了不可，原是打算略为听讲便即回去，却进在几重车子的里边，没有出去的法子。朝座的讲经既了，便想设法出去，和在前面的车子商量，大概是喜欢因此得以接近高座一点的缘故吧，赶快的将车拉开，让出路来，叫我的车子能够出去。大家看着都喧嚷着说闲话，连年纪稍大的公卿也一起在嘲笑，我并不理会，也不回答他们的话，只是在狭路中竭力的挤了出来。只听得中纳言笑着说道：

“唉，退出也是好的。”觉得他说的很妙，但也不理会，只是在盛暑中退了出来，随后差人去对他说道：

“你自己恐怕也是在五千人的里面吧。”[2] 这样我就回了来了。

自从八讲的第一天起，直到完了为止，有停着听讲一辆女

① 五月端午过后，女官们穿的常服，由两件单衣叠缀而成。

② 《妙法莲华经·方便品》中记载了一则小故事，说一次释迦牟尼讲法，有五千比丘“增上慢”，没证道却以为自己证道了，没听懂却以为自己听懂了，于是退场离去。佛祖没有阻止。此处，中纳言巧借这一典故来调侃作者，作者也以同样的典故来回应。说天气酷热，不久之后，你也会像我一样退去，也会是“增上慢”的五千比丘中的一个。

车，没有看见一个人走近前去过，只是在那里呆着，好像是画中的车的样子，觉得很是难得，也实在优胜。人都问道：

“这是什么人呢？怎么样想要知道。”藤大纳言说道：

“这有怎样难得呢！真好讨厌，这不是很不近人情么？”说的也很有意思。

但是到了二十几日，中纳言却去做了和尚了，想起来真是不胜感慨。樱花的凋谢，还只是世俗常用的譬喻罢了。古人说“迨白露之未晞”①，叹息朝颜花的荣华不长，若和他相比，更觉得惋惜无可譬喻了。

第34段　七月的早晨

七月里的时候，天气非常的热，各处都打开了，终夜也都开着。有月亮的时候睡醒了，眺望外边，很有意思。就是暗夜，也觉得有意思。下弦的在早晨看见的月光，更是不必说了。很有光泽的板廊的边沿近旁，铺着很新的一张席子，三尺的几帐站在里边一面，这是很不合理的。本来这是应当立在外边的，如今立在里边，大概是很关怀这里边的一方面吧。

男人②似乎已经出去了。女的穿着淡紫色衣，里边是浓紫

---

① 歌出《新敕撰集》，作歌者源宗于，咏颂之物为朝颜花。

② 此节是想象，描写了当时恋爱中的情形。

的，表面却是有点褪了色，不然便是浓紫色绫织的很有光泽的，还没有那么变得松软的衣服，连头都满盖了的睡着。穿了香染的单衣，浓红生绢的裤腰带很长的，在盖着的衣服底下拖着，大概还是以前解开的吧。旁边还有头发重叠散着，看那蜿蜒的样子，想见也是很长吧。

这又不知道是从哪里来的，在早晨雾气很重的当中，穿着二蓝的裤子，若有若无的颜色的香染的狩衣，白的生绢的单衣，红色非常鲜艳的外衣，很为雾气所湿润了，不整齐的穿着，两鬓也稍微蓬松，押在乌帽子底下，也显得有点凌乱。在朝颜花上的露水还未零落之先，回到家里，赶紧给写后朝惜别[①]的信吧，归去的路上心里很着急，嘴里念着“麻地里的野草”，直往家里走去，看见这里的窗子已经打起，再揭起帘子来看，却见女人那么样的睡着，想见已有作别归去的男子，也是很有意思的事。这男子匆匆的归去，大约也觉得朝颜花上的露水有情吧。暂时看着，见枕边有一把朴树的骨，用紫色的纸贴着的扇子，展开着在那里。还有陆奥国纸裁成狭长的纸条，不知道是茜草还是红花染的，已经有点变了色，散乱在几帐旁边。

似乎有人来了的样子，女人从盖着的衣服里看出来，男的已经笑嘻嘻的坐在横柱底下，虽然是用不着避忌的人，但也不

① 后朝，原为“衣衣”，指丈夫与妻子的晨间惜别。古时，日本有男就女家的婚俗，即男女成婚后，男子夜晚到女家住宿，翌日清晨离去。随后，男方写信给女方，表惜别之情。

是很亲密的关系，心想给他看了自己的睡相[1]去了，觉得懊恨。男人说道：

“这很像是不胜留恋的一场早觉呀！”玩笑着说，把身子一半进到帘子里边来。女人答说：

“便是觉得比露水还早就出去了的人，有点儿可恨呵！”这本来并不是很有意思，特别值得记录的事情，但是这样的互相酬答，也是不坏。男人用了自己拿着的扇，弯了腰去够那在女人枕边的扇子，女人的方面怕他会不会再走近来，心里觉得怦怦的跳，便赶紧将身子缩到盖着的衣服里去。男人拿了扇子看了，说道：

“怎么这样的冷淡呀。”仿佛讽刺似的说着怨语，这时候天已经大亮了，渐有人的声音，太阳也将出来了吧。心想趁了朝雾没有散的时候，赶快的给写那惜别的信，现在这样的就要迟延了。旁人不免代为着急。从女人这边出去的那人，不知在什么时候所写，却已经寄信来了，信外附着带露的胡枝子，可是使者因为见有客人在这里，不曾送了上来。信上面薰着很浓厚的香，这是很有意思的。天亮了，人家看见了也不好意思，那男人就离开了这里走了，心里想自己刚才出来的女人那里，或者也是这样的情形吧，想起来也是很有趣的。

---

① 睡相，睡觉的样子。古日本旧俗，妇女的睡相只能让自己的丈夫见到，不能让其他男人见到。

卷三

凡是人的讲话，或是四季的时节里，有什么有情味的，和有意思的事，听了记住在心里，无论是草木虫鸟，也觉得一点都不能看轻的。

第35段　树木的花

树木的花是梅花，不论是浓的淡的，红梅最好。樱花是花瓣大，叶色浓，树枝细，开着花很有意思。藤花是花房长垂，颜色美丽的开着为佳。水晶花的品格比较低，没有什么可取，但开的时节很是好玩，而且听说有子规躲在树荫里，所以很有意思。在贺茂祭的归途，紫野附近一带的民家，杂木茂生的墙边，看见有一片雪白的开着，很是有趣。好像是青色里衣的上面，穿着白的单袭的样子，正像青朽叶[①]的衣裳，非常的有意思。从四月末到五月初旬的时节，桔树的叶子浓青，花色纯白的开着，早晨刚下着雨，这个景致真是世间再也没有了。从花里边，果实像黄金的球似的显露出来，这样子并不下于为朝露所湿的樱花。而且桔花又说是与子规有关，这更不必更加称赞了。

① 青朽叶，原是一种丝织物的颜色代称，此处以譬喻的手法，代指青篱上嫩黄的新叶。

梨花是很扫兴的东西，近在眼前，平常也没有添在信外寄去的，所以人家看见有些没有一点妩媚的颜面，便拿这花相比，的确是从花的颜色来说，是没有趣味的。但是在唐土却将它当作了不得的好，做了好些诗文讲它的，那么这也必有道理吧。勉强的来注意看去，在那花瓣的尖端，有一点好玩的颜色，若有若无的存在。他们将杨贵妃对着玄宗皇帝的使者说她哭过的脸庞是“梨花一枝春带雨”①，似乎不是随便说的。那么这也是很好的花，是别的花木所不能比拟的吧。

梧桐的花开着紫色的花，也是很有意思的，但是那叶子很大而宽，样子不很好看，但是这与其他别的树木是不能并论的。在唐土说是有特别有名的鸟，要来停在这树上面②，所以这也是与众不同。况且又可以做琴，弹出各种的声音来，这只是像世间那样说有意思，实在是不够，还应该说是极好的。

树木的样子虽然是难看，楝树的花却是很有意思的。像是枯槁了的花似的，开着很别致的花，而且一定开在端午节的前后③，这也是很有意思的事。

---

① 语出白居易《长恨歌》，原诗为“玉容寂寞泪阑干，梨花一枝春带雨”，形容女子流泪时凄美可怜的模样。

② 古代中国有这样的传说：当世有圣人，则凤凰出，凤凰出，必栖息于梧桐树上。

③ 《荆楚岁时记》有载：“蛟龙畏楝，故端午以楝叶包粽，投江中祭屈原。”其中“楝”，指的便是楝树，端午节与楝树的渊源，传于中国。楝树花，在端午前后开放，古时，中国有“二十四番花信风”之说，楝花为花信之一。

第36段 池

池是胜间田的池，磐余的池，贽野的池，在我以前到初濑去朝拜的时候，见那池里满是水鸟，在那里吵闹着，是很有意思的事。

无水的池，这很是奇怪，便问道：

“为什么给取那样的名字的呢？”人们回答说道：

“在五六月里，下着大雨的年头，这池里的水是没有的。在很是旱干的时候，到了春初，却有很多的水。”我就想这样回答道：

“要是完全没有水，是干的话，那么就这样给取名字吧。现在是也有出水的时候，却是一概的叫它作无水了么？”

猿泽的池，采女在那里投了池，天皇听说了，曾到过那里①，这是很了不得的事。人麻吕作歌说：“将猿泽的池里的玉藻，当作我的妹子的睡乱的头发，真是可悲呀。”再加称赞，这也是多余的事了。

御前的池，这是什么意思取这样的名字的呢？想起来

① 指奈良兴福寺中的猿泽池。相传，奈良时代，天皇曾宠幸过一位宫中采女，但宠幸了一段时间后，便不再召见她。失宠的采女哀怨绝望，投水自杀，她自杀的地方就是猿泽池。天皇闻讯后，曾命人到池边作歌，以表哀悼。传说柿本人麻吕也曾为她作歌，但据考，这位闻名遐迩的大诗人是七世纪之人，与此歌所作年代不符。

很是有趣。镜的池也有意思。狭山的池，这觉得有意思，或者是因为联想起“三稜草”的歌的缘故吧，恋沼的池。还有原之池，这是风俗歌里说的“别刈玉藻吧”[①]，因此觉得有意思的吧。益母的池，也是有意思的。

第37段 节日

节日是没有能够及五月节的了。这一天里，菖蒲和艾的香气，和在一块儿，是很有意思的。上自宫禁里边，下至微末不足道的民家，都是竞争着把自己的地方插得最多，便到处都葺着，真是很少有的，在别的节日里所没有的。

这天的天气总是阴暗着，在中宫的殿里，从缝殿寮[②]进上用种种颜色的丝线编成的所谓香球，在正屋里御帐所在的左右柱子上悬挂着。去年九月九日重阳节日的菊花，用了粗糙的生绢裹了进上的，也挂在同一的柱子上，过了几个月，到现在乃由香球替代了，拿去弃舍掉。这香球挂在那里，当然到重阳的菊花的节日吧。但是香球也渐渐的，丝线被抽去，缚了什么东西了，不是原来的

---

① 风俗民歌中的歌词，其中“玉藻”是一种美称，玉有美好之意，表赞美，并不是说这是一种名字为玉的藻。

② 宫中专司裁剪缝制的机构，端午节时所用的香球，便是缝殿寮负责制作的。

样子了。

节日的供膳进上之后，年轻的女官们都插了菖蒲的梳子，竖着“避忌”[①] 的牌子，种种的装饰，穿了唐衣和罩衣，将菖蒲的很长的根，和好玩的别的花枝，用浓色的丝线编成的辫束在一起，虽然并不怎么新奇，值得特别提出来说，却也总是很有意思的。就说是樱花每年到春天总是开花，但因此觉得樱花也就是平凡的人，也未必会有吧。

在街上走着的女孩子们，也都随了她们的身份装饰着，自己感觉得意，常常看着自己的袖子，并且和别人的相比，说不出的觉得愉快，这时却遇见顽皮的小厮们，把那所挂的东西抢走了，便哭了起来，这也是很好玩的。

用紫色纸包了楝花，青色纸包了菖蒲的叶子，卷得很细的捆了，再用白纸当作菖蒲的白根似的，一同捆好了，是很有意思的。将非常长的菖蒲根，卷在书信里的人们，是很优雅的。为的要写回信，时常商量谈天的亲近的人，将回信互相传观，也是很有意思。给人家的闺女，或是贵人要通信的人，在这一日里似乎特别愉快，这是优雅而且有趣的。到了傍晚，子规又自己报名似的叫了起来，这一切都是很有兴味的事情。

---

① 古中国以端午为“恶日”，多有禁忌避讳，日本亦仿效沿用了这一习俗。

第38段　树木

树木是枫[1]，五叶松，柳，桔。

扇骨木虽似乎没有什么品格，但在开花的那些树木都已凋谢的时候，一面变成纯是绿色了，它也不管季节，却有浓红的叶子，想不到的在青叶之中，长了出来，也是少有的。

檀树，这是可以做弓的材料，现在更不必多说了。这虽然并不限定说某一种树，但是寄生木的这名字，却是很有风情。荣木[2]，这是在贺茂的临时祭礼，举行御神乐的时候，舞人拿着这树枝而舞，很是有意思。世上有各种的树木，只有这树被说是“神的御前的东西”，这是特别有意义。

樟树在树木丛生的地方，也总不混在别的树木里生长着。因为枝叶太是繁茂，觉得有点可厌的样子，但是分作“千枝”，常引例作为恋人[3]来说，可是有谁知道了枝的数目，却这样的说起来的了，想来是很有趣味的。

---

① 原文为“桂”，桂树叶片与杨树相似，两两相对。有别于下文的枫树。

② 常绿乔木，隶属山茶科，古人用其枝叶供奉神明，“荣”之名，取的是常绿之意。

③《古今六帖》中有诗咏樟木，以其枝叶繁多来比喻人多有怀恋。原歌中“千枝”为虚数、泛指，现在却作实指，语多调侃，意为没有人数过。

桧树，这也是生长在人迹罕到的地方的东西，“催马乐”[①] 的歌里有“三叶四叶的殿造好了”的话，也觉得有意思。而且五月里，露水下来，它会学作雨声[②]，这也是很好玩的。

枫树，虽然是树很小，可是长出来的芽带着红色，都向着同一方面伸张开的叶子，花并不像花的样子，却好像什么虫的干枯了似的，觉得很有意思。

“明天是桧”树[③]，这在世上近地看不到，也不曾听说哪里还有。但是，到御岳去朝拜回来的人，有拿了来的。枝叶很是粗糙，似乎不好用手去碰它；但是这凭了什么，却给它取“明天是桧”的名字的呢？实在靠不住的预言呀。这预言是凭了谁呢，倒很想知道，想来很有意思。

鼠黐树，虽然不是特别值得说的树木，它的叶子很是细而且小，也是很有趣的。楝树，山梨树也是很有意思。椎木，在常绿的树中间虽然都是这样，但是椎木却是特别提出来，当作树叶不落的例子，也是有意思的事。

白橿的树，在深山树木之中更是离得人远了，大约只是染三位或是二位的衣袍的时节，人们才看到它的叶子

---

① 民谣的一种，平安年间，列入雅乐范畴。

② 唐代诗人方干有诗曰：“长潭五月含冰气，孤桧中宵学雨声。”作者在此，化用了方干的诗句。

③ 指罗汉松。

吧[1]。虽然并不是引起什么了不起或是好玩的事情来说，它的模样像是一面落着雪似的，容易叫人看错，想起素盏鸣尊降到出云国的故事，看着人麻吕所作的歌[2]，非常的觉得可以感动。凡是人的讲话，或是四季的时节里，有什么有情味的，和有意思的事，听了记住在心里，无论是草木虫鸟，也觉得一点都不能看轻的。

交让木的叶子丛生着，很有光泽的，非常青得好看，却想不到的，叶柄长得鲜红，很是庸俗，似乎不大相称，便觉得品格低了，但是也有意思。在平常的日月里，全看不见这东西，到了十二月晦日却行了时，给亡故的人们当盛载食物的器具，很引起人的哀感，但是在新年为的是延龄的关系，固齿的食物也用这作为器具[3]，这是为什么缘由呢？古歌里说："交让木变成了红叶的时光，才会忘记了你。"将绿叶不会变红，比喻恋爱的不变，这是很有道理的。

柏木[4]，很有意思。这个树里，因为有"守叶的树神"

---

① 当时，四位及以上官员皆着黑袍，袍服用皂斗染色，若皂斗不够用，则以白橿叶来替代。

② 白橿叶内侧为白色，远望似雪，柿本人麻吕曾作诗咏颂过它。因读法相同，与素盏鸣尊的故事混淆，两者实则并无关系。

③ 日本有中元节祭祖迎灵的习俗，也有除夕祭祀先祖的习俗。祭祖时，多以交让木叶来盛放食物。且，依旧俗，新年需"固齿"，以益寿延年，固齿时食用的食物，也以交让木叶来盛放。

④ 指槲树，非中国柏。

住着，所以也是可以敬畏。兵卫府的佐和尉[1]，也因此叫作“柏木”，这也是有意思的事。

棕榈树，虽然树木缺乏风情，但是有唐土的趣味，不像是卑贱的家里所有的东西。

第39段　鸟

鸟里边的鹦鹉，虽然是外国的东西，可是很有情味的。虽是鸟类，却会学话人间的语言。还有子规、秧鸡、田鹬、画眉鸟、金翅雀，以及鹊类，也很有意思。

山鸡因怀恋同伴而叫了，所以看镜，见了自己的影子，以为是同伴了，用以自慰，实在很是有情的。至于雌雄隔着一个山谷，乃是很可怜的了。

鹤虽是个子很大，可是它的鸣声，说是可以到达天上，很是大方。头是红色的雀类，斑鸠的雄鸟，巧妇鸟，也都有意思。

鹭鸶的样子很不好看，眼神也是讨厌的，总之是不得人的好感，但是诗人说的在“万木的树林里不惯独宿”，所以在那里争夺配偶，想起来也是很有趣的。箱鸟[2]。

---

① 佐、尉，皆是兵卫府的官衔。槲树经冬不落叶，仿佛有树神守候，兵卫府是专职守卫的部门，所以，世人常以“柏木”来比喻兵卫府的将官。

② 指谓不定，或为翡翠，或为雉鸡。

水鸟中鸳鸯是很有情趣的。据说雌雄互相交替着，扫除羽毛上的霜，这是很有意思的事情。都鸟①。古歌里说，河上的千鸟②和同伴分散了，所以叫着，觉得是可怜。大雁的叫声远远的听着，很可感动的。野鸭也正如歌里所说的，拍着翅膀，把上面的霜扫除了似的，很有意思。

莺是在诗歌中有很好的作品留下来，讲它的叫声，以及姿态，都是美丽上品的，但是有一层，它不来禁中啼叫，实在是不对的。人们虽说“确是这样的”，但是我想这未必如此吧，十年来在禁中伺候，却真的一点声音都不曾听见。在那殿旁本来有竹，也有红梅，这都是莺所喜欢来的地方呀③。到得后来退了出来，在微末的民家毫无足观的梅花树上，却听见它热闹的叫着哩。夜里不叫，似乎它很是晚起，但这是它的生性如此，也没有什么办法。到了夏秋的末尾，用了老苍的声音叫着，被那些卑贱的人改换名字叫作“吃虫的”了，实在非常觉得惋惜而且扫兴。假如这是常在近旁的鸟，像麻雀什么，也就并不觉得什么了。歌人说的“从过了年的明日起头”，在诗歌里那么歌咏着，也就为的是在春天才叫的缘故吧。所以如只在春天叫着，那就多么有意思呵。人也是如此，如果人家不大

---

① 指海鸥。提及海鸥，世人总能联想到一望无垠的大海，但日本的都鸟却没见过海，多生活在内陆，尤其是江户的隅田川附近，所以说它可怜。

② 日本的一种候鸟，与田鹬形貌类似，常在河边、海边栖居，定期迁徙。迁徙途中总有千鸟会离群落单，所以有失伴之说。

③ 传说，莺喜欢栖居在梅树枝头，所以，在诗画中，莺与梅常被联系在一起。

把他当人，世间渐渐没有声望，也还有谁来注意，加以诽谤的呢？像鹞鹰、乌鸦那样平凡的鸟类，世上更没有仔细打听它们的人了。因为莺和它们不是一样，原是很好的东西，所以稍有缺点，便觉得不满意了。

去看贺茂祭回来的行列，把车子停在云林院或是知足院前面的时候，子规在这时节似乎因了节日的愉快的气氛所鼓动，忍不住叫了起来，这时莺也从很高的树木中，发出和这声音学得很相像的叫声①，合唱了起来。这是说来很有趣味的事情。

子规的叫声，更是说不出的好了。当初还是很艰涩的，可是不知在什么时候，得意似的歌唱起来了②。歌里说是宿在水晶花里，或是桔树花里，把身子隐藏了，实在是觉得有点可恨的也很有意思的事。在五月梅雨的短夜里，忽然的醒了，心想怎么的要比人家早一点听见子规的初次的啼声，那样的等待着。在深夜叫了起来，很是巧妙，并且妩媚，听着的时更是精神恍惚，不晓得怎么样好。但是一到六月，就一声不响了。在这种种方面，无论从哪一点来说它好，总都是多余的了。

凡是夜里叫的东西，无论什么都是好的③。只有婴儿或者不在其内。

---

① 莺为春啼之鸟，春时，鸣啼婉转悠扬，最是佳好，入夏，则啼声稍差，不合时宜。贺茂祭在四月中旬举办，彼时已入夏，莺啼之声已是“老声”，但它另辟蹊径，仿效子规啼鸣，还是颇有趣的。但效仿的就是效仿的，比起真正的子规啼，莺啼还是略有不如的。

② 四月，子规初啼时，颇为生硬青涩，但到了五月，仿佛节候已至，子规的叫声也变得婉转流畅起来。

③ 夜鸣者，不独有子规，还有秋虫、水鸡、鹿，等等。

第40段　高雅的东西

高雅的东西是，淡紫色的衵衣，外面着了白袭的汗衫的人①。小鸭子。刨冰放进甘葛②，盛在新的金椀③里。水晶的数珠。藤花。梅花上落雪积满了。非常美丽的小儿在吃着覆盆子，这些都是高雅的。

第41段　虫

虫是，铃虫④，松虫⑤，络纬，蟋蟀，胡蝶，裂壳虫，蜉蝣，萤虫，都是有意思的。

蓑衣虫⑥是很可怜的。因为是鬼所生的⑦，怕他和父亲相像，也会有着可怕的想头，所以母亲便给他穿上粗恶的衣服，说道：

“现今秋风吹起来的时候，就回来的，你且等着吧。”说

---

① 指年齿尚稚的女童。
② 古时没有糖，为了增加甜味，会将甘葛煎成汁来调味。
③ 指金属材质的碗。
④ 如今名为松虫，即中国的“金琵琶”。
⑤ 中国称“金铃子”，日本如今称为铃虫。
⑥ 蓑蛾的幼生形态，因状似蓑衣而得名。
⑦ 鬼，非中国所谓的鬼魂，而是精怪、鬼怪。

了就逃走了去了。儿子也不知道，等到八月里，听到秋风的声音，这才无依无靠的哭了起来："给奶吃吧，给奶吃吧！"实在是很可怜的。

茅蜩也是很好玩的。叩头虫也是可怜的东西，这样虫的心里，也会得发起道心，到处叩头行走着[①]。又在意想不到的，暗的地方，听见它走着咯吱咯吱叩头的声音，也是很有意思的事情。

苍蝇那可以算是可憎的东西了。那样没有一点可爱极是可憎的东西，似乎不值得同别的一样来记载它，尤其是在什么东西上面都去爬，并且又用了湿的脚，到人的脸上爬着，那更是可恶了。有人拿它取名字的[②]，很是讨厌。

夏虫[③]很是好玩，也很可爱。在灯火近旁，看着故事书的时候，在书本上往来跳跃，觉得很有意思。

蚂蚁的样子看了有点可憎，但是身体非常的轻，在水上面能够行走，也是好玩的事。

第42段　七月的时节

在七月里的时节，刮着很大的风，又是很吵闹的下着大雨

---

① 因怀求道之心，叩头虫皈依佛门，所以，四处行礼叩拜。

② 日本取名的方式多样，古时，有人曾以"蝉丸""虫麻吕"为名，所以，作者调侃说，或许也有以"蝇麻吕"为名的人，事实上，并没有。

③ 原指灯蛾，此处指一种行动敏捷、擅长飞走、体型纤细的青虫。

的一日里，因为天气大抵是很凉了，连用扇也就忘记了，这时候盖着多少含着汗香的薄的衣服，睡着午觉，也实在觉得是有趣的事。

第43段　不相配的东西

不相配的东西是，头发不好的人穿着白绫的衣服，卷缩着的头发上戴着葵叶。很拙的字写在红纸上面。

卑贱的人家下了雪，又遇着月光照进里边去，是不相配，很可惋惜的。月亮很是明亮的晚上，遇着没有盖顶的大车，而这车又是用了黄牛①牵着的。年老的女人，肚子很高的，喘息着走路。又这样的女人有那年轻的丈夫，也是很难看的，况且对于他到别的女人那里去，还要感到妒忌。

年老的男人昏昏贪睡的模样，又那么样的满面胡须的人，抓了椎树的子尽吃②。牙齿也没有的老太婆，吃着梅子，装出很酸的样子，都是不相配的。

身份很低的女人，穿着鲜红的裤子③。但是在近时，这样的却是非常的多。

---

① 黄牛，又名饴色的牛，在古日本，地位颇为尊贵。

② 椎树子是稚童喜欢的零食。成年壮汉嗜好此物，在作者看来，是极不协调、不合适、不相配的。

③ 绯色的裤子，是女官的日常装束。此处，作者是在慨叹彼时颓废的风气。

卫门府的佐官的夜行[①]，穿了那么样的装束，所以是不相配，但是狩衣装束那也是显得没有品格。又穿了人家看了害怕的赤袍，大模大样的在女官住房的左近徘徊，给人家看见了，便觉得很可轻蔑。而且因为职掌的关系就是偶然开点玩笑，也总是审问的那样，问道："没有形迹可疑的么？"六位的藏人，兼任着"检非违使"的尉官的，称为殿上的判官，有举世无比的权势，平民以及卑贱的人几乎认作别世界的人，不敢正眼相看的那么害怕着的人，却混在禁中的后殿一带的女官房间里，在那里睡着，这是很不相配的。挂在薰香的几帐的布裤[②]，一定是很沉重而且庸俗，虽然是灯光照着是雪白的，推想起来决是不相配。袍子是武官照例的阙掖的，像老鼠尾巴似的弯曲的挂着，这真是不相配的夜行人的姿态呵。在这职务的期间，还是谨慎一点子，不要去找女人才好吧。五位的藏人[③]也是一样的。

第44段　在后殿

在后殿一带女官房里，女官许多人聚集在一起，将过往的人叫住了，随便谈话的时候，见有干干净净的男用人和小厮，

---

① 原指夜间巡行视察，此处指趁夜偷入女子家中歇息。

② 佐官的制式长裤是用白色的粗布做的，因为是粗布，所以很沉，因为是白色，所以非常显眼。

③ 指在兵卫府没有兼职的藏人。

搬运着漂亮的包裹或是袋子走过，里边包着衣服，露出裤子的腰带等，那是很有意思的。袋子装着弓箭、盾牌、枪和大刀，问道：

“这是什么人的东西呢？”答道：

“是某某爷的。”说着过去了，这是很好的。有些要装出架子，或是似乎怕羞的样子，说道：

“不知道”，或简直是听不见似的，走了过去，那很是可憎了。

在月夜里，空车①兀自走着。美丽的男子有着很是难看的妻子。胡须墨黑，样子很讨厌的年老的男人，在哄着刚会谈话的婴儿，那都是不相配的事情。

第45段　主殿司的女官

主殿司的女官，也还是很有意思的一种职位。在身份不高的女人中间，这是最可羡慕的了。其实，就是身份好的人，也还是想让她去干的。年轻的时候，姿容端丽，假如服装平时也能穿得很漂亮，那便更好了。到了年纪老了，知道禁中的许多先例，不至于临事张皇，那是很像个样子的。心想有这么样的一个女儿，在主殿司里做事，容貌很是可爱，衣服也应了时节

---

① 空车，有两种释意，一为没有车顶的货车，一为无人乘坐的车辆。此处，指的应该是无人乘坐的车。

给做了，穿着现今时式的唐衣，那么的走着。

男人则做随身也是很好的。有很年轻的美丽的公卿们，没有随身跟着，实在是很寒伧的。弁官本来也是很像样的好官职，但是穿的衣服的下裾很短①，又是没有随身，那是不大好的。

第46段　睡起的脸

在中宫职机关所在西边的屏风外边，头弁在那里立着，和什么人很长的说着话，我便从旁问道：

“那是同谁说话呀？”头弁答说：

“是弁内侍。”我说道：

“那是什么话，讲得那么久呵？恐怕一会儿大弁②来了，内侍就立刻弃舍了你去了吧。”头弁大笑道：

“这是谁呀，把这样的事都对你说了。我现在是就在说，即使大弁来了，也不要把我舍弃了吧。”

头弁这人，平常也不过意标榜，装作漂亮的样子，或是有趣的风流行为，只是老老实实的，显得很平凡似的，一般人都是这样看法，但是我知道他的深心远虑的，我曾经对中宫说道：

---

① 弁官，是辅官，职责是协助主官处理各种各样的事务，需四处劳碌奔走，为了办事方便，穿的衣服下裾通常都极短。

② 官职名，有左右之分，合共两人。彼时，在宫中的左大弁由源扶义担任，右大弁由藤原忠辅担任，这里不知指的是哪一位。

“这不是寻常一样的人。”中宫也以为是这样的。头弁时常说道：

“古书里说得好，女为悦己者容，士为知己者死。”[1]又说我们的交谊，是“远江的河边的柳树”[2]似的，无论何种妨害，都不会断绝的，但是年轻的女官们却很是说他坏话，而且一点都不隐藏的，说难听的话诽谤他道：

“那个人真是讨厌，看也不要看。他不同别人一样的，也不读经，也不唱曲，真是没有趣味。”可是头弁却对于这些女官讲也没有开口说话过，他曾这样的说道：

“凡是女人，无论眼睛是直生的，眉毛盖在额角上，或是鼻子是横生的，只要是口角有点爱娇，颐下和脖颈的一线长得美好，声音也不讨人厌，那就有点好感。可是虽然这样说，有些容貌太可憎的，那就讨厌了。”他是这样的说了，现今更不必说是那些颐下尖细，毫没有什么爱娇的人，胡乱的把他当作敌人，在中宫面前说些坏话的人了。

头弁有什么事要对中宫说的时候，一定最先是找我传达，若是退出在女官房里，便叫到殿里来说，或者自己到女官房里来，又如在家里时，便写信或是亲自走来，说道：

“倘若一时不到宫里去，请派人去说，这是行成这么来请传达的。”那时我就推辞说：

---

① 《史记·刺客列传》中豫让说过的话。

② 远江的河边的柳树，即便被伐倒了，还会重新抽枝生长。此处喻指两人的友谊地久天长，不为外物所惑。

“这些事情，另外自有适当的人吧。”但是这么说了，并不就此罢休了。我有时忠告他道：

“古人万事随所有的使用，并不一定拘泥，还是这样的好吧。”头弁答说：

“这是我的本性如此呵。”又说明道：

“本性是不容易改的。”我就说道：

“那么过则不惮改，是说的是什么呢?”追问下去，头弁讪讪的笑说道：

“你我是有交谊的，所以人家都这么的说。既然这样亲密的交际，还用得着什么客气呢？所以且让我来拜见尊容吧。”我回答道：

“我是很丑陋的，你以前说过，那就不会得看了中意，所以不敢给你看见。”头弁说道：

“实在要看得不中意也说不定，那么还是不看吧。”这样说了，以后偶然看到的时候，也用手遮着脸，真是不曾看见，可见是真心说的，不是什么假话了。

三月的下旬，冬天的直衣已经穿不住了，殿上宿直的人多已改穿罩袍罢了。一天的早晨，太阳方才出来，我同了式部女官睡在西厢房里，忽然里方的门拉开了，主上和中宫二人走了进来，赶快的起来，弄得非常张皇，很是可笑。我们披上唐衣，头发也来不及整理出来，那么被盖在里面了①，铺盖的东

① 按照古礼，女子身着礼服时，头发应散落于礼服外；此处，因为匆忙，便用礼服遮了头发。

西还是乱堆着，那两位却进来了，来看侍卫们出入的人。殿上人却丝毫不知道，都来到厢房边里说些什么。主上说道：

“不要让他们知道我在这里。”说着就笑了，随后即回到里边去，又说道：

“你们两人都来吧。”答道：

“等洗好了脸就去。”没有立刻上去。那两位进里边去之后，样子还是那么的漂亮，正在同式部闲话着的时候，看见南边拉门的旁边，在几帐的两端突出的地方，帘子有些掀开，有什么黑的东西在那里，心想是藏人说孝[①]坐着吧，也不怎么介意，仍旧说着话。忽然有笑嘻嘻的一个面孔伸了进来，这哪里是说孝，仔细看时，却完全是别个人。大吃一惊，笑着闹着，赶紧把几帐的帘幕整理好，躲了起来，却已经来不及，因为那是头弁本人呀。本来不想让他看了脸去的，实在是有点悔恨。同我在一起的式部女官，因为朝着这方面，所以看不见她的脸。头弁这时出来说道：

“这一回很明白的看见了。”我说道：

“以为是说孝，所以不曾防备着。以前说是不看，为什么这样仔细的端详的呢？”头弁回答说：

“人家说，女人睡起的脸相是很好看的，因此曾往女官的屋子里去窥探过，又想或者这里也可以看到，因此来了。还是从主上来到这里的时候就来了的，一点都没有知道吧。”自此以后，他就时常到女官房里，揭开帘子就走进来了。

---

① 指当时藏人所的藏人藤原说孝。

第47段　殿上的点名

殿上的点名是很有意思的事情。在主上的御前，侍臣们伺候着的时候，就那么的问姓名，是很好玩的。听见杂沓的脚步声，侍臣都出来的时候，在官房的东面提起耳朵来听着，听到认识的人报告，不知不觉的心里会得震动一下。又有些人在那里，却不大听见说起，这时听到了，又觉得是怎么样呢。报名的好与不好，或是难听，女官们一一加以批评，也是有意思的。

点名似乎已经完了吧，正说着的时候，卫士们鸣弦①作声，听见鞋子声响，全出去了。随后是藏人的很响的鞋声，走到殿的东北角的栏干旁边，向着御前长跪②了，背对着卫士们，问道：

“某人到了么？”这样子很有意思。随后各自用了高低不一的声音，一一报名，有的人或者不到，由卫士首领说明不曾参加点名。藏人又问道：

“这是什么事由呢？”等说明了事故理由，方才回去，这

---

① 宫中禁卫将弓弦拉满，作势欲射，弓弦铮铮鸣响，称之为“鸣弦”。传说，可借此驱鬼辟邪。现在，日本宫廷仍保持着鸣弦的习俗，但鸣弦者不再是禁卫，而是文臣。

② 一种跪拜方式，双膝着地，上身直立。

是惯例如此。可是藏人方弘①没有问明不到的理由，公卿们加以注意，却大生其气，呵叱卫士的怠慢，要治他的罪。不但是殿上人，连卫士们也很笑他。

御厨房里的搁御膳食的架子上，这个方弘放上了鞋子，大家都在嚷说，要找鞋子的主人祓除污秽，主殿司和别的人们替他过意不去，说道：

“这是谁的鞋子呢？我们不知道。”方弘却自己承认道：

“呀，这是方弘的龌龊的东西。”自己来取了去。这就引起了一场的骚动。

第48段　使用人的叫法

年纪很轻，很有身份的男子，对身份很低的女人的名字，很是说惯了似的叫着，甚是可憎。虽然是知道，却是怎么样的，似乎只记得一半的样子，那么叫着，觉得有意思。走到宫禁里女官住所，或是夜里，这样的不确实的叫名字虽是不对，但禁中有主殿司，在别处也有武士或藏人驻在所，带了那里的人同去，叫他去叫就好了。自己叫的时候，声音立即被人家知道了。虽然不大好，但是叫下级的使女或是女童，却是不妨事的。

---

① 指源方弘。此人为文章生出身，长德二年正月，蒙恩授藏人衔。

第49段　年轻人与婴儿

年轻人同婴儿是要肥胖的好。国守什么在高位的人，个子胖大的很好，太是干瘦了，想必是很要着急的性子吧。

一切使用人里边，饲牛小厮①的服装很坏，那是顶不行的事情。别的使用人即使服装不好，跟在车子后边，还不大碍事。但是，在先头走着，人家所最先注目的人，却穿着得不干净，实在是很不适当的。在车子后边，跟着那些并没有什么特殊的仆从，很是难看。本来也有那身材灵巧的仆人或是随身的那里，却是穿了墨黑的裤子，而且衣裾也都乌黑，狩衣什么的都穿得皱着了，在跑着的车子旁边，从容的走着，看去不像是自己使用的仆役。总之如使用仆役，给他们穿得很坏，那是不对的。但是假如穿破了的，那便穿着很伏贴，还显不出大毛病来，可以无妨。在有些使用人的资格人家，叫小厮们穿了不干净的服装，实在是不合适的。凡在人家服役的人，作为那家里的一个人，或是差遣到别人家去，或是有客人来的时候，也是有很漂亮的小厮许多人用着，是很有意思的。

① 一种称谓，不分男女，无论老幼。

第50段　在人家门前

在一户人家的门前走过，看见有侍从模样的人，在地面上铺着草席，同了十岁左右的男儿，头发很好看，有的梳着发，有的披散着，还有五六岁的小孩，头发披到衣领边，两颊鲜红，鼓得饱饱的，都拿着玩具的小弓和马鞭似的东西，在那里玩耍着，非常的可爱。我真想停住了车子，把他抱进车里边来呢。

又往前走过去，在一家的门口，闻见有薰香的气味很浓厚，实在很有意思。又像样的人家，中门打开了，看见有槟榔毛车的新而且美好的，挂着苏枋带黄栌色的美丽的大帘，架在榻①上放着，这是很好看的。侍从的五位六位的官员，将下裳的后裾折叠，塞在角带底下，新的手板②插在肩头，往来奔走，又有正装的背着箭袋的随身，走进走出的，这样子很是相配。厨房里的使女穿得干干净净的，走出来问道：

“什么人家的家人来了么？”这样的说，也是很有意思的。

---

① 没有牛时，牛车的辕会被放在架子上，这被称为榻。

② 即朝笏。

第51段　瀑布

瀑布是无声的瀑布，名字很有意思。布留的瀑布，据说法皇[1]曾经御览，所以是了不得的。那智的瀑布，那是在观音灵场的熊野，令人深深感动。轰鸣的瀑布，那是多么吵闹的、可怕的瀑布呀！

第52段　河川

河川是飞鸟川，渊与濑没有一定，变动不常，很可感动。大堰川，水无濑川，也都有意思。耳敏川[2]，又是为了什么，那么敏捷的听到的呢？音无川，说川流没有声音，这又是意外的名字，觉得很好玩的。细谷川，玉星川，贯川，泽田川，这令人想起催马乐来。不告川，也有意思。名取山，这也取得了什么名声，心想问了来看。吉野川。天川[3]，原来在天底下也

① 法皇，指禅位出家的天皇。日本历史上，禅让皇位、出家为僧的天皇人数并不少。此处不知所指何人。猜测或许是六十五代法皇花山，或者五十九代法皇宇多。

② 穿过京都城的一条小河，耳敏，有听觉灵敏之意。

③ 即天河。古老传说，为了将牛郎和织女分开，王母娘娘以簪划痕，化为天河。天河本应在天穹之上，现在却谪落人间，成为天川。

有着哪。这里是“织女所宿的地方吧”，在原业平[1]歌咏过的，更是有趣味的事情了。

第53段　桥

桥是浅水桥，长柄桥，天彦[2]桥，滨名桥，独木桥，佐野的船桥，歌结桥，轰鸣桥，小川桥，栈桥，势多桥，木曾路桥，堀江桥，鹊桥，相逢桥，小野的浮桥。山菅桥，听了名字觉得很有意思的，还有假寐桥。

第54段　里

里是逢坂里，眺望里，寝觉里，人妻里，信赖里，朝风里，夕日里，十市里，伏见里，长居里。妻取里，这是自己的妻给人家所夺取了呢，还是自己强取了人家的妻子呢，无论是哪一种，都是很有意思的。

---

① 日本著名诗人，九世纪人，有《伊势物语》一卷传世，传说，书中述说的是在原业平本人的爱情故事。

② 天彦，又名山彦，彦通言，指山间回荡的人语声。

第55段　草

草是菖蒲，菰蒲，葵，是很有趣味的。贺茂祭的时节，这是从神代以来，就拿葵叶插在头上的吧，实在是很有意思的。它的样子，也是很有趣味。泽泻[1]也连名字都好玩，大概是头举得很高，像是很傲慢的样子吧。三稜草，蛇床子，苔，羊齿，雪地中间露出的青草。酢浆草，当作绫织品的花样，也比别的东西更是有意思。

危草[2]，这草生在崖壁的突出的地方，的确是不大靠得住，很是可以同情。常春藤因为生的地方，显得很是不安，也很可怜。这比那崖壁，又更容易要倒坏。但是若在真正的石灰墙上，那又很难生长，也觉得不好。无事草[3]，这是希望没有什么忧虑所以起这名字的吧，想来很有意思。又或者是愿意恶事都消灭呢，无论怎样都是有意思的。

忍草[4]，这是很有风趣的。在人家的檐端，或是什么突生的地方，拥挤的生长着的模样，实在很有意思。艾也是有趣，茅草花也有趣，至于莎草的叶更有趣味。此外圆的小菅，浮

① 又名面高，有面首高抬之意，可引申为傲慢。

② 生长于危险之地的一种不知名野草。

③ 一种寓意着平安顺遂的草，具体是什么草，现在已不可考。

④ 一种耐旱的药草，常浇灌，会抽枝长叶，叶片繁绿，模样可爱，日本人常以其根盘作装饰。中国人只当它是药草，用以入药。

萍，浅茅，青鞭草，都有意思。木贼这种草，被风吹着所发生的声音，是怎么的吧，想象了看，也觉得好玩的。荠菜，平芝[1]，也是很有意思的。

荷叶长得很可爱的样子，静静的浮在清澈的水面，有大的，也有小的，展开浮动着，很是有趣。把那叶子取了起来，印在什么上面，实在是非常觉得有意思。八重葎[2]，山菅，山蓝，石松，文殊兰，苇。葛叶被风吹的翻了过来，露出里边雪白的，也有意思。

第56段　歌集

歌集是《古万叶集》[3]，《古今集》[4]，《后撰集》[5]。

---

① 芝，在日语中，意为草皮，平芝指的不是某种芝草，而是泛指一片草皮。

② 葎草，俗称猪殃殃、呼拉拉藤，形似葛草，有刺。八重为量词，八重葎指丛生的葎草。

③ 日本最古老的和歌总集，共二十卷，成书于七世，编者不详，传为大伴家持所著。为与《新撰万叶》《续万叶集》等书区分，故名《古万叶集》。

④ 即《古今和歌集》，公元905年奉诏编著，合共二十卷，是日本最早的敕编和歌集。

⑤ 即《后撰和歌集》，也是奉诏编著的歌集，合共二十卷，成书于公元951年。

第57段　歌题[1]

歌题是，京都，葛，三稜草，驹，霰，小竹，壶堇[2]，背阴的地方，菰蒲，浅滩船[3]，鸳鸯，浅茅，草皮[4]，青鞭草，梨，枣，朝颜花[5]。

第58段　草花

草花是，瞿麦，中国的石竹更不必说了，就是日本的瞿麦，也是很好的。女郎花[6]，桔梗，菊花会得处处变色的。菅茅。

龙胆花的枝叶虽然长得有点乱杂，但是在别的花多已经霜枯了的时候，独自开着很是艳丽的花朵，这是很有意思的。虽

---

① 和歌的题目。类似古诗的诗题。

② 一种叶片圆润、窄小、呈瓶子状的堇花。

③ 适合在浅滩上行驶的船，船底平阔，船缘较深。

④ 原文为“芝”，一般解释为“草皮”，也可解释为“柴木”。

⑤ 朝颜花，指的不是一种花，而是所有朝开暮落的花，如木槿花、桔梗花、牵牛花等，此处似专指木槿花。

⑥ 女郎花，又名女儿花，中国俗称为败酱花。相传，古时，日本有一女子，因深恨男子负心薄情，绝望之下，投河而死，身上的衣服在河中腐朽，化作了女郎花。

然不值得特别提出来，加以称道，镰柄花[1]却也是可爱的。但是那名字说是镰柄，也有点讨厌，汉文写作“雁来红”，却是很好的字面。岩菲[2]的花，色虽没有那样的浓，与藤花很是相像，春秋都开着花，也是很有意思的。

壶堇与堇花，似乎是同样的东西，到了花老了凋谢的时候，就是一样了。还有绣球菊，也有意思。夕颜[3]与朝颜相似，两者往往接连的说，花开也很有趣味，可是那果实的可憎模样，这是很可惜的事情。怎么会得长得那么大的呢，至少长得同酸浆一样的大小，那就好了。可是那夕颜的名字，却总是很有趣的。

苇花虽是全然没有什么可看的地方，但是古时有人称它作币束，所以也很有意思，不是寻常的东西。苇芽生长出来的时候，与尾花[4]不相上下，但是到了秋天一长了穗子，就大不相同了，在水边上想必很是有趣吧。人家说，在“草花”里边，没有把尾花放进去，很是可怪。的确是的，在秋天的原野上看去，最有意思的要算是尾花了吧。穗子顶尖染着浓的苏枋色，为朝雾所濡湿而随风飘着，这样有趣味的事物，哪里还有呢？但是到了秋天的末尾，这就全没有什么可看了。种种颜色乱开着的花，都已凋谢之后，到了冬季，尾花的头已变成雪白了，蓬蓬的散乱着，也并不觉得，独自摇摆着，像是追怀着昔日盛时的样子。仿佛和人间很是相像。想起有些人来，正可比喻，

---

① 中国称雁来红，日本古时称镰柄花，现在唤作“叶鸡头”。
② 指剪春罗。
③ 伴着暮色绽放的花朵，是一类花，并不单指某一种。
④ 芦花的一种，形似马尾，并非狗尾巴草。

觉得这更是特别的可怜了。

胡枝子[1]的花色很浓，树枝很柔软的开着花，为朝露所湿，摇摇摆摆的向着四边伸张，又向着地面爬着，那是很好玩的。尤其是取出雄鹿来，叫它和这花特别有关系[2]，也是很有意思的。

向日葵虽然是不见得有什么好处，但是随了太阳的移动而倾侧，似乎不是寻常的草木的心所能有，因此觉得是很有意思。花色虽不很浓，但并不劣于开花的棣棠。岩踯躅[3]也没有什么特点，可是歌里说是“折了来看”，也确是有意思的。蔷薇花若是走近看时，枝条上有刺是有点讨厌，可是花很有趣。在雨刚才晴了的水边，或是带皮的木材所造的阶段边，映着夕阳乱开着的情形，那是很有趣味的。

第59段　担心的事

担心的事是，母亲遇着她出家的儿子上山[4]修行十二年[5]。

---

① 萩花的别称，秋日开花，叶与苜蓿叶类似，花为紫色或白色。《救荒本草》一书中多有提及。“萩花”之名，不是通称，而是日本的自造花名。就像山茶花在日本不叫山茶，而叫椿花一样。

② 日本古歌中，但凡说起“鹿”，必会连带着说“胡枝子”。不知为何，却由来已久。

③ 杜鹃花的别称，生于山岩缝隙之间。

④ 指京都比睿山。

⑤ 凡山中修行者，只要选择修行，就必须修满十二年，不得半途下山。其间，其父可上山探望，其母不能。

暗夜里，走到不知道的地方去，说是“太明亮了，反不大好”。灯火也不点，大家却都整齐的坐在那里。新来的用人，什么性情也不知道，拿着重要的物件，差遣到别人家去，回来却是很晚了。还不会说话的吃奶的婴儿，反拗着身子，也不让人抱，只是哭着。暗黑的地方，吃覆盆子。没有一个相识的人，一起在看热闹。

第60段　无可比喻的事

无可比喻的事是，夏天和冬天，夜间和白昼，雨天和晴天，年轻人和老年人，人的喜笑和生气，爱和憎，蓝和黄檗[①]，雨和雾。同是一个人，没有了感情，便简直觉得像别个人的样子。

常绿树多的地方，乌鸦在那里栖宿，到了夜里，有的睡相很坏，就跌了下来，从这树飞到那树，用了睡迷胡的声音叫喊起来，这与白天里所看见的那种讨厌样子全不相同，觉得很是好笑的。

第61段　秘密去访问

秘密去访问情人的时候，夏天是特别有情趣。非常短的夜

---

① 黄檗，乔木的一种，叶子与漆树叶很相似，夏日开花，花呈黄绿色，树皮煮后可作染料，将布匹染成黄色。

间，真是一下子天就亮了，连一睡也没有睡。无论什么地方，都从白天里开放着的，就是睡着也很风凉的看得见四面。也还是话说不了，彼此互相回答着，这时候在坐着的前面，听见有乌鸦高声叫着飞了过去，觉得自己是明白的给看了去了，很是有意思。

在冬天很冷的夜里，同了情人很深的埋在被窝里，卧着听撞钟声，仿佛是在什么东西的响着似的，觉得很有趣。鸡声叫了起来，也是起初是把嘴藏在羽毛中间那么啼的，所以声音闷着，像是很深远的样子，到了第二次三次，便似乎近起来了，这也是很有意思的。

第 62 段　从人

当作情人来访问的，那不必说了。有些是寻常交际走来谈天的，又或者并没有这种关系，只是偶然来访的人，看见帘内有许多女官，正说着话，便走进里边来，一时并没有回去的模样，同来的从者和小厮等得着急，说斧头的柄都要烂了吧①，拉长了声音打呵欠，心里独自说道：

“真是受不了。这所谓烦恼苦恼②的就是。已经是半夜了

---

① 指“王质烂柯”的传说故事。相传王质入山砍柴，路遇仙人对弈，观棋一局，回首望去，斧柄已烂，时间已过百年。

② 当时的流行语，出于佛经。

吧!"这是很讨厌的。但是说这样无聊的话的人，原来也不足怪，就是坐在那里的客人，虽然平常见闻当他是个高雅的人，这时候觉得这种印象也完全消失了。又或者没有这样的表现出来，不曾说话，只是"唉唉"高声的叹声，这令人想起"地下流水"① 的歌词，觉得是很可笑的。又或者在屏风和竹篱外边，听见从者们说道：

"快要下雨了吧。"这也实在是可憎的。身份很好的人和公卿家的从人，虽然没有这个样子的，但在平常人的从者里边就多是如此了。在许多使用人中间，主人应当选择心地好的，带到外边来走才好。

---

① 古和歌歌词，曰："心是地下流水，在那里翻腾，虽是不说出，却比说话更强。"

卷四

与其拙劣的和一首
歌，反而把原歌弄糟了，
不如拿去给风流人的帘前
看去吧。

第63段　稀有的事

稀有的事是，为丈人所称赞的女婿①，又为婆母所怜爱的媳妇。很能拔得毛发的银的镊子，不说主人坏话的使用人。真是没有一点的性癖和缺点，容貌性情也都胜常，在世间交际毫看不出一样毛病来的人，与同一地方做事的人共事，很是谨慎、客气的相处，这样小心用意的人，平常不曾看见过，毕竟是这种人很难得的缘故吧。

抄写物语②、歌集的时候，不要让书本上沾着墨。在很好的草子上，无论怎么小心的写着，总是弄得很脏的。

无论男人和女人，或是法师师徒的关系，就是交契很

① 古时婚俗，嫁而不娶，女不就男家，反而是男就女家，女婿每日夜晚到女家来，翌日晨时离去，仿佛赘婿，又不是赘婿，因为这一传统，女婿常与岳父打交道，打交道的时间长了，次数多了，难免会产生摩擦，令岳父，即丈人不满。

② 指故事，是日本古代的一种文学体裁。日本历史上闻名遐迩的物语作品有许多，譬如《源氏物语》。

深的，互相交际着，也绝难得圆满到了末了的。很正直的容易使唤的使用人。将炼好的绢送给人去捶打，到了捣好送来，叫人看了说道：啊，这真做得出色。这样的事是平常不大会有的。

第64段　后殿女官房

禁中的女官房，在后殿一带的最是有意思。将上半的挂窗钓上了，风就尽量的吹进来，夏天很是凉快。冬天雪和霰子，随着风一同的落下，也是很好玩的。房间很是狭窄，女童们走上来很不合适，放在屏风后边，隐藏起来，便不像在别的女官房里一样，不会大声的笑，就很好了。白天什么固然不能疏忽，要时刻留意，到了夜里更是如此，不好松懈，所以这是很有意思的。

在前面走过去的殿上人的鞋子的声音，整夜的听见，忽然的站住了，用了一个手指头敲门，心想这是那个人哪，也觉得有意思。敲门敲了许多时候，这边不发什么声音，那男的一定会想这是睡觉了吧，里边的人心里觉得不满，便故意动一动身子，或使衣服摩擦作响，使他听见，知道那么还没睡哩。男人在外边使用着扇子，这样子也可以听到。冬天在火盆里微微的动那火筷子的声音，虽然是轻轻的，外边听见了，更是敲门敲得响了，而且还出声叫门，这时候就静静的溜到门边去，问他是什么事情。

有时候大家吟诗，或是作歌，此刻即使不来敲门，这边就先把门开了，有许多人站集在一处，有的是平常想他不会到这里来的人。因为来的太多，没有法子进屋子里去，便都站着直到天明，这也是很有意思的。帘子是很青的也很漂亮，底下立着几帐的帷幕颜色又都鲜明，在那下边露出女官们的衣裳的下裾，多少的重叠着。贵公子们穿着直衣，在腰间总是开了线的，六位的藏人则穿着青色的袍子，在门的前面似乎很懂得规矩似的，并不靠着门，只是在庭前的墙壁前面，将背脊靠着，两袖拉拢了，很规矩的立着，也是很有趣的。

又穿着颜色很浓的缚脚裤，直衣也很鲜明的，披了出袿，现出种种色彩的下裳的贵人，把帘子从外面挤开了，上半身似乎是钻到里边去，这个情形从外边看去，是很有意思的。这人在那里把很华丽的砚台拉到近旁去，写起信来，或者借了镜子，在整理自己的鬓发，也都是有意思的事。

因为有三尺的几帐立在里边，有皂缘的帘子底下仅留有少许的空隙，所以在外边立着的人和里面坐着的女人说着话的时候，两边的脸正当着这个空隙，这是很有意思的。若是个子很高的，或是很矮的人，那就怎样呢，恐怕未必能恰好吧。也只有世间一般高低的人，才能够那样吧。

其二　临时祭的试乐[①]

贺茂的临时祭的舞乐试习，是很有趣味的。主殿寮的官员高举着很长的火把，把头缩在衣领里走着，火把的尖头几乎碰着什么东西了，这时奏起很好听的音乐，吹着笛子，在后殿走过去，觉得特别的有意思。贵公子们穿着礼服正装，站下来说话，同来的随身们低声的又是很短的喝道，仿佛真是了人事似的，替他的主人作前驱，这声音与管弦的声相杂，听去与平常不同的很是好玩。

乃至夜深了，索性等到天亮，看乐人们的归来，听见贵公子们的歌声道：

"荒田里生长的富草的花[②]呀！"觉得这回比以前的更有意思，可是这是怎样的老实的人呢，有的急忙的一直退出去，大家都笑着，有一个女官说道：

"且等一会儿吧，为什么这样天还没有亮，就去的呢?"大概是有点不舒服吧，恐怕有人要追来，会得被捉住了的样子，几乎要跌倒了，那样张皇着，急忙的退出去了。

---

① 正式祭典举行前一个月，舞者、歌者、定祭使要提前进行排练；贺茂祭祭典开始前两天，还要在清凉殿东进行试乐。

② 富草的花，指稻花。

第65段　左卫门的卫所

这是中宫暂住在职院[1]官署时候的事情，在那院子里树木古老郁苍，房屋很高，离人家很远，但是不知怎的觉得很有意思。中央的屋说是有鬼，便拿来隔绝了，在南边厢房里，设立几帐，作为御座，又在外边的厢房里住着女官们侍候着。

凡是从近卫御门[2]进到，直到左卫门的卫所[3]的公卿们的呵殿的声音，平常总是很长，但在殿上人在宫禁内则呵殿声很短，所以女官们分别出那是大前驱，或是小前驱来，纷纷的加以议论。因为回数听得多了，从这个声音大抵能够推测出来，说“这是谁，那是谁”了。或者有人说“这不对”，那就差遣人去看来，猜得对的于是非常的得意，说：“你瞧，这可不是么！”这是很有意思的。

一天正值下弦，后半夜月色微明，院子里罩满了雾气，女官们出来闲走，中宫知道了也就起来了。在御前值班的女官们都来到院子里，在月下嬉游着，不觉天渐渐的亮了。我说道：

---

① 长德之变后，受兄长藤原伊周牵累，定子皇后退居小二条的私邸，其后不久，落发出家，期间，生下皇长女修子内亲王。公元997年，一条天皇力排众议，迎定子回宫，回宫后，定子暂居在中宫职的职所中，本段记载的就是发生在当年七月下旬的事情。中宫职，是日本中务省下辖的机构，是管理天皇后宫各种事务的机构。

② 指阳明门。

③ 指建春门外的近卫卫所驻地。

“我们到左卫门卫所去看吧。”大家都说我也去，我也去，追赶着一同前去。这时候，听见有许多殿上人吟诗的声音，说“什么的一声秋”①，似乎往职院来的光景，便都逃了进去，或者和殿上人说话。殿上人中间有的说道：

“你们是看月么?”便着实佩服，作起歌来。这个样子，无论白天夜里，殿上人来往没有断绝的时候。就是公卿们在上朝退朝的时节，如不是特别有紧急事情要办，也总是到职院的官署来走一转的。

第66段　无聊的事

无聊的事是，好容易决定了到宫里出仕的人，懒于做事，觉得事情很麻烦。给人家也说什么话，自己也有不合适的事，平常总是说着：“怎么样，还是退下去了吧。”及至出去了，和家里双亲意见不合，又生怨恨，说不如还是进去吧。

养子的脸长得很讨厌的。双亲自身也不满意的男子，勉强招了来做女婿，结果不很如意，再来发牢骚的人。这些都是很无聊的事。

---

①《夏日闲避暑》一诗中有云：“池冷水无三伏夏，松高风有一声秋。”此处，作者说“什么的一声秋”，是为了说明没有听懂殿上人的吟诵声。

第 67 段　可惜的事

可惜的事是替人代作的和歌很得到称赞。但这还算是好的。到远方去旅行的人，辗转的寻求关系，想得到介绍信，便即对于相识的人随随便便的写了一封信，交他送去，结果是收信的人说那信缺少敬意，连回信也不肯给，那样就什么都没有用了。

第 68 段　快心的事

快心的事是，献卯杖①时的祝词，神乐的舞人长，池里的荷叶遇着骤雨，御灵会里的马长，祭礼里拿着旗帜的人。

第 69 段　优待的事 ②

优待的事是：傀儡戏的管事人，除目③时候得到第一等地

---

① 即卯槌，按例，每年正月的第一个卯日，各个卫府都要向宫中进献一根当日制作的、长五尺三寸的杖，进献时，有专门的祝词。

② 似为笔误，专家考据后认为本段应该也属于第 68 段“快心的事”。

③ 本段中，除目专指地方官员的任免。官职官位分上中下三等，最上等的就是到物富人丰的“大国”任要职。

方的人。

第70段　琵琶声停

御佛名会[①]的第二天早晨，主上命令将绘有“地狱变”[②]的屏风拿来，给中宫观看。这绘画画得十分可厌。虽然中宫说道：

“你看这个吧。”我却是答道：

“我决不想看这个。”因为嫌恶那画，便躲到中宫女官们的房子里睡了。

这时雨下得很大，主上觉得无聊，便召那殿上人到弘徽殿的上房来，奏管弦的音乐作游戏。清方少纳言[③]的琵琶，很是美妙。济政[④]的弹筝，行成[⑤]吹笛，经房[⑥]少将吹笙，实在很有

---

① 御佛名会是日本平安时代比较盛大的活动，一年一度，于12月19日至21日举办，共三天。届时，供奉在仁寿殿的观音像会暂时搬到天皇的寝宫清凉殿，宫中诸人在佛前唱三世佛名，忏悔因视、味、嗅、听、触、念虑六根不净而犯下的罪孽。本段，作者述的正是公元994年御佛名会期间的事情。

② 地狱变，又名地狱法相，画中描绘的是地狱中的诸般情景。

③ 指时任权少纳言的源清方。

④ 指时任权中纳言的源济政。

⑤ 指时任藏人所头弁的藤原行成。

⑥ 指醍醐源氏子弟，西宫左大臣源高明第五子，藤原道长的妻弟源经房。

意思的演奏了一遍，在琵琶刚才弹完的时候，大纳言[1]忽然高吟一句道：

“琵琶声停物语迟。”[2] 觉得很好玩，连隐藏了睡着的我也起来了，说道：

“慢佛法的罪[3]虽然很是可怕，但是听见了巧妙的话，也就再也忍不住了。”大家也都笑了。大纳言的声音并不怎么特别美妙，只是应了时地做得很适应罢了。

第71段　草庵

头中将[4]听了什么人的中伤的虚言，对于我很说坏话，说道：

“为什么把那样子的人，当作普通人一般的看待的呢。”就是在殿上，也很说我的不好，我听了虽然觉得有点羞耻，但是说道：

“假如这是真的，那也没法，但若是谣言的话，将来自然

---

① 指时任权大纳言的藤原伊周。

② 改编自唐代现实主义诗人、诗魔白居易所作的乐府名篇《琵琶行》，原诗是这样的：“寻声暗问弹者谁？琵琶声停欲语迟。”

③ 作者清少纳言关注世俗，不愿意观看地狱变画卷，不愿意对佛法参涉太深，所以，自认为是慢佛者，对佛法多有怠慢。

④ 指藤原齐信。一条天皇在位时，朝中有四大纳言，藤原行成为其一，时任近卫中将、藏人所藏人头的藤原齐信也是其一。齐信学识渊博，精明能干，很得一条天皇器重。从时间上推断，本段讲述的乃是公元995年2月发生的一件旧事。

就会明白的。”所以笑着不以为意。但是头中将呢，他就是走过黑门的时候，听见我的声音，立即用袖子蒙了脸，一眼也不曾看，表示非常憎恶，我也是一句话都不辩解，也不看他就走了过去。

二月的下旬时候，下着大雨，正是非常寂寞的时节，遇着禁中有所避忌，大家聚在一处谈话，[①] 告诉我说：

“头中将和你有了意见，到底也感觉寂寞，说要怎么样给通个信呢。”我说道：

“哪里会有这样的事呢。”第二天整天的在自己的屋子里边，到了夜间才到了宫中，中宫却已经进了寝殿去了。值夜班的女官们在隔壁的房间里把灯火移到近旁来，都聚集在一处，做那“右文接续”[②] 的游戏。看见我来了，虽然都说道：

“啊呀，好高兴呀！快来这里吧。”但是中宫已经睡了，觉得很是扫兴，心想为什么进宫里来的呢，便走到火盆旁边，又在这里聚集了些人，说着闲话。这时忽然有人像煞有介事的

---

① 平安时代，宫廷也好，民间也好，多有风俗禁忌之处，若遇到需要避讳的情形、时间，天皇会停止办公，所有公务都延期处理，群臣也跟着避讳，所以，在聚贤殿中相聚闲聊。

② 当时流行的一种文字游戏，又名“扁续”，玩法为随意取一个字的右半部分，众人先后为其加偏旁，不拘加什么偏旁，只要成字即可，若是加后不成字，加偏旁的那人就要被惩罚。举个例子，随意选一个字“柚”，取它的右半部分“由”，开始游戏，参与游戏的人要给由加偏旁，比如“袖”，比如“抽”等，加不出，或加了不成字，就判输，需要认罚。

大声说道：

“什么的某人[①]到来了。请通知清少纳言吧。”我说道：

“这可奇了。我刚才进来，在什么时候又会有事情了呢？”叫去问了来，原来到来的乃是一个主殿司的官人[②]。说道：

“不单是传言，是有话要直接说的。”于是我就走出去问，他说道：

“这是头中将给你的信。请快点给回信吧。”我心想头中将很觉得讨厌我，这是怎样的信呢，并没有非赶紧看不可的理由，便说道：

“现在你且回去吧。等会儿再给回信就是了。”我把信放在怀里，就进来了。随后仍旧同着别人说闲话，主殿司的官人立即回来了，说道：

“说是如果没有回信，便将原信退回去吧。请快点给回信吧。”这也奇了，又不是《伊势物语》，是什么假信呢[③]，打开来看时，青色的薄信纸[④]上，很漂亮的写着。内容也很是平常东西，并不怎样叫人激动，只见写着道：

---

① 此处，按例，使者应自通姓名，但此处省略了。

② 主殿司的职官有男有女，在宫禁中任职的都是女官，这里指的却是主殿司的男性官员。

③ 日语中，“伊势”的发音与“假冒”的发音十分类似，而伊势人又大多跳脱、做事不照常规，有时还会做些逾矩出格的事情，所以，作者在这里以略带调侃的语气说《伊势物语》是《假冒物语》，戏言信是假信。

④ 在日本，信纸有不同的规制。最上等的信纸薄而柔韧、十分细腻、泛着鸡子般的淡黄色，被称为“鸟之子”；淡青色的稍稍次之。

"兰省花时锦帐下。"随后又道：

"下句怎样怎样呢?"那么，怎样办才好呢？假如中宫没有睡，可以请她看一下。现在，如果装出知道下句是什么的样子，用很拙的汉字写了送去，也是很难看的。一边也没有思索的工夫，只是催促着回信，没有法子便在原信的后边，用火炉里的烧了的炭，写道：

"草庵访问有谁人?"[1] 就给了送信的人，此外也并没有什么回信。

这天一同的睡了，到第二天早上，我就很早回到自己的房里，听见源少将的声音夸张的叫喊道：

"草庵在家么，草庵在家么?"我答道：

"哪里来的这样孤寂的人呢？你如果访问玉台[2]，那么就

---

① 唐宪宗元和十年，大诗人白居易因事遭弃，谪为江州司马，内心落拓；十一年，在庐山建草堂，半官半隐，生活虽闲适，内心却极感伤。一日，庐山夜雨，白居易有感，提笔写下《庐山草堂夜雨独宿寄牛二、李七、庾三十二员外》一诗，"兰省花时锦帐下，庐山雨夜草庵中"为该诗颔联，也是诗中最经典的一句。其中"兰省花时锦帐下"摹的是任职尚书省的友人在百花盛放的晴好季节，侍奉锦帐之前，春风得意、锦绣前程可期；"庐山雨夜草庵中"摹的则是自身落拓草庵、孤听夜雨，貌似闲适，实则寂寥落魄的生活现状。此处，写信人以禅宗问答的形式询问清少纳言，下句是什么，清少纳言另辟蹊径，并未以原句作答，而是单独择取了"草庵"两字，以半首和歌作答，言明自身境遇。"草庵访问有谁人?"，意为：现在，头中将十分厌恶我，还有谁会到我的草庵中拜访呢？

② 玉台，指玉楼，比喻辉煌华美的住所，与清贫简陋的"草庵"相对。

答应了吧。”他听见回答的声音就说道：

“啊呀，真高兴呀。下来在女官房里了么，我还道是在上头，想要到那里去找呢。”于是他就告诉我昨夜的事情：

“昨夜头中将在宿直所里，同了平常略为懂得事情的人，六位以上的官员聚在一起，谈论人家种种的事情，从过去说到现在，末了头中将说道：

‘自从和清少纳言全然绝交以后，觉得也总不能老是这样下去。或者那边屈伏了我就等着她来说话，可是一点都不在意，还是满不在乎似的，这实在是有点令人生气。所以今夜要试一试，无论是好是坏，总要决定一下，得个解决。’于是大家商量了写了一封信，叫人送了去，但是主殿司回来说：

‘她现在不立刻就看，却走进去了。’乃又叫他回去，大家嘱咐他说：

‘只要捉住她的袖子，不管什么，务必要讨了回信回来，假如没有的话，便把原信拿了回来！’在那么大雨中间差遣他出去，却是很快的就走回来了。说道：

‘就是这个。’拿出来的就是原来的信。那么是退了回来吧，打开来看时，头中将啊的叫了一声。大家都说道：

‘怪了，是怎么回事？’走近了来看这信，头中将说道：

‘了不得的坏东西！[1] 所以那不是可以这样抛废掉的。’大

① 赞语，表钦佩之情。原文有“贼子、贼人”之意，《春曙抄》中用了蕴含禅意的“老贼”二字，相形之下，更为妥帖恰当。

家看了这信，都吵闹起来：

‘给接上上句①去吧。源少将请你接好不好?’一直思索到夜深，终于没有弄好，随即停止了。这件事情，总非宣传世间不可。大家就那么决定了。”就是这样的听去也觉得是可笑的夸说，末了还说道：

“你的名字，因为这个缘故，就叫作草庵了。”说了，便急忙的走了。我说道：

“这样的很坏的名字②，传到后世去，那才真是糟心呢。”

这时候修理次官则光③来了，说道：

“有大喜事该当道贺，以为你在宫里，所以刚才是从上边出来的。”我答说道：

“什么事呀?不曾听说京官有什么除目，那么你任了什么官呢?”则光说道：

“不是呀，这实在的大喜事乃是昨夜的事，为的想早点告

---

① 清少纳言作的和歌只有半首，为下半部，两句，皆为七字音；若是以七五、七三的节拍，补上两句，就能凑成一首完整的和歌了。

② “草庵”，象征清贫、困顿、卑微，寒乞之相十足，不见丝毫尊贵气息，所以，清少纳言认为它是一个“很坏的名字”。此处，“很坏的名字”指代的就是“草庵”。

③ 即清少纳言的丈夫橘则光。则光本是武职官员，后调入修理寮，成为修理寮的次官。修理寮专管宫中营造修缮事宜，最高长官为大夫，次官是大夫的副手，相当于助理。橘则光与清少纳言是少年夫妻，也有过一段甜蜜恩爱的时光，但因为性格差异过大，二人最终离异，不相往还。后来，二人在宫中重逢，忆起旧日种种，感慨良多，便相约结拜，以兄妹相称。后文“老兄”的称呼也由此而来。

诉你，老是着急，直等到天亮。比这更给我面子的事，真是再也没有了。”把那件事情从头的讲起，同源中将说的一样。随后又说道：

“头中将说，看那回信的情形，我就可以把清少纳言这人完全忘却了①，所以第一回送信的人空手回来，倒是觉得很好的。到第二回拿了回信来时，心想这是怎样呢，不免有点着急，假如真是弄得不好，连这老兄的面子上也不大好吧。可是结果乃是大大的成功，大家都佩服赞叹，对我说道：

‘老兄，你请听吧。’我内心觉得非常高兴，但是却说道：

‘这些风雅方面的事情，我是没有什么关系的。’大家就说：

‘这并不叫你批评或是鉴赏，只是要你去给宣传，说给人们去听罢了。’这是关于老兄的才能信用，虽似乎估计得不高，有点儿觉得残念，但是大家来试接上句，也说：

‘这没有好的说法，或者另外做一首返歌吧。’种种商量了来看，与其说了无聊的话给人见笑反而不好，一直闹到半夜里。这岂不是对于我本身和对于你都是非常可喜的事么？比起京官除目得到什么差使，那并算不得什么事了。”我当初以为那只是头中将一个人的意思，却不知道大家商议了要试我，不免懊恨，现在听了这话，这才详细知道，觉得心里实在激动。

---

① 意思是头中将因为清少纳言的回信内容看轻了她，认为她不配为女官，不屑给她再回信。

这个兄妹的称呼，连上头都也知道，平常殿上不称则光的官衔，都叫他作“兄台”。

说着话的时候，传下话来道：“赶紧上去吧。”乃是中宫见召，随即上去，也是讲的这一件事情。中宫说道：

“主上刚才来到这里，讲起这事，说殿上人都将这句子写在扇上拿走了。”这是谁呢，那么样的宣传，真觉得有点出于意外。自此以后，头中将也不再用袖子蒙着脸，把那脾气也完全改好了。

第 72 段　二月的梅壶

第二年的二月二十五日，中宫迁职到职院去了，我没有同去，仍旧留在原来的梅壶①，到了第二天，头中将有信来说道：

“我在昨天晚上，到鞍马寺来参拜，今夜预备回去，但是因为京都的‘方角’不利，改道往别的地方去。从那里回来，预计不到天明便可以到家。有必须同你一谈的事情，务请等着，希望别让很久的敲你的门。”信里虽是这样的说，但是御

① 梅壶，地名。

匣殿[①]的方面差人来说道：

“为什么一个人留在女官房里呢，到这里来睡吧。”因此就应召到御匣殿那里去了。在那里睡得很好，及至醒了来到自己的屋里的时候，看房子的使女说道：

“昨天晚上，有人来敲门很久，好容易起来看时，客人说，你对上头去说，只说这样这样好了，但是我说道，就是这样报告了，也未必起来，因此随又睡下了。”听了也总觉得这事很是挂念，主殿司的人来了，传话道：

“这是头中将传达的话，刚才从上头追了下来，有事情要同你说呢。”我便说道：

“有些事情须得要办，就往上边的屋子里去，请在那里相见吧。”若是在下边，怕要不客气的掀开帘子进来，也是麻烦，所以在梅壶的东面将屏风打开了。说道：

“请到这里来吧。”头中将走进来，样子很是漂亮。樱的直衣很华丽的，里边的颜色光泽，说不出的好看，葡萄色的缚脚裤，织出藤花折枝的模样，疏疏朗朗的散着，下裳的红色和砧打的痕迹[②]，都明了的看得出来，下边是渐渐的白色和淡紫色的衣服，许多层重叠着。因为板缘太狭，半身坐在那里，上半身稍为靠着帘子坐着，这样子就完全像是画里画着，或者是

---

① 御匣殿，是宫中专管裁制御用袍服的地方，职所在贞观殿。彼时御匣殿的主官，是藤原定子的妹妹。

② 砧打的痕迹指衣裳被砧打后呈现出的一种与众不同的光泽。

故事里写着，那么样的漂亮。

院子里的梅花，西边是白色的，东边乃是红梅，虽然已经快要凋谢了，也还是很有意思的，加上太阳光很是明亮优闲，真是想给人看哩。若是帘子里边有年轻的女官们，头发整齐，很长的披在背后，坐在那里，那就更有可以看得的地方，也更有风情。可是现在却过了盛年，已经是古旧的人们，头发似乎不是自己的东西的缘故吧，所以处处卷缩了散乱着，而且因为还穿着灰色丧服①，颜色的有无也看不出，重叠着的地方②也没有区分，毫不见有什么好看，特别因为中宫不在场，大家也不着裳，只是上边披着一件小袿，这就把当时的情景毁坏了，实在很是可惜的事情。

头中将首先说道：

“我就将上职院里去，有什么要我传言的事情么？你什么时候上去呢？”随后说道：

“昨天晚上在避忌方角的人家，天还没有亮就出来了，因为以前那么说了，以为无论什么总会等着，在月光很是明亮的路上，从京西方面赶了来。岂知敲那女官房的门，那使女好容易才从睡梦里起来，而且回答的话又是那么拙笨。”说着笑

---

① 长德元年（995年）4月，藤原定子的父亲，时任关白的藤原道隆逝世，相关亲眷皆要按制为其服丧守孝。长德二年2月，尚在守孝期内，所以，人们穿的衣服都很素淡，为灰色。

② 因为服丧，从内到外，着的都是浓灰色的衣服，颜色一样，看不出什么层次感。

了，又说道：

“实在是倒了楣了。为什么用那样的使女的呢?”想起来这话倒是不错的，觉得很有点对不起，也很有点好笑。过了一会儿，头中将出去了。从外边看见这情形的人，一定很感觉兴趣，以为帘子里边一定有怎么样的美人在那里吧。若是有人从里边看见我的后影的，便不会想象在帘子外面，有那样的美男子哩!

那天到了傍晚了，就上去到了职院。在中宫的面前有女官们许多聚集，在评论古代故事的巧拙，什么地方不好，种种争论，并且举出《宇津保物语》① 里的源凉和仲忠②的事来，中宫也来评定他们的优劣。有一个女官说道：

---

① 宇津保，在日语中，意为“洞窟”，宇津保物语，即发生在洞窟中的故事。书大约成于十世纪，合共二十卷，作者已不可考。

② 《宇津保物语》是日本最古老的长篇物语，类似于中国的长篇传奇小说，仲忠、源凉都是物语中的人物。仲忠的外祖父清原俊荫，自幼聪颖，少年敏悟，备受天皇信重。他曾奉天皇命，以遣唐副使的身份出海前往大唐，但途中发生意外，流落波斯，偶遇天人，学到了一身精湛的琴技。辗转归国后，清原与爱人成婚，婚后育有一女。十五岁时，女儿巧遇太政大臣之子，与之相恋结合，为他生了一个孩子，这个孩子，就是仲忠。可因为意外，仲忠一家失散了。母亲带着仲忠去投奔外祖父，不久后，外祖父逝世，无奈，母子二人只得跋涉到北山，住在一棵老树的树洞里，生活艰辛无比。仲忠成年后，回到父亲身边。他不仅多才多艺，而且琴技超凡，朱雀天皇在神泉苑听了他的弹奏后，欣赏不已，招他为婿，将帝女嫁给了他。源凉，和仲忠一样，琴技佳，每次弹奏，都有天人循音而至。他是嵯峨天皇的后裔，朱雀天皇因为喜欢他的琴技，将他带在身边，擢拔为近侍。概而言之，故事主要是围绕“琴”展开的，其中还有一部分彰显“孝道”的情节，故事很浅显，相对来说也很直白幼稚，但在平安时期，却很受人追捧。

“先来把这一点评定了吧。仲忠的幼小时候的出身卑微，中宫也正是说着呢。”我说道：

“源凉怎么及得他呢？说是弹琴，连天人都听得迷了，所以降了下来，可那是没用的人呀。源凉得着了天皇的女儿了么？”这时有偏袒仲忠的女官觉得我也是仲忠的一派，便说道：

“你们请听吧。”中宫说道：

“比这更有意思的事，是午前齐信进宫里来了，若是叫你看见了，要怎样的佩服，要不知道怎样说好了。”大家也都道：

“真是的，要比平常真要漂亮得多了。”我就说道：

“我也为了这件事想要来说的，可是为小说里的事一混，就过去了。”于是就把今天早上的事说了，人家笑说道：

“这是谁也都看见的，但是却没有人，像你那样的连衣缝针脚都看清楚了的。”又说道：

“头中将说京的西边荒凉得很呢。若是有人同去看来，那就更有意思呢。墙壁都已倒塌，长了青苔，宰相君就问道：‘那里有瓦松么？’① 大为称赞，便吟咏着‘西去都门几多

① 白居易的七言歌行《骊宫高》中有云：“翠华不来岁月久，墙有衣兮瓦有松。吾君在位已五载，何不一幸乎其中？西去都门几多地，吾君不游有深意。”因为前文说“墙壁都已倒塌，长了青苔”，有应和“墙有衣兮”之意，所以，头中将才问“有瓦松么”，之后还引用了“西去都门几多地”之句。

地’的诗句。”大家扰嚷的都说着话，讲这故事给我听，想起来实在是很有兴趣的事。

第73段 昆布

我有一个时候，退出宫禁，住在自己家里，那时殿上人来访问，似乎人家也有种种的风说。但是我自己觉得心里没有什么隐藏的事情，所以即使有说这种话的人，也不觉得怎么可憎。而且白天夜里，来访问的人，怎好对他们假说不在家，叫红着脸归去呢。可是此外本来素不亲近的人，来找事件来的也并不是没有。那就实在麻烦，所以这回退出之后的住处，一般都不给人家知道，只有经房和济政诸位，知道这事罢了。

有一天，左卫门府尉[1]则光来了，讲着闲话的中间，说道：

“昨天宰相中将[2]说，你妹子的住所，不会不知道的。仔细的询问，说全不知道，还是执拗的无礼追问。”这样说了，随后又道：

---

① 从六位官职，属武官体系。橘则光原为修理次官，出任大尉，属于升迁。

② 即头中将。属太政官参议之一，相当于唐朝官职体系中的同平章事。

“把真事隐藏过了，强要争执，这实在是很难的事情。差一点就要笑了出来，可是那位左中将[1]却是坦然的，装出全不知情的模样，假如他对了我使一个眼神，那我就一定要笑起来了。为的躲避这个困难的处境，在食案上有样子并不漂亮的昆布在那里，我就拿了这东西，乱七八糟的吃，借此麻糊过去，在不上不下的时候，吃这不三不四的食物，人家看了一定要这样的想吧。可是这却弄得很好，就不说什么的过去了。若是笑了出来，这就要不行了吧。宰相中将以为我是真不知道吧，实在这是可笑的事。”我就对他说道：

“无论如何，决不可给他知道呵。”这样说了，经过了许多日子。

一天的夜里，已经夜很深了，忽然有人用力的敲门，心想这是谁呢，把离住房不远的门要敲的那么响，便差去问的时候，乃是卫门府的武士，是送信来的，原来是则光的书信。家里的人都已睡了，拿灯来看时，上面写道：

“明天是禁中读经结愿[2]的日子，因此宰相中将也是避忌的时候，那时要追问我，说出你妹子的住所，没有别的法子可想。实在更隐藏不下去了。还是告诉他真实的地方呢？怎么办呢，一切听从你的指示。”我也不写回信，只将一寸左右的昆

① 即左近卫府中将源经房。

② 古时，日本宫廷中有读经还愿的习俗，每年二月和八月，都要选取吉日，请僧人来转读经文，合共四日。一般，读的都是《大般若经》。读经第四日，为结愿日。

布，用纸包了送给他。

随后则光来了，说道：

“那一天晚上，给中将追问了一晚上，不得已便带了他漫然的在不相干地方，去走了一通。他热心的追问，这很是难受呀。而且你又没有什么回信，只把莫名其妙的一片昆布[1]封在里边送了来，我想是把回信拿错了的吧。”这才真是怪的拿错的东西呢！也没有把这样的东西，包来送给人的。这里边谜似的一种意思，简直的没有能够懂得。觉得很是可气恼，我也不开口，只把砚台底下的纸扯了一角，在边里写道：

潜在水底的海女的住处，
不要说出是在哪里吧，
所以请你吃昆布[2]的呀。

则光见我在写字，便道：

“你是在作歌呀！那么我决不看。”便用扇子将纸片扇了回来，匆匆的逃去了。

---

① 昆布，又名黑菜、五掌菜，褐藻纲翅藻科植物，一种有药用价值的海藻。味咸、性寒，归肝、肾、胃经，有利尿消肿、软坚散结之功，可用来治疗各类水肿、结气病症。

② 日本古语中，“吃昆布”的读音与“眼神”谐音，所以，此处明说是“吃昆布”，暗里却蕴含着“以目示意”之意。

平时很是亲密的交际，互相帮助着的时候，没有什么特别的事情，到得后来有点隔阂了，则光寄信来说道：

“假如有什么不合适的事情，请你不要忘记了以前所约的，即使不算是自家人，也总还是老兄的则光，这样的看待才好。”则光平常常是这样的说：

“凡是想念我的人，不要作歌给我看才好。这样的人我都当作仇敌，交际也止此为限了，所以想要和我绝交的时候，就请那么作歌寄给我吧。”因此就作了一首歌，当作回信道：

在妹背山[1]崩了之后，
更不见有中间流着的
吉野川的河流了。

这寄去了之后，大概真是不看这些和歌吧，就没有回信来。其后则光叙了五位的官位，做了远江介这地方官去了，我们的关系就是那么的断绝了。

---

① 妹背在日语中有“男女”“夫妻”“兄妹”之意。妹背山，并非一座山，而是两座山，妹山与背山。两山分别矗立在吉野川东西两侧，隔川相望，歌谣中说若山崩了，吉野川也会被填平，难见昔日水流潺潺之景，实则是在隐喻夫妻或兄妹之间一旦生隙，就破镜难圆，彼此之间的关系也不复从前。

第74段　可怜相的事

叫人看了觉得可怜相①的事是，流着鼻涕，随即撸去了，那种说话的声音②。女人拔眉毛的那种姿态③。

第75段　其中少女子

在前回去过左卫门的卫所之后④，我暂时退归私宅，那时得到中宫的信，说“快进宫里来吧”。在信里并且说道：

“前回你们到左卫门的卫所去的侵晨的情形，总还是时常

① 可怜相，指令人哀伤、感怀。

② 《世说新语》中有载，桓温见树，有感而叹：“树犹如此，人何以堪!”语气凄切，涕泪交流，百感交集，拭去鼻涕眼泪之后，带着哭腔开口，语气更显凄楚，自然很可怜。

③ 黛，是一种青黑色的颜料，唐时，女子常以之画眉。平安时代，中国式的眉黛传入日本，日本妇女引为时尚，争相效仿。以黛画眉之前，须先将眉毛拔去，此处，作者说的就是拔眉毛这件事，在作者看来，这很痛苦，自然也算是“可怜相的事”。

④ 本段是第65段的接续，本应与之相连，但并未相连，或许是次序上出了错。

回想起来，你怎么却这样无情义的忘却了，老在家里躲着呢？我以为你也一定觉得很有意思的呢。”就赶紧回答，表示惶恐之意，随后说道：

“我怎么会不觉得那时的有意思呢？就是中宫关心我们的事情，我想那也像是源凉说的其中的少女子一般①，即是对于侵晨的光景，感到兴趣吧。”不久那女官的使者走来，传述中宫的话道：

“对于仲忠非常偏袒的你，却是为什么如今说出叫他丢脸的话来呢？② 就在今天晚上，放下一切的事情，进宫来吧，若是不然，就要加倍的恨你了。”我回答道：

“就是寻常的怨恨，已经是不得了，何况说是加倍呢，那就连性命也只得弃舍了。”这样说，我就进宫去了。

---

① 《宇津保物语》中记载着一则与“琴”相关的故事，源凉、仲忠都是故事的主人公。二人皆琴艺超卓，都曾奉诏为朱雀天皇演奏。仲忠奏琴时，风云涌动，雷电交加，天显异象。源凉奏琴时，有天人从天而降，和着琴声，翩翩起舞。源凉伴琴而歌：“晨光何熹微，观之无足厌，其中少女子，愿得少驻留。”此处，作者巧借歌词，一语双关，既写出了中宫定子对晨曦之游的眷恋、喜爱，又委婉地表达了中宫对清少纳言的挽留之意。

② 一条天皇的正妻，中宫藤原定子，曾与身边的女官们就“仲忠与源凉谁品格更高尚”这个问题做过讨论（详见第72段），彼时，清少纳言对仲忠很是推崇，但本段中，她却引用了源凉的歌，从对立的角度来说，这确实是件让仲忠很尴尬、很没面子的事情。

第 76 段 常陆介

中宫住在中宫职院官署的时候，在西边厢房里时常有昼夜不断的读经会①，挂着佛像，有法师们常在那里，真是非常难得的事。读经开始刚过了两天，听见廊外有卑贱似的人说话道：

“佛前的供品有撤下来的吧？”法师就回答说：

“哪里会有，时候还早哩！”心想这是什么人在说话呢，走出去看时，原来是一个年老的尼姑，穿着一件很脏的布裤，像是竹筒似的细而短的裤脚，还有从带子底下只有五寸来长，说是衣也不像衣的同样的脏的上衣，仿佛像是猴子的模样。我问道：

“那是说的什么呀？”尼姑听了便用假嗓说话道：

“我是佛门的弟子，所以来请佛前撤下来的供品，可是法师们却吝惜了不肯给。” 说话的调子很是爽朗而且文雅呢。本

① 又名“不断经”，一日十二个时辰，由十二位僧人轮值诵经，一位僧人一个时辰，昼夜相继，持续不断。读经会诵读的经书品类繁多，不一而足，但多数时候都是《大般若经》《法华经》与《最胜王经》。诵经的天数必须是七天或者七的倍数，比如二七十四天，三七二十一天，不能多不能少。

来这种人，要是垂头丧气的，便愈能得人的同情，可是这人却是特别爽朗呀。我便问道：

“你不吃别的东西，只是吃佛前撤下来的供品么？那是很难得的事呀。”她看见话里有点讥刺的意思，答道：

“别的东西哪里是不吃，只是因为得不到手，所以请求撤下来的供品的。”便拿些水果和扁平的糍粑装在什么家伙里给了她，大家成为很要好的人，那尼姑讲起种种的事情来。年轻的女官们也走了出来，各人询问道：

“有男人①么？”

“住在哪里？”她便应了各人的问，很是滑稽的，用玩笑的话来回答。有人问道：

“会唱歌么，还会舞蹈么？”话还没有说了，她就唱了起来道：

夜里同谁睡觉呀？

同了常陆介②去睡呵，

睡着的肌肤很是细滑。

---

① 指情郎或丈夫。

② 常陆介，官职名，无特指。古时，日本有三国，常陆、上总、上野，按制，三国的国守（等同于国王）应由日本皇室的亲王担任，但亲王只是兼任、挂名，并不亲自管理国中事务，所有的国务都由国守的副手“介”来管理。常陆介，就是代替常陆国守管理国内各项事务的次官，并不专指某个人。此处，尼姑也是因为被问到“男人是谁”，才随意引用了几句歌词，并无实指，也无实际关联。

这后边还有许多的文句。又歌云：

男山[1]山峰的红叶[2]，

那是有名呀，有名呀[3]。

一面唱着歌，把光头摇转着，那样子非常的难看，所以又是好笑又是讨厌。大家都说道：

“去吧，去吧！”这也是很好玩的事。大家又说道：

“给她点什么东西吧。”中宫得知了这事，说道：

“为什么叫她做出这样可笑的事来的呢？我是无论怎样听不下去，掩着耳朵呢。给她一件衣裳，快点叫她走吧。”因为中宫这样的说，就取了给她，说道：

“这是上头赏给你的。你的衣服脏了，去弄干净了来穿吧。”便将衣服丢给了她，她趴在地上拜了，还把衣服披在肩上，学贵人的模样那么拜舞[4]起来，真是很可憎的，大家就都

---

① 京都八幡町一座小有名气的山峰，此处喻指男子。

② 喻指恋爱中的女性。

③ 男山红叶是京都一道颇为亮丽的景观，歌中说“有名”，指的是红叶有名，但结合语境，可知此处是作了引申，“有名”的意思是指名声在外，换言之，是有流言蜚语传出的意思。

④ 中国古代，君臣有别，礼法森严，君王赏赐臣民，臣民需叩谢恩典。日本遣使来唐后，学了不少中国的古礼，拜舞就是叩谢的一种衍生形式。指得到赏赐后，臣民要以舞蹈拜谢。此处，作者是在嘲笑乞食的尼姑、僧人东施效颦，学得不伦不类。

进到里边去了。

这以后就熟习了，常到这里来，在人面前来晃。她就那么样被称为“常陆介”了。但是衣服并不洗干净，还是同样的肮脏，前回给她的那件衣服也不知弄到哪里去了，大家都很是憎恶她了。

有一天右近内侍来到中宫那里，中宫对她说道：

“有这样一个人，她们弄得很熟了，常到这里来。”便叫小兵卫这女官学做那个尼姑的模样给她看，右近内侍道：

“那个我真是想看一看，请务必给我看吧。既然是大家得意的人，我也决不会来抢了去的。”说着话就笑起来了。

这之后又有一个尼姑，脚有点残疾，可是人很是上品，也照样的叫了来问她种种事情，可是那种羞怯的样子，很叫人觉得可怜，就也给了她一件衣服，拜谢的样子也很不错，末了至于喜欢得哭了。她出去的时候，那常陆介大概在路上遇着，看见她了吧。以后有很长的时期，常陆介不曾进来，也没有人想起她来了。

其二　雪山

其后是十二月十几日的光景，下了大雪，积得很厚，女官们用了什么箱子盒子的盖子，装上许多雪拿来放着。有人说道：

“一样的把雪堆起来，不如索性在院子里做一座真的雪山吧。”于是就去叫了武士们来，说道：

“这是上头吩咐下来的。”聚集了许多人，就做了起来，主殿司的人们，以及司清洁扫除的，都一起来做，堆得很高高的。中宫职的员司也走来助言，叫做得特别要好，藏人所的人也来了三四个人。主殿司的人渐渐多起来，大约有二十来个了，而且把在家里休息着的武士也叫来，吩咐道：

“今天造这雪山的人们，都有赏赐，但是不参加这雪山的人一律不给赏与。”听到这个消息的人，都匆忙的跑来，住家远的便不及通知了。不久已经筑好了，乃叫中宫宫职的官员来，取出绢两束，放在廊下，每人来取一匹，拜谢之后，使插在腰里，都退了出去。穿着长袍的官员一部分留下了，改穿了狩衣[1]，在那里侍候。

中宫问大家道：

“你们看这雪山可以留到几时呢？”女官们有人说道：

“十天吧。”也有人说道：

“十几天吧。”当时在场的人大抵都说的是这样的日数。中宫问我道：

“你看怎么样呢？”我回答道：

“可以到正月十五吧。”看中宫的意思，似乎以为不能够到那时候。女官们也都说道：

“在年内，或者等不到三十日吧。”我自己也觉得说得太远了，未必能够到那个时候，心想要是说元旦就好了。但是不

---

① 狩衣，俗称“缺掖”，狩猎时穿的衣服，简单，不繁复，比之长袍，要利落便捷不少。

要管它，即使等不到十五，既然说出去了，也就固执的坚持下去了。

到了二十日左右，下起雨来了，雪山并不消灭，只是高度有点减低了。我暗地里说道：

“白山的观音菩萨[1]，请你保佑，别让这消化了呀！”我这样的祷告，似乎有点儿发疯的样子了。

且说造作那雪山的那一天，式部丞忠隆[2]奉了天皇的使命来到了，拿出垫子坐了。讲着话的时候，说道：

“今天没有一处地方，不造雪山。清凉殿的前面院子里做了一座，还有春宫御所和弘徽殿，也都做了。京极殿也做了。”我便作了一歌道：

此地的雪山算是新奇的，
如今处处都有，
已是陈旧[3]了。

这首歌叫在旁边的一个女官拿去给他看，忠隆连连点首称赞说道：

---

① 加贺国境内有一座风景秀美的雪山，名为白山，白山终年落雪，旖旎绮美，山上供奉着一尊十一面的观世音，相传很是灵验。谈及雪山，作者联想到了白山供奉的观世音，才有了求保佑之说。

② 即源忠隆。

③ 一语双关，既有“陈旧、古老”之意，也有“雪落、凝固”之意。

“与其拙劣的和一首歌，反而把原歌弄糟了，不如拿去给风流人的帘前[1]看去吧。”说罢就离座而去了。听说这人是很喜欢和歌的，如今不作返歌而去，很是奇怪。中宫听见了这件事，便说道：

“他大概是非常巧妙的作一首吧。”

三十日快到了，雪山似乎变得少为小一点的样子，可是还是很高的。在白天的时候，大家出在廊下，那常陆介走来了。女官问她道：

“为什么长久没有来了呢？”答道：

“什么呀，因为有点很不顺心的事情。”

“怎么样，那么什么事呢？”

“因为是这样想的缘故。”便拉长了声音，念出一首歌来道：

真可羡慕呀，
脚也走不动，
那海边的蜑女，
得到许多赏赐的东西！[2]

---

① 帘前，指代女官，此处专指能写和歌的女官，事实上，古时的女官大多都擅长作和歌，少有不精擅的。

② 这是一首风俗民歌，歌曲明快简明，歌中多有双关之意。譬如，“蜑女”，既指居住在海边、擅泅渡、擅捕捞的女性，也指尼姑僧侣；“脚也走不动”，既照应前文言及的腿脚残疾的尼姑，也有得到的赏赐太多、搬不动的意思。整首歌，表达的都是对得到丰厚赏赐的蜑女，即腿脚残疾的尼姑的羡慕之意。

说着，讨厌的笑了，但是谁也不看着她，她便讪讪的走向雪山上去，彷徨了一阵走了。后来叫人去告诉右近内侍，说是这么一回事，回信说道：

“为什么不叫人领了送到这边来的呢？她因为没有意思，所以爬上雪山去的吧，怪可怜的。”大家又看了笑了。可是雪山却并不觉得怎样，这一年已过去了。

元旦这天[1]，又落了许多雪，高兴的是雪山增高了不少，但是中宫说道：

“这是不行呀，把那旧的仍然留着，新下的雪都扫去吧。”

当天晚上在上头值宿了，第二天一早回到自己的房里来，就遇见斋院[2]的侍卫长的武士，穿着浓绿色的狩衣，在袖子上面搁着青色纸的纸包挂在一枝松树上的信，寒颤着送了上来。问道：

“这是哪里来的呢？”答道：

---

① 指999年，即长保元年元旦。

② 日本平安时代到镰仓时代，一直奉行斋院制度。斋院，是一种职称，指的是专门选出来侍奉神明的人，一般，斋院都是未婚的皇女。日本神社众多，著名的有伊势神宫、贺茂神社、热田神宫等等，不同的神社，有不同的供奉者，供奉者的称谓也有所不同。伊势神宫的侍神者为斋宫。贺茂神社的侍神者为斋院。当时，与中宫定子通信的，乃是村上天皇的第十女，第十六代贺茂斋院选子内亲王。选子内亲王，是当时闻名遐迩的才女，学识渊博，其母也是藤原家的女儿，中宫定子与选子内亲王的关系十分融洽，所以，下文中说，中宫给选子内亲王回信十分用心。这份用心，既表现了二人的友好，也表现了定子对内亲王学识的尊重。

“从斋院来的。”我就觉得这很是漂亮呵，接了过来，到中宫那里去。可是还是睡着，我便用棋盘垫了脚，将套房的格子独自一个人举了起来，这很是沉重，而且单是在一边着力，所以轧得吱吱的响，把中宫惊醒了。中宫问道：

“为什么这样做的呢？”我回答道：

“斋院有信来了，不能不赶紧送上来呀。”中宫说道：

“的确是来得很早呀。”说着就起来了，打开信来看时，里边乃是两个约有五寸长的卯槌，拼成一个卯杖的样子，头上裹着青纸，用山桔①、日荫葛②、山菅③等很好看的装饰着，却是没有书简。这不会没有的吧。仔细看的时候，却见卯槌的头上包着的小纸上面，写着一首歌道：

响彻山上的斧声，
寻访来看的时候，
乃是祝杖④筑地的声音呵。

中宫给写回信的样子，也是十分用心的。平常这边给斋院写信，或是写回信，也特别好几回重复写过，看得出格外慎重

---

① 平地木的别称。

② 指女萝。

③ 即麦门冬。

④ 指卯杖。在日本，比较小巧的斧头名为“与几”，“与几”一词多义，也有“好，不错”的意思，一语双关。和歌中说“山上有斧声”，斧声寓指的就是“美好的声音”。此处，是在借斧声赞卯杖声，说其寓意吉祥、美好动听。

的情形。对于使者的赏赐，是白色织出花纹的单衣，此外是苏枋色的，似是一件梅花罩衫[①]的模样。在下着雪的中间，使者身上披着赏赐的衣服，走了回去，是很有意义的事。但是这一回中宫的回信的内容，我不曾看见，这是很可惜的。

那雪山倒真像是北越[②]地方的山似的，并没有消化的模样，就只是变了污黑，并不怎么好看了，可是觉得已经赌赢，心里暗自祷告，怎样的可以维持下去，等到十五日，可是人们仍旧说道：

“恐怕难以再过七天吧。”大家都想看这雪山的结果怎样，忽然初三日决定中宫要回宫禁去了。我觉得非常可惜，心里老是想那么这雪山到底怎么样就不能知道了吧；别人也说道：

“这个结果真想得知呀！”中宫也这么说。已经说中了，本来想把残雪请中宫去看，如今这计画不对了，便趁搬运器物，大家忙乱的中间，去把住在靠土墙搭着的偏厢里的管园子的人，叫到廊中来，对他说道：

“你把这雪山好好的看守着，不要叫小孩子踏坏，或是毁坏了，保守到十五日。你务必好生看守，到那时候，从上头给你很好的赏赐，我个人也有什么谢礼呢。”平常台盘所给予下人的东西，如水果或是什么食品，去要了许多过来，给了管园子的人，他笑嘻嘻的说道：

---

① 即“梅袭”，是适合农历11月到次年2月穿的一种夹衣，通常，梅袭里外两层都为苏枋色，偶尔也有里层为苏枋色，外层为白色的。

② 日本越前、越中、越后三地的统称，有雪国之称。

“那是很容易的事情，我好好的看守就是了。就是一不留心，小孩子们就要爬上去。”我听了吩咐他道：

“你就阻止他们不要上去，假如不听，再告诉我就是了。”这样，中宫进宫禁去了，我一同进去，侍候到初七日，顺退了出来。

在宫里的时候，也老是挂念着雪山，时常派遣宫里当差的人，清洁女①，杂役女的首领等人，不断的去注意观察，把七草粥②等撤下来的供品给予那管园子的，欢喜拜受了，回来的人报告情形，大家都笑了。

退出在私宅里，一到天亮，便想到这一件大事，叫人家去看来。初十左右，使者来回报说道：

“还有雪尽够等到五天光景。”我听了很是高兴。到了十三日夜里，下起大雨来了，心里想道：“因为这个雨，将要消化完了。”觉得很是可惜。现在只有一天两天的工夫，竟不能等待了么，夜里也睡不着觉，只是叹气，听见的人说是发疯了，都觉得好笑。天亮了人家起身出去，我也就起来，叫使女起来去看，却老是不起身，叫我很生气。末了好容易起来了，叫去看了来，回报说道：

“那里还有雪留着，像蒲团那么大呢。管园子的人好好的看守着，不叫孩子走近前去，到明天以至后天，都还可以有

---

① 官中负责清扫厕所的官人。

② 用荠菜、芜菁、鸡肠草等七种长在春天的野草的叶子熬的粥。每年正月初七，以七草粥供奉、祭祀神明，可祛邪祟。

哩。管园子的人说，那么可以领到赏赐了。”我听了非常高兴，心想快点到了明天，赶紧作成一首歌，把雪盛在器皿里，送到中宫那里去，很是着急，又有点不及等待的样子。

第二天早上还是黑暗的时候，我就叫人拿着一个大板盒去，嘱咐他说道：

“把雪的白的地方装满了拿来，那些脏的就不要了。”去了不久，就提着拿去的板盒走回来，说道：

“那雪早就没有了！”这实在是出人意外。想做得很有意思，教人家可以传诵出去，正在苦吟的歌，因这出人意外的事，也没有作下去的价值了。我非常丧气地说道：

“这是怎么一回事呢？昨天刚说还有那么些，怎么一夜里就会都化完了。”使者说道：

“据管园子的人说，到昨天天很黑了的时候，还是有的，以为可以得到赏赐了，却是终于得不着，拍着两手着实懊恨呢。”正在唠叨说着，宫中有使者到来，传述中宫的话道：

“那么，雪到今天还有么？”这实在是觉得可恨可惜，只得说道：

“当初大家都说，未必能够到年内或是元旦吧，但是终于到了昨日的傍晚还是留着，这在我也实在觉得是了不得的事情了。若说是今天还有，那未免是过分了。我想大概是在昨天夜里，有人家憎恶，所以拿来丢掉了的吧。请你这样去对中宫说了。”我就这样的回复了使者。

到了二十日，自己进宫里去的时候，第一便把这雪山的事情在中宫面前说了。好像那个说是“都融化掉了”，提着盖子回来的和尚[①]一样，使者拿着板盒走了回来，觉得真是扫兴。本来想在器具的盖子上面，美妙的做成一座小雪山，在白纸上好好的写一首歌，送给中宫看的，这样说了，中宫很是发笑，在场的人们也都笑了。中宫说道：

“你那么一心一意想着的事情，把它弄糟了，怕不要得到天罚的吧？实在是，十四日傍晚，叫卫士们去，把它丢掉了的。你的回信里边，猜的正对，很是有意思。那个管园子的老头儿出来，合着两手很是求情，卫士说：‘这是中宫的旨意，有人来查问，也不要说，若是说了，就要把你的小屋给拆了。’这样的吓了他，就在左近卫府南边的墙外边，把雪都丢到那里。卫士们说，还有很多的堆着，别说十五，就是到二十日也还可以留得，或者说不定，今年的初雪还会落添在上边呢。天皇也知道，对了殿上人说道：‘少纳言真是做了人家所难以想到的打赌了。’可是你所作的歌，且说来看吧。已经这样的说明了，那么同你赢了也是一样的。那么说来看吧。”中宫这么说了，大家也都是这么说。便回答道：

“哪里还有心思作什么歌呢，听到了这样遗憾的事情。”正在那里觉得悔恨，这时天皇走来了，说道：

“向来以为你是寻常人一样，如今从这件事看来，才知道

---

① 旧版中，本句写作“以板盒为帽子似的走了过来”，是将“法师”误写为“帽子”，所以，此处译为和尚。

你乃是一个不平凡的人呀。”这样说了，更觉得难受[1]，几乎要哭了出来了。我说道：

“这世间的事真是懊恼极了。后来落下雪来积上了，我正觉得高兴，中宫却说不行，叫人给扫集丢掉了。”天皇也笑着说道：

“可见中宫实在是不想叫你赌赢呢。”

---

① 难受的原因是将雪山舍弃了。

卷五

向着光明的朝日，也
要时常记得吧，在京城是
有不曾晴的长雨呢！

第77段 漂亮的事

漂亮的事是，唐锦[1]。佩刀[2]。木刻的佛像的木纹。颜色很好，花房很长，开着的藤花挂在松树上头。

六位的藏人[3]也是很漂亮的。名家的少年公子们，没有穿惯的绫和织物的衣服，却因了职务的关系随意的穿着，那麴尘

---

① 唐锦，指原产于中国的绸缎；与大和锦对应，大和锦指日本本国织造的绸缎。

② 佩刀，装饰用的刀剑，即日本所谓的“饰太刀”，十分华美，以紫檀木、沉香木为刀鞘，鞘上镶满金珠、螺钿、宝石等。并不是所有人都能携带佩刀，佩刀是得到天皇敕命、被允许携带刀剑的人束带的时候用的。

③ 日本古代的藏人所，从职责、统辖的角度来说，颇有些类似中国的内务府。藏人所的最高领导者为别当，一般都由左大臣兼任。别当之下，设四位的藏人头两名，其中一名，由近卫中将挂名兼任，另一名为弁官，负责处理藏人所的具体事务。藏人头下，有七名正式藏人，其中五位的三名，六位的四名，负责管理御膳及所有官中琐事。此外，藏人所中还有没有官位品阶的杂员若干。六位的藏人官阶是极低的，但因为是天子近侍，即便官阶不足五位，也有升殿面君的资格，所以，极为人羡慕。本段阐述的大体就是这种羡慕之意。

色的青色袍子，是很漂亮的。本来藏人所的小职员，或是杂役，或是平人[1]的子弟，在殿上人四位五位或六位以上的职官底下做事，算不得什么的，一旦任为藏人，那就叫人吃一惊的显得漂亮了。他拿了敕旨到来，又在大臣大飨的时节当作甘栗的使者[2]，来到大臣家里，被接待宴享的情形，简直觉得是从哪里来的天人的样子。家里的女儿现在宫里当着嫔妃，或者还在家里做小姐的时候，敕使到来，那出来接受天皇的书信，以及送出垫子来的女官们，都穿着得很华丽，似乎不像接待那日常见惯的人。若是藏人兼任着卫府的尉官，那么后边的衣裾拖着，更显得神气了。这家的主人还亲手斟酒给他喝，藏人自己的心里也觉得很是得意吧。平常表示惶恐，不敢同坐一室的少年公卿，虽然样子还是谨慎，可是同朋辈一样的已经是平起平行了。还有在上头近旁服务，叫人见了羡慕。主上写信的时候，由他来磨墨，用着团扇的时候，由他来给打扇。可是在这短短的三四年任期中间，却是不修边幅，穿着也很随便，敷衍过去了，实在这藏人是做得没有意思的了。升级到五位，转到

---

① 六位之下的官员统称为平人，属于官僚士大夫阶级，并非平民。平安时代，官员大多出身名门，乃权贵世家子弟，平民基本上不会被任用为官。

② 按照惯例，皇家大宴时，天皇会赐些吃食给大臣，如甘栗、酥酪等，被赐下吃食，对大臣来说是一种荣耀。所以，接待来送吃食的使者时，自然额外殷勤。一般，大宴赐食时，充当使者的都是六位藏人。他们地位不高，但奉诏到大臣家，就是天使，代表的是天皇，会受到极热情的款待。

殿下去[①]的时节近来，藏人生活就要结束，本来应该觉得比生命还要可惜，如今却在奔走，请求以藏人在任的劳绩赐以官职，这实在是很可惋惜的事。从前的藏人在决定升级的春天，为了下殿的事情着实悲叹，在现今这时世，却忙着奔跑谋事哩。

大学寮的博士[②]富有才学，是很漂亮的，这是无需说的了。相貌很是难看，官位也很低，可是甚为世人所尊重。走到高贵的人的前面去，询问有些事情，做学问文章的师资，这是很漂亮的事。写那些愿文[③]以及种种诗文的序，受到称赞，这也是很漂亮的。法师富有才学，说是漂亮也是无需的了。受持《法华经》的人[④]与其一个人读经，还不如在多数人中间，定时读经的时候，可以显出才学来，更是觉得很漂亮。天色暗黑

---

① 按制，六位藏人任满六年后，依其功绩，可擢拔为五位藏人。但，藏人所藏人的数目是固定的，五位藏人只允许有三名，若六位藏人任满之时，五位藏人职位没有空缺，便只能下殿，谋求外放，或者候补，等待五位藏人出缺。一般情况下，藏人会选择任满外放，到地方上去任职，在他们看来，去地方上为官，比在天皇身边做侍从要好，但作者（清少纳言）并不认同这种观点。本节，作者也驳斥了这种观点。

② 博士，即文章博士，大学寮辖下官职名，从五位或以下，通常，大学寮中有文章博士两人，不得超额。按例，从五位官员是没资格升殿的，但博士职务特殊，所以特许升殿，以备天皇召唤。

③ 做法事时，献给神佛的祈愿，或者陈述自身心愿的文章，皇室法会上，愿文多为大学寮的博士们奉诏代写，所有愿文都是汉文。

④ 指专司诵读《妙法莲华经》的人，即“持经人”。法会期间，持经人需昼夜诵经，六时不停。六时，即日出时、日中时、日落时、入夜时、半夜时、末夜时。后文，作者说要“定时读经”，其中“定时”，指的是日落时。

了，大家都说道：

“怎样了？诵经的油火来的迟了！”便都停住了不念，却独低声继续念着，很是漂亮的。

皇后白天里的行幸的状况，还有那产室的布置。立皇后的仪式，其时狮子和高丽犬[①]大食床，都已经拿来，在帷帐前面装好，从内膳司[②]也已把灶神迁移了来，那时候还没有成为皇后，普通只是称作小姐的人，却老是没有见。此外摄政关白时的外出，以及他到春日神社里朝拜的情形，也都是很漂亮的[③]。

蒲桃色的织物，是很漂亮的。凡是紫色的东西，都很漂亮，无论是花，或是丝的，或是纸的。紫色的花的中间，只有

---

① 古时，日本神社门前，大多竖立着两尊石头雕刻的异兽。一尊为狮子，黄色，张口；一尊为狛犬，白色，闭口，即高丽犬。相传，两尊异兽都源自高丽，竖立门前，有辟邪之用。此处，指的是放在帷帐内、用于祛晦辟邪的小型狛犬像。

② 日本的内膳司，等同于中国宫廷的御膳房，司内供有灶神，只要有灶火的地方，都需祭灶神。中宫也有灶火，需要造膳，所以，也要从内膳司请一尊灶神。

③ 摄政，官职名，日本平安时代，摄政可代天皇处理政务，公元859年，藤原良房成为清和天皇的摄政，此后，摄政一职便成了藤原家的世袭官位。及至宇多天皇时代，朝中再设“关白”一职位，所有政事，需要先奏关白，再奏天皇。关白，等同于当朝首辅，群臣之首，朝中第一人，例来都由摄政兼任。公元887年，关白制度的正式实行，为后世的将军专政提供了非常有利的条件，后世也认为，关白制度是将军专政现象出现的最根本原因。春日大社是日本奈良市闻名遐迩的神社，藤原家族的先祖天儿屋根命就奉祭在春日大社的第三神殿内，每任关白、摄政就任后都会前往祭拜。

杜若这种花的形状，稍为有点讨厌，可是颜色是漂亮的。六位藏人的值宿的样子也很漂亮，大概也因为是紫色①的缘故吧。宽阔的院子满积着雪，也是很漂亮的。

今上天皇的第一皇子，还是小儿的时候，由舅父们②，年轻而俊秀的公卿们抱着，使唤着殿上人，叫牵着玩具的马，在那里游玩，觉得很是漂亮，真是没有话说的了。

第78段　优美的事

优美的事是，瘦长的潇洒的贵公子穿着直衣的身段。可爱的童女，特地不穿那裙子，只穿了一件开缝很多的汗衫③，挂着香袋，带子拖得长长的，在勾栏④旁边，用扇子障着脸站着的样子。年轻美貌的女人，将夏天的帷帐的下端搭在帐竿上，穿着白绫单衣，外罩二蓝的薄罗衣，在那里习字。薄纸的本子，用村浓染的丝线，很好看的装订了

---

① 六位藏人的制式袍服为青色，裤子为缚脚裤，紫色。当时，紫色是极尊贵的颜色，普通人是不允许使用的，六位藏人能穿，是因为他们是天皇近侍，得到了特许。

② “今上天皇”指日本第66代天皇一条天皇；“第一皇子”指中宫定子与一条天皇之子敦康亲王；“舅父们”指中宫定子的兄弟，内大臣藤原伊周及中纳言藤原隆家。

③ 指当时年龄尚稚的女孩子出席活动时穿的礼服。

④ 青楼、妓院的代称。

的。长出嫩芽的柳条上，缚着用青色薄纸上所写的书简[1]。在染得很好玩的长须笼[2]里，插着五叶的松树。三重的桧扇，五重的就太厚重[3]，手拿的地方有点讨厌了。做得很好的桧木分格的食盒[4]。细的白色的丝辫。也不太新，也还不太旧的桧皮屋顶[5]，很整齐的编插着菖蒲。青青的竹帘底下，露出帷帐的朽木形的模样来，很是鲜明，还有那帷帐的穗子，给风吹动着，是有意思的。夏天挂着帽额鲜明的帘子的外边，在勾栏的近旁，有很是可爱的猫[6]，戴着红的项圈，挂有白的记着名字的牌子，拖着索子，且走且玩耍，也是很优美的。五月节时候的菖蒲的女藏人[7]，头上戴了菖蒲的鬘，挂着和红垂纽的颜色不一样，可是形状相像的领巾和裙带，将上赐的香球送给那并列着的皇子

---

① 日本古时，常将书简系在带叶的柳枝、松枝等树枝上来相互传递。

② 一种竹编的笼子，因笼下有类似长须的竹须垂下而得名，常被用来盛放馈赠之物。

③ 桧木扇，是日本古时常用的一种用来替代笏的折扇，以薄薄的桧木片为扇骨，以白色的丝线相互连缀，三重桧木扇，指折扇的每一片扇骨都由三片桧木粘合，五重为五片，五片桧木粘合为一支扇骨，厚度可想而知，所以，作者才说太厚了。

④ 桧木有清香，用来做食盒颇好。此处的食盒，与日本现在所用的便当盒式样、大小基本一致。

⑤ 古日本不少房屋都用树皮来做屋顶。现在，日本许多古老的神社，屋顶仍是用树皮修葺而成的。

⑥ 彼时，普通家庭是饲养不了猫的，猫是贵族们才能饲养、才有资格饲养的宠物。

⑦ 指五月端午时，头上插着菖蒲叶的低级女官。

和公卿们，是很优美的。他们领受了，拿来挂在腰间，舞蹈拜谢，实在是很好看的。在五节捧薰炉的童女，还有着小忌衣①的贵公子们，都是颇优美的。六位藏人穿着青色袍值宿的姿态，临时祭②的舞人，五节舞女的随从的童女，也很优美。

第79段　五节的舞女

中宫供献五节的舞女③，照例有照料舞女的该有女官十二人。本来将寝宫里的人借给别处去用，是不大很好的事，但是不晓得是怎么想的，这时候中宫派出了十位女官，另外的两个

---

① 一种白色为底、带蓝色印花的袍服，样式简洁，颇为素净，是斋戒时为神明供奉膳食的御者穿的。后衍变为一种称谓，有些时候会指代参加小忌的贵族子弟。

② 日本神社的祭祀典礼绝大多数都是定期举行的，但有的时候，部分神社也会举行临时祭。譬如，石清水八幡神社会在三月中旬的午日举行临时祭，贺茂神社会在十一月下旬的酉日举行临时祭，临时祭期间，会有乐舞表演。

③ 《左传·昭公元年》有载："先王之乐所以节百事也，故有五节。"平安时代，每年十一月中旬，朝廷都会按制在丑日、寅日、卯日、辰日举行女乐吉舞表演，称为五节之舞。五节之舞，是五节会期间较为重要的一个活动环节，届时，献舞的舞女有五人，三人由公卿贵族之家进献，二人由地方政要之家进献，皇妃、亲王等也可推荐舞女，但很少。中宫皇后进献舞女更是特例。从时间上来看，此事应发生在正历四年（993 年）11 月五节会期间。

是女院[①]和淑景舍[②]的，她们原是姊妹。辰日[③]的当夜，将印成青色模样的唐衣以及汗衫，给女官和童女穿上了，别的女官们，都不让预先知道这种布置，至于殿上人更是极秘密的了。舞女们都装束整齐了，等到晚天色暗了的时候，这才带来穿上服装。红垂纽很美丽的挂着，非常有光泽的白衣上面，印出蓝的模样的衣服，穿在织物的唐衣上边，觉得很是新奇，特别是舞女的姿态，比女官更是优美。连杂务的女官们也都穿着这种服装并排的立着，公卿和殿上人看出惊异，把她们叫作“小忌的女官们”。小忌的贵公子们站在帘外，同女官们说着话。

中宫说道：“五节舞女的休息室，如今便拿开了陈设，外边全看得见。很是不成样子。今天夜里，还应当是整整齐齐的才好。”这样说的，所以舞女和女官们不像常年那样，要感觉什么不便了。帷帐下边开缝的地方用了绳子结好，但从这底下露出女官们的袖口来罢了。

名字叫作小兵卫的一个照料的女官，因为红垂纽[④]解开了，说道：

---

① 女院，皇太后的尊称。此处指中宫藤原定子的姑姑，一条天皇的母亲藤原诠子。

② 舍，指别院、宫殿，淑景舍为宫内五大舍之一，因为舍内遍植桐树，又名桐壶，风景十分优美。此处，代指当时在淑景舍居住的藤原原子。藤原原子是藤原道隆的次女，中宫藤原定子的胞妹，是当时还是东宫的三条天皇的女御。

③ 五节会的最后一日。

④ 衣物上垂挂的一种装饰。舞女垂挂在左肩，小忌衣垂挂在右肩。

“让我把这结好了吧。”小忌的贵公子实方中将①便走近前来，给她结上，好像有意思似的对她说道：

深山井里的水，

一向是冻着，

如今怎么冰就化了呢？②

小兵卫还是年轻的人，而且在众人面前，大概是不好说话吧，对他并不照例做那返歌。在旁边的年纪大的人也都不管，不说什么话，中宫职的官员只是侧着耳朵听，有没有返歌，因为时间太久了觉得着急，就从旁门里走了进来，到女官的身旁问道：

“为什么大家不做返歌，这样的呆着呢？”听他低声的这样说话，我和小兵卫之间还隔着四个人，所以即使想到了很好的返歌，也不好说。况且对方是歌咏知名的人，不是一般的平凡的作品，做返歌这怎么能行呢。但只是一味谦虚，虽是当然其实也是不对的。中宫职的官员说道：

“作歌的人这样怎么行呢？便是不很快意，忽然的就那么

---

① 指闻名遐迩的歌者藤原实方。实方是左大臣藤原师尹的孙子，从五位上侍从藤原定时之子，中古三十六个歌仙之一。

② 《后拾遗和歌集》卷五中载录的一首和歌。日文中“冰”与“纽”语义双关，此处，清少纳言是在调笑小兵卫，用“深山井里的水”来比喻他，指责他对自己总是冷冰冰的，“冰化”则暗指“红垂纽解”，象征有情人相恋相合。

吟了出来了。”我听了就做了一首答歌，心想拿去给人讥弹也是有意思的事吧！

薄冰刚才结着，
因为日影照着的缘故，
所以融化就是了。[①]

我就叫辨内侍[②]传话过去，可是她为了害羞，说的不清楚。实方侧着耳朵问道：

“什么呀，什么呀？”因为本来有点口吃，又是有点故意装腔，想说的好些，更是不能说下去了，这样却使得我的拙劣的歌免得丢丑，觉得倒是很好的。

舞女送迎的时节，有些因病告假的人，中宫也命令要特别到场，所以全部到来，同外边所进的五节舞女情形不一样，排场很是盛大。中宫所出的舞女是右马头[③]相尹的女儿，染殿式部卿[④]妃的妹子，即是第四姬君的所生，今年十二岁，很是可

---

① 《千载和歌集》中载录的和歌。歌中多双关之意。首句说薄冰结，意为红垂纽打了结，不过是活结。“日影照”与“日荫蔓”通假，指代冠帽上的一种装饰带结，另外，“日荫蔓”还是女萝的别称。歌中三句，大概是说，因为日荫蔓，红垂纽上的活结散开了。

② 女官职称，原指“辨之御许人”，与内侍相类。

③ 平安时代，日本皇宫有左右御马寮，专司宫中御马的照管、饲养，寮的最高长官为头，藤原相尹是右御马寮的头，所以称为右马头。

④ 指村上天皇之子为平亲王。

爱的。在最后的晚上，被许多人簇拥着，也一点都不着忙，慢慢的从仁寿殿走过，经过清凉殿前面东边的竹廊，舞女在先头，到中宫的屋子里去，这个情景也极是美妙的。

细长的佩剑，带着垂在前面的平带，由一个俊秀的男子拿着走过，这是很优美的。紫色的纸①包封好了，挂在花房很长的一枝藤花上，也是很有意思②。

在宫禁里，到了五节的时候，不知怎的觉得与平常不同，逢见的人好像是很好看似的。主殿司的女官们，用了种种颜色的小布帛，像避忌时节似的，带在钗子上插着，看去很是新奇。在清凉殿前临时架设的板桥上边，用了村浓染色的纸绳束发，颜色很是鲜丽，这些女官们③在那里出现，也是很有意思的。临时上殿担任杂役的女官以及童女们，都把这五节当作很大的节日看待，这是很有道理的。山蓝印染的小忌衣和日荫蔓等，装在柳条箱内，由一个五位的藏人④拿了走着，也是看了很有意思的。殿上人把直衣的肩几乎要脱下来的披着，将扇子或是什么做拍子，歌唱道：

---

① 指用紫色的纸笺写的书简。

② 本句与上下文皆不连属，疑似有所错漏，或排序有误，当属其他段落。

③ 指隶属于主殿司下，平时专司洒扫、秉烛等杂役，五节会期间，被临时抽调到殿上，负责秉烛的低级女官。

④ 原文中说“由一个戴冠的藏人拿了走着”，六品藏人是没资格戴冠的，“戴冠的藏人”即升职为五位、有了升殿资格的藏人，此处，为了方便理解，直译为“五位藏人”。

升了官位了，

使者像重重的波浪的来呀。

这样唱着走过女官房前的时候，站在帘边观看的人，一定是要心里乱跳的吧。特别是许多的人，一齐的笑起来，那更要吃一惊了。执事的藏人[①]所穿的红的练绢的重袍，特别显得好看。虽然给他们铺了坐垫，但是没有工夫坐着，只看女官们的行动，种种加以褒贬，在那个时候似乎除了五节之外，别无什么事情可以说的了。

在帐台试演[②]的晚上，执事的藏人非常严重的命令道：

“照料舞女的女官二人，以及童女[③]之外，任何人都不能进去！”把门按住了。很讨人厌的这么的说，那时有殿上人说道：

“那么，放我一个进去吧。”答说道：

“这就有人要说闲话，怎么能行呢。”顽固的加以拒绝，但是中宫方面的女官大概有二十来人，聚在一起，不管藏人怎么说，却将门打开了，径自沙沙的走进去，藏人看了茫然说道：

---

① 藏人的职司有两种，一种是管理神乐，一种是负责朝内各种政务典仪。此处，指的是藏人的第二种职司。

② 五节会的第一日，天皇驾临常宁殿，观看五节舞女的乐舞表演，称为帐台试演。帐台，指天皇升御座的地方。

③ 五节会第三日，天皇会在寝宫清凉殿观看童女们的乐舞表演。童女不是五节会的主角，童女的乐舞表演只是真正的五节之舞的助兴节目。

"呵，这真是乱七八糟的世界了!"呆站在那里。也是很有意思的事。在这后边，其余照料的女官们也都进去了。看了这个情形，藏人实在很是遗恨的。主上也出来，大概是看得很是好玩吧。

童女舞的当夜是很有趣味的。向着灯台的童女们的脸是非常的可爱而且很美的。

第 80 段　无名的琵琶

有女官来说道：

"有叫作'无名'的琵琶，是主上带到中宫那边去了，有女官们随便看了，就那么弹着。"我走去看时，女官们并不是弹，只是手弄着弦索玩耍罢了。女官对中宫说道：

"这琵琶的名字呀，是叫作什么的呢?"中宫答道：

"真是无聊得很，连名字也没有。"[①] 这样的回答，也觉得是很有意思的。

淑景舍女御到中宫这里来，说着闲话的时候，淑景舍道：

"我那里有一个很漂亮的笙，还是我的先父[②]给我的。"隆

---

① 这是中宫定子对"无名"这一琵琶名的调侃。
② 指前任关白、中宫定子之父，藤原道隆。

圆僧都[1]便说道：

“把那个给了我吧。我那里也有很好的一张琴，请把那个交换了吧。”但是这样说了，好像是没有听见的样子，还是说着别的事情，僧都想得到回答，屡次的催问，可是还没有说。到后来中宫说道：

“不？不换吧，她是这么想哩。”这也是回答得很有意思。这笙的名字叫作“不换”，僧都并不曾知道，所以不懂得回答的用意，心里不免有点怨望。这是以前中宫住在中宫职院的时候[2]的事情。在主上那里，有着名叫“不换”的那个笙。

在主上手边的东西，无论是琴[3]是笛[4]，都有着奇妙的名字。琵琶是玄上、牧马、井手、渭桥、无名等。又和琴也有朽目、盐灶、二贯等被叫作这些名字。此外又有水龙、小水龙、宇多法师、钉打、二叶，此外还有什么，虽是听见了许多，可是都忘记了。“宣阳殿[5]里的第一架上”，这是头中将[6]平时常说的一句口头禅。

---

① 指当时任权少僧都的藤原道隆第四子、中宫定子之弟藤原隆圆。隆圆幼年时便因故出家为僧了。

② 住在中宫职院的时候，即长德二年（996 年）二月二十五日至三月四日。

③ 古日本时代，所有弦乐器的统称。

④ 古日本时代，所有管乐器的统称。

⑤ 宫中放置乐器、书籍的宫殿。

⑥ 即时任近卫中将的藤原齐信。

第 81 段　弹琵琶

在中宫休憩处[①]的帘子前面，殿上人整天的弹琴吹笛，来作乐游戏。到走散的时候，格子窗还没有放下，灯台却已拿了出来，其时门也没有关，屋子里边就整个儿可以看见，也可看出中宫的姿态：直抱着琵琶，穿着红的上袿，说不尽的好看，里面又衬着许多件经过砧打的或是板贴的衣服。黑色很有光泽的琵琶，遮在袖子底下拿着的情形，非常美妙；又从琵琶的边里，现出雪白的前额，看得见一点儿，真是无可比方的艳美。我对坐在近旁的一个女官说道：

"从前人说那个半遮面的女人[②]，实在恐怕还没有这样的美吧？况且那人又只是平人罢了。"女官听了这话，因为屋里人多，没有走路的地方，便挤了过去，对中宫说了，中宫笑了起来，说道：

"你知道这个意思么？"她回来告诉我这话，这也是很有意思的事。

---

① 指清凉殿北侧的弘徽殿。清凉殿是天皇寝宫。

② 平安时代，汉文化对日本的影响很深，彼时的日本贵族子弟，皆以通晓汉文为荣，日常作文，常援引一些汉文诗句典故，其中，援引最多的便是白居易《白氏长庆集》中的诗文。此处，清少纳言援引的就是白居易名作《琵琶行》中"千呼万唤始出来，犹抱琵琶半遮面"之典。

第82段　乳母大辅

中宫的乳母大辅①，今日将往日向②去，赐给饯别的东西，有些扇子等物，其中的一把，一面画着日色晴朗的照着，旅人所在的地方似乎是井手中将③的庄园模样，很是漂亮的画着。在别一面却是京城的画，雨正是落得很大，有人怅然的望着。题着一首歌道：

向着光明的朝日④，
也要时常记得吧，
在京城是有不曾晴的长雨⑤呢！

这是中宫亲笔写的，看了不禁有点黯然了。有这样深情的主人，本来要舍弃了远行也是不可能的吧。

---

① 大辅，即称号。

② 日向，地名，位处日本九州岛上，距离京都极远，是乳母的丈夫即将赴任的地方。乳母要与丈夫同行赴任，来辞别中宫，清少纳言对她颇有怨言，认为她舍中宫而去，太过薄情。

③ 疑似小说中的人物，非真人。

④ 歌词，语意双关，喻指日向。

⑤ 京城的长雨与日向的光明形成一组鲜明的对比。此处，作者是在提醒乳母，希望她记得京城中还有牵挂她的人。

第 83 段　懊恨的事

懊恨的事是，这边做了给人的歌，或者是人家做了歌给它送去的返歌，在写好了之后，才想到有一两个字要订正的。缝急着等用的衣服的时候，好容易缝成功了，抽出针来看时，原来线的尾巴没有打结，又或者将衣服翻转缝了，也是很懊恨的事。

这是中宫住在南院①时候的事情，父君道隆公住在西的对殿里，中宫也在那里，女官们都聚集在寝殿，因为没有事做，便在那里游戏，或者聚在厢廊里来。中宫说道：

“这是现在急于等用的衣服，大家都走拢来，立刻给缝好了吧。”说着便将一件平织没有花纹的绢料衣服交了下来，大家便来到寝殿南面，各人拿了衣服的半身一片，看谁缝得顶快，互相竞争，隔离得远远的缝着的样子，真像是有点发了疯了。

命妇的乳母很早的就已缝好，放在那里了，但是她将半片缝好了，却并不知道翻里作外，而且止住的地方也并不打结，却慌慌张张的搁下走了。等到有人要来拼在一起，才觉得这是不对了。大家都笑着嚷道：

“这须得重新缝过。”但是命妇说道：

“这并没有缝错了，有谁来把它重缝呢？假如这是有花纹

---

① 南院，位于东三条的藤原道隆的宅邸中的一处寝殿。彼时，大约是正历三年（992 年）12 月，中宫离宫，暂住父亲家中。

的，里外显然有区别，谁要是不看清里面，弄得缝反了的话，那当然应该重缝。但这乃是没有花纹的衣料，凭了什么分得出里外来呢？这样的东西谁来重缝。还是叫那没有缝的人来做吧。”这样说了不肯答应，可是大家都说道：

“虽是这么说，不过这件事总不是这样就成了的。”乃由源少纳言、新中纳言[1]给它重缝，命妇本人却是旁观着的，那个样子，也是很好玩的。那天的晚上，中宫要往宫里去的时候，对大家说道：

“谁是最早缝好衣服的，就算是最关怀我的这个人。”

把给人家的书简，错送给不能让他看见的人那里去了，是很可懊恨的。并且不肯说“真是弄错了”，却还强词夺理的争辩，要不是顾虑别人的眼目，真想走过去，打他几下子。

种了些很有风趣的胡枝子[2]和芦荻，看着好玩的时候，带着长木箱的男子，拿了锄头什么走来，径自掘了去，实在是很懊恼的事情。有相当的男人在家，也还不至那样，若只是女人，虽是竭力制止，总说道：“只要一点儿就好了。”便都拿了去，实是说不出的懊恨。在国司的家里的，这些有权势人家的部下，走来傲慢的说话，就是得罪了人，对我也无可奈何，

---

① 少纳言、中纳言为官职名，源为姓氏。譬如，本书作者是宫中的女官，家中父兄或其他近亲曾出任少纳言一职，姓清原，所以，别人就称呼她为清少纳言。以此类推，源少纳言指的是本人在宫中任职，家中有父兄、丈夫等近亲出任少纳言之职的源姓女官，其中源为单字姓氏。新中纳言，姓氏未知。

② 即秋荻。

这样的神气，看了也很是懊恨的。

不能让别人看见的书信，给人从旁抢走了，到院子里立着看，实在很是懊恼。追了过去，反正不能走到外边，只是立在帘边看着，觉得索兴跳了出去也罢。

为了一点无聊的事情，女人很生了气，不在一块儿睡了，把身子钻出被褥的外边，男人虽是轻轻的拉她近来，可是她却只是不理。后来男人也觉得这太是过分了，便怨恨说道：

“那么，就是这样好吧。”便将棉被盖好，径自睡了。这却是很冷的晚上，女人只是一件单的睡衣，时节更不凑巧，大抵人家都已睡了，自己独自起来，也觉得不大好，因了夜色渐深，更是懊悔，心想刚才不如索兴起来倒好了。这样想，仍是睡着，却听见里外有什么声响，有点恐慌，就悄悄的靠近男人那边，把棉被拉来盖着，这时候才知道他原是假装睡着，这是很可恨的。而且他这时还说道：

“你还是这样固执下去吧！”那就更加可以懊恨的了。

第 84 段　难为情的事

难为情的事是，有客人来会晤谈着话，家里的人在里边屋里不客气的说些秘密话，也不好去制止，只是听着的这种情况，实在是很难为情的。自己所爱的男人，酒喝得很醉，将同一样的事情，翻来覆去的说着。本人在那里听着也不曾知道，却说人家的背后话，这便是没有什么关系的使用人，也总是很难为情的。在旅行的途中，或是家里什么邻近的房间里，使用人的男女在那里玩笑闹着，很讨厌的婴儿，母亲凭着自己主观觉得是怪可爱的，种种逗着玩耍，学那小孩的口气，把他所讲的话说给人家听，在有学问的人的面前没有学问的人装出知道的样子，将古今的人的名字乱说一气，并不见得做得特别好的自作的歌，说给人家听，还说有谁怎样称赞了，在旁听着也是怪难为情的。人家都起来了说着话，却是恬然的若无其事似的睡着的人。连调子都还没有调得对的琴，独自觉得满意，在精通此道的人面前弹奏着。很早以前就不到女儿那里来了的女婿，在什么隆重的仪式上，和丈人见了面，也是不好意思的事。

第 85 段　愕然的事

使人愕然的事是，磨着装饰用的钗子，却碰着什么而折断了[①]。牛车的颠覆，也使人愕然。以为这样的庞然大物，在路上也显得很稳重，却这样容易的翻了，简直如在梦里，只是发愣，不知道这是怎么搞的。

---

① 《井底引银瓶·止淫奔也》是白居易作的一首乐府诗，诗中有“石上磨玉簪，玉簪欲成中央折”之句，此处，清少纳言借用的便是这一典故。玉簪，是古代妇人作垂发装扮时所用的首饰。一般，玉簪都插在发丝右侧，有时候也会用玳瑁做的钗。

在人家很是羞耻的什么坏事情，毫不顾虑的无论对了大人或是小孩，一直照说。等着以为一定会来的男人，过了一晚，直到黎明时分，等的有点倦了，不觉睡着，听得乌鸦就在近处，呀呀的叫，举起头来看时，已经是白昼了，就是自己也觉得是愕然的事情。

在双陆赌赛的时候，对手连得同花，骰子筒给她占有了。这边一点也不知道，也不曾见过听过的事情，人家当面的说过来，不让这边有抗辩的余地。把什么东西倒翻了，也觉得是愕然。在赌箭①的时候，心里战战兢兢的，瞄准了很久，及至射了出去，却离得很远，不晓得到什么地方去了。

第 86 段　遗憾的事

遗憾的事是，在五节和佛名会的时候，天并不下雪，可是却整天的落着雨。节会以及其他的仪式，适值遇着宫中避忌的日子。预备好了，只等那日子到来的行事，却因了某种障害，忽然的中止了。非常相爱的女人，也不生儿子，多年相配在一起。演奏音乐，又有什么好看的事情，以为必定会来的人，叫

---

① 一种宫廷娱乐竞技活动。每年正月十八，天皇会御驾弓场殿，升御座，观看近卫军的弓箭试射，这种试射活动，就是赌箭。除了正月十八，每年，宫中、军中也会不定时举行赌箭活动。作者此处未言时间，当为泛指。

人去请，却回答说，因为有事，所以不来了，实在很是遗憾的事。

男人以及女人，在宫廷里做事的，同了身份一样的人，往寺院参拜，或是出去游览，服装准备得好好的，袖口在车子上露出了，一切用意没有什么怪样子，叫人见了不很难看，心想或者会遇见了解这种情趣的人，不论骑马或者坐车也是好的。可是一直没有遇见，很是遗憾。因为太是无聊了，至少遇到懂得风雅的仆从，可以告诉人家也好，这种的想也正是难怪的吧。

第87段　听子规

中宫在五月斋戒[①]的时候，住在中宫职院里，在套房前面的两间屋子里特别布置了，和平常的样子不同，也觉得有意思。

从初一日起时常下雨，总是阴沉的天气。因为无聊，我便说道：

“想去听子规的啼声去呀。”女官们听到了，便都赞成说：

① 日本佛教《长斋经》有载：“天帝以正月、五月、九月，巡向南列，注记众生作业。”在佛家看来，正月、五月、九月，是一年中应“精进”的三个月份，在这三个月中，善男信女若能秉持佛心、沐浴斋戒、不食荤腥，则可摆脱一切灾劫苦难，享福气庇佑。

“我也去，我也去。”

在贺茂神社的里边，叫作什么呀，不是织女渡河的桥，是叫有点讨厌的名字的。有人说：

“在那地方是每天有子规啼着。”也有人答道：

“那叫的是茅蜩呀。”总之就决定了到那地方去，在初五的早晨，叫职院的官员预备了车，因为是五月梅雨的时节，照例不会责难的①，便把车靠在台阶面前，我们四个人坐了，从北卫所出去。另外的女官们看了很是羡慕，说道：

“再添一辆车吧，让我们也一同去。”但是中宫说道：

“那可是不成。”不肯听她们的话，也就只得丢下她们去了。到得叫作马场的地方，有许多人在那里，我便问道：

“这是什么事呢?”赶车的回答道：

“是在演习竞射哩，暂时留下来观看吧。”就将车子停了，说道：

“左近的中少将都在座哩。”但是看不见这样的人。只见有些六位的官②在那里逗留。我们便说道：

“没有什么意思，就赶快走过去吧。”这条路上，想起贺茂神社祭时的情形，觉得很是有意思。

---

① 北卫所的门户，按例是不允许车马通行的，但因为是在五月，梅雨时节，受天气影响，特别允许车辆通行。

② 指普通的六位官员。六位藏人因为是天子近侍，破例被允许升殿，其他六位官员却没有这样的待遇，因此，还是殿下人，被女官们瞧不起。

这样走下去的路上，有明顺朝臣[①]的家在那里。说道：

“我们赶快到那里去看一看吧。”将车子拉近了，便走下去。这是仿照乡下住房造的，很是简素，有那画着马的屏障[②]，竹片编成的屏风，莎草织成的帘子，特地模仿古代的模样。房屋的构造也很简陋，并不怎么深，只是很浅近，可是别有风趣，子规一递一声的叫，的确倒有点吵闹的样子，可惜不能够让中宫听见，和那么的羡慕想来的人也听一听罢了。

主人说道：

“这里因为是乡下，只有与本地相应的东西，可以请看一下。”便拿出许多稻来，叫来些年轻的，服装相当整洁的女用人，以及近地的农家妇女，共有五六个人，打稻给我们看，又拿出从来没有看过的，轱辘轱辘回转的东西来，叫两个人推转着，唱着什么歌，大家看了笑着，觉得很是新奇，把做子规的歌的事情几乎全然忘记了。

---

① 日本古代，实行姓、氏分离的制度。氏，指出身部族与职业，姓代表身份等级。无论是姓，还是氏，都由天皇赐予，平民是没有姓氏的。公元684年，天武天皇对各个氏族的姓作了修订，统合为“八色之姓”，分别为真人、朝臣、宿祢、忌寸、道师、臣、连和稻置。平安时代，天皇已很少赐下“八色之姓”，但一些历史悠久的世家却仍传承着这一姓氏，譬如高阶家。高阶家是日本的传统贵族，显赫一时。此处的明顺朝臣，指的就是高阶家的高阶明顺。高阶明顺是高阶成忠的第三子、高阶贵子的兄弟，中宫定子的舅舅，曾出任伊予守。

② 与屏风类似，单扇或双扇，有遮挡、保护的作用，无法卷曲折叠。

用了在中国画里所有的那样食案[1]，搬出食物来的时候，没有一个人去看一眼，那时主人说道：

“这是很简慢的，乡下的吃食。可是，到这样地方来的人，弄得不好倒还要催促主人，叫拿出别的乡下特产来呢。这样子的不吃，倒并不像是来访问乡下的人了。”这样的说笑应酬着，又说道：

“这个嫩蕨菜[2]，是我亲自摘来的呢。”我说道：

“怎么行呢，像是普通女官那样，坐在食案去进食呢?”主人便将食案的盘取了下来，说道：

“你们各位是俯伏惯了的哪。”正忙着招呼，这时赶车的进来说道：

“雨快要下来了。”大家便赶紧上车，那时我说道：

“还有那子规的歌呢，须得在这里做了才好。”别的女官说道：

“那虽是不错，不过在路上做也好吧。”

在路上水晶花盛开着，大家折了许多，在车子的帘间以及旁边都插满了长的花枝，好像车顶上盖着一件水晶花的衬袍[3]。同去的男人们也都笑着来帮忙，说道：

“这里还不够，还不够。”几乎将竹篷都穿破了，加添来

---

① 食案，一种以可拆卸的四足架架起的木质食盘，又名悬盘。

② 草丛下生长的蕨菜叶。

③ 水晶花，不是真正的花，而是礼服内所穿衬衫花色的一种，表面为白色，内里为青色。

插着。这样装饰着的车子，在路上遇见什么人也好，心里这么期待着，但是偶然遇着的，却只是无聊的和尚或者别无足取的平常人罢了，实在是很可惜的。

到得走近了皇宫了，我说道：

“可是事情不能这样的就完了，还须得把车子给人家一看，才回去吧。”便叫在一条殿的邸宅①前面把车停了，叫人传话道：

“侍从在家么？我们去听子规，刚才回来了。”使者回报道：

“侍从②说，现在就来，请等一等。刚才在武士卫所休憩着，赶紧在着缚脚裤呢。”但是这本来不是值得等候的事情，车便走着了，来到土御门方面，侍从这时已经装束好了，路上还扣着带子，连说：

“稍请候一候，稍请候一候！”只带了一两个卫士和杂色，什么也不穿着③，追了上来。我们便催着说：

“快走吧！”车子到了土御门的时候，侍从已经喘着气赶到，先看了车子的模样，不禁大笑起来，说道：

“看这样子，不像是有头脑正常的人坐在里边。且下来再

---

① 位处一条大路的宅邸，该宅邸主人系已故太政大臣藤原为光。

② 指时任侍从藤原公信。侍从，官职名，类似唐时的“拾遗”，为天子近臣。藤原公信，是藤原家嫡系后裔，藤原为光第六子。

③ “什么也不穿着”，指的不是没有穿衣服，而是没来得及穿正规场合要穿的下裳。

说吧。”说着笑了，同来的人也都觉得好笑。侍从又说道：

“歌怎么样了呢？请给我看吧。”我答道：

“这要在给中宫看了以后，才给你看呢。”说着的时候，雨真是下了起来了。侍从说道：

“怎么的这土御门同别的门不一样，特别没做屋顶。在像今天的日子里，实在很是讨厌了。”又说道：

“那怎么的走回去呢？来的时候，只怕赶不上，便一直跑来，也不顾旁人看着，唉唉，如今这样走回去，真扫兴得很。”我便说道：

“那么，请进去吧，到里边去。”侍从答道：

“即使如此，戴着乌帽子①怎好上里头去呢？”我说道：

“叫人去取装束来吧。”这时雨下得很大了，没有带着伞的男人们把车子一径拉进门里边来。从一条的邸宅拿了伞来，侍从便叫人给撑着伞，尽自回过头望着这边，这回却是缓缓的像是很吃力似的，拿着水晶花独自走着回去了，这样子也是很有意思的。

到得中宫那里，问起今天的情形。一面听着不能同去的女官们怨望不平的话，将藤侍从②从一条大路上走来的事情说了，大家笑着。中宫问道：

---

① 乌帽子，一种日常戴的帽子，很普通，什么人都能戴，用于搭配常服。入朝时有专门的袍服、冠冕，戴乌帽子自然不合适。

② 即时任侍从的藤原公信。侍从为官职名，藤是姓氏藤原中择取的一字。

"那么歌呢，这在哪里?"将这样这样的事情说了，中宫道：

"很是可惜的事。殿上人们要问的呢，怎么可以没有很好的歌就算了？在听着子规的地方，当场即咏一首就行了，因为太看得重了，反而做不出来，便打断了当时的兴致，所以不行了。现在就做起来吧。这真是泄气的事情。"中宫这样的说实在是不错，想起来很是没兴，便与同去的人商量了怎么做，在这时候藤侍从有信来了，将刚才拿去的一枝水晶花上挂着一卷水晶花的薄纸，上边写着一首歌道：

听说你是听子规啼声去了，

我虽是不能同行，

请你把我的心带了去吧。

想必是等着返歌吧，想叫人回去取砚台来，中宫说道：

"就只用这个快写吧。"把纸放在砚台的盖里递给了我。我说道：

"请宰相君写吧。"她回答道：

"请你自己来。"正在说着，四周暗了下来，雨下了起来，雷也猛烈的响着，什么事情也不记得，只是惊慌着，把窗格子都放下来，这样忙乱着的时候，将返歌的事全然忘记掉了。雷响了很久，等到有点止住的时节，天色已经暗了。就是现在，且来写这回信吧，正要动手来做，殿上人以及公卿们都因雷鸣过来问候，便出到职院的西边应酬，把返歌的事又混过去了。其他的人以为这歌是指名送来的，由她办去好吧，所以也就不管。似乎今天是特别与作歌无缘的日子，觉得很是无聊，便笑着说道：

“以后决不再把要听子规去的话，告诉给人家了。”中宫说道：

“就是到了现在，同去听的人也没有做不出来的道理。大概是从头决定不做的吧。”似乎是很不高兴的样子，这也是很有意思的。我答说道：

“可是到了如今，兴趣已经全然没有了嘛。”中宫说道：

“兴趣没有，这件事情不能就算完了呀。”话虽如此说，可是事情就此完了。

其二　元辅的女儿

过了两天之后，大家正在讲起当日的事情，宰相君说道：

“且说那明顺朝臣所亲自摘来的嫩蕨菜，是怎么样呢？”中宫听了笑道：

“又记起来了那蕨莱的事情了。”将散落在那里的纸片上，写道：

“嫩蕨菜煞是可怀念呵。”便说道：

"且接写上句吧[1]。"这也是很有意思的事。我便写道：

"胜过寻访子规，

去听它的叫声。"中宫看了笑道：

"说得好不得意呵！这样的贪嘴，怎么在这时候还是记得子规呢？"这样的说，我虽是觉得有点害羞，可是说道：

"什么呀，这个歌的东西，我可是想一切不再做了。在什么时节，人家做歌，便叫我也做，这个样子我真觉得有点不能留在你的身边了。本来我也不是并不知道歌的字数，或是春天做出冬天的歌，秋天做出夏天的歌，或者梅花的时候做出菊花的歌来，那样的事总是不会有的了。但是生为有名的歌人[2]的子孙，总得多少要胜过别人，说这是那时节的歌，算是最好的了，因为那有名人的子孙嘛，这样子才觉得那歌是值得做的。可我却是没有一点特色，说这也是歌，只有我能做得，摆出自夸的架子，率先的做了出去，这实在是很给先人丢脸的，是很对不起的事情。"我把这事认真的说了，中宫听了笑起来：

"既然是如此，那么就随你的意吧。我以后不叫你做好

---

① 日本的和歌，一般都是三十一音和歌，分上下两句。上句为五七五句式，共十七音。下句为七七句式，为十四音。做歌时，可先做好上句，请人填下句，也可反之。此处，就是做好了下句，请人续写上句。

② 有名的歌人，指"梨壶五歌人"之一、《后撰和歌集》的编撰者之一的清原元辅。清原元辅，生于908年，逝于990年，下总守清原春光之子，内藏允清原深养父之孙，官至上肥后守，有《清原元辅集》一卷传世。本书作者清少纳言正是清原元辅的女儿。

了。”这样的说，我回答道：

“那我就很安心了。以后关于歌的事情，可以不再操心了。”

可是正在说着话的时候，要守庚申[1]了，内大臣[2]很有些计画。到得夜深了，出了歌题，叫女官们做歌，都振作精神，努力苦吟，我却独立陪着中宫，说些别的与歌没有什么关系的闲话，内大臣看见了说道：

“为什么不去做歌，却和大家离开着呢？拿题目去做吧。”我就说道：

“中宫已经这样吩咐，不做歌也可以，所以不预备做了。”内大臣说道：

“这是奇怪的话。难道真有这样的话么？为什么许可她的呢？这真是没有道理。而且在平时还没有关系，今天晚上务必做。”虽是这样催促，可是干脆不理他，这时别人的歌已经做好了，正在评定好坏的时候，中宫却写了简单的几句话，递给了我。打开来看时，只见上面写着一首歌道：

---

① 古代中国，道教繁盛，道家有“三尸虫”之说，言斩三尸可证道。传说，庚申之夜，人体中的三尸虫会趁人熟睡时，上天去告刁状，所以，庚申夜，人们常彻夜不睡，以防三尸虫作祟，这就是所谓的“守庚申”。日本也认可三尸虫的说法，不同的是，他们认为三尸虫入体，人便会生病招灾，所以彻夜不眠，以防病痨。

② 内大臣，官职名，隶属太政官辖下，时任内大臣为前大纳言、中宫定子的兄长藤原伊周。

你是元辅的女儿，
为什么今天晚上，
在歌里掉了队的呢？

觉得非常的有意思，不觉大声笑了起来，内大臣听了问道：“什么事，什么事？”我作歌回答道：

要不是说元辅的女儿，
今天晚上的歌
我是首先来做呢。

我又说道：“若不是表示谨慎的话，那么便是千首的歌，我就会进呈的呢。”

第 88 段 九品莲台之中

中宫的姊妹们，弟兄的公卿们和许多殿上人，都聚集在中宫面前的时候，我离开了他们，独自靠着厢房的柱子，和另外的女官说着话，中宫给我投下了什么东西来，我捡起来看时，只见上面写的：

“我想念你呢，还是不呢？假如我不是第一想念你，那么怎么样呢？”

这是我以前在中宫面前，说什么的时候曾经说过的话，那时我说道：

“假如不能够被人家第一个想念的话，那么那样也没有什么意思，还不如被人憎恨，可恶着的好了。落在第二第三，便是死了也不情愿。无论什么事，总是想做第一个。”大家就笑说道：

“这是《法华经》的一乘法[①]了。”刚才的话就是根据这个来的。把纸笔交下来，叫我回答，我便写了这样一句：

“九品莲台之中，虽下品亦足。”[②] 送了上去之后，中宫看了说道：

“很是意气销沉的样子。那是不行呀。既然说了出口，便应该坚持下去。”我说道：

“这也看想念我的是什么人而定了。”中宫道：

“那可是不好。这总要第一等人，第一个想念我才好呀。”那样的说了，真是很有意思的事。

---

① 《妙法莲华经》有载：“十方佛土中，唯有一乘法，无二亦无三。”一乘法，指代的是所有的佛法。法无高下，殊途同归，所有佛法皆是一乘，所谓二乘法、三乘法，只是因为众生慧根悟性不同，将一乘法衍变拆解进行解析后的佛法。

② 典出《极乐寺建立愿文》，文中，著者庆滋保胤坦言：“十方佛土之中，以西方为望，九品莲台之间，虽下品应足。”此处，作者清少纳言借用了这一典故，表示能被中宫记挂，纵便等级卑微，也满足了。

第89段 海月的骨

中纳言[1]到中宫那里，有扇子想要送上来，说道：

“是这隆家得了很好的扇骨。现在想贴好了扇面再送上来，用普通的纸贴了不合适，正在寻找好的纸呢。”中宫问道：

“这是怎么样的骨呢？”中纳言答道：

“是非常漂亮的东西。大家都说，这样骨子简直是没有看见过。实在是这样的东西不曾有过。”大声的说，很是自夸的样子，我就说道：

“那么，这不是扇骨，恐怕是海月[2]的骨吧？”中纳言说道：

“这个说的很妙，算是隆家的话吧。”说着笑了起来。

这样的事，原是属于不好意思的部门的事情，但是人家说：“不要写漏了一件事。”没有法子，所以写上了。

---

① 指时任权中纳言的藤原隆家。隆家是关白藤原道隆之子，中宫藤原定子的兄弟。

② 水母的别称。

第 90 段　信经的故事

雨连续的下，今天也是下雨。式部丞信经①当作天皇的敕使，到中宫这里来了。照例送出坐垫去，可是他把坐垫比平常推开得远些，然后坐了。我就说道：

“那是给谁铺的坐垫呀？”信经笑道：

“在这样下雨天里，坐了上去的时候，就沾上了足印，弄脏了不成样子。”我答说道：

“怎么说呢，那不是洗足用的么？”信经说道：

“这说的绝妙，但并不是你说的妙，假如这信经不说足迹的话，你也是不能够这样的说的吧。”屡次反复的说，这是很可笑的。太有点自夸了，也是不好意思的事。

第 91 段　信经的故事二

我对信经说道：

---

① 即藤原信经。式部丞，官职名，六位，本无升殿资格，但因为是天子敕使，特许升殿。

“一直从前，在皇太后①那边，有一个名叫犬抱的很有名的杂役的女官。做到美浓守故去的藤原时柄那时是藏人，有一天到女官们的地方去，对她说道：

‘你就是那著名的犬抱么？为什么并不显得名字那样的呢？’那时她的回答是：‘那也应了时节，会显得是名字那样的。’便是挑选了对方的名字来配合。她怎么能做出这样巧妙的对句呢，殿上人和公卿们都觉得是很有意思。这事至今传了下来，正是当然的事吧。”信经说道：

“那犬抱②回答的话，也正是时柄③教她说的。看出来的题目怎样。无论诗歌都可以做出很好的来。”我回答道：

“这的确是的。那么就出题目，请你做歌吧。”信经道：

“非常的好。一首没有意思，若是做的话，要做出许多首来。”正在说着，中宫的回信写好了，信经站起来道：

“唉唉，可怕得很，逃走了吧！”说着出去了。大家都说道：

“因为字写得很不好，汉字和假名都很拙劣，人家笑话他，所以他这样的躲避了。”这样的说，也是很好玩的事。

---

① 即藤原安子，村上天皇的皇后，于964年薨逝。

② 禁忌、粗鲁、令人厌恶的字眼。

③ 即藤原时柄。969年，时柄受命出任美浓守。时为968年，时柄还未上任。

卷六

天寒下着雪，错当花看了。这才觉得略有春天的意思。

第92段　信经的故事三

信经任为作物所的别当的时候，把一件器物的绘图，送给所里的什么人去，上面写着汉字道：

"照样制作。"这字写的非常怪相，我看见了在旁边写道：

"照这个样子做了，那真是怪样了吧。"拿到殿上去，给殿上人看见，都大声的笑了。信经为此很生了气，还很是恨我呢。

第93段　登华殿的团聚

在淑景舍当东宫女御[1]进到宫里的时候，所有诸事无一不

---

① 长德元年（995年）正月十九日，中宫定子之妹藤原原子入宫，成为当时还是东宫居贞亲王的三条天皇的女御，赐居淑景舍，称为淑景舍女御。

是极为佳妙的。正月初十进去，以后与中宫通信频繁，但是一直还没有见过面，这是二月初十说到中宫这边来，所以房间里的装饰特别考究，女官们也都准备好了。说是在夜中过来，过了不久工夫，天色也就亮了。在登华殿的东厢两间房里，设备好了。到了次晨一早，就早把格子扇打上，在黎明时分，关白相公同了夫人①两个人，一同坐车来了。中宫的御座是设在两间房屋的南边，四尺屏风自西至东的隔开了，向北的立着，席子上面搁上垫褥，放着火盆。屏风的南面，在帐台之前，许多女官们都伺候着。

在这边伺候中宫理发的时候，中宫对我问道：

“你以前见过淑景舍么?”我回答道：

“还没有呢，在积善寺供养②那一天，只瞥见了后影。”中宫说道：

“那么，在这柱子和屏风的中间，在我的身后边看就好了。那是很美丽的一位呀。”我很是高兴，觉得更加想看一看，怎么样时间早一点才好呢。

中宫的服装是凹花绫和凸花绫的红梅衣，衬着红色的打衣，三层重叠着。中宫说道：

---

① 指藤原道隆嫡妻，中宫定子生母，高阶成忠之女，曾在宫中做过侍从女官的高阶贵子。

② 京都二条北有一座著名的寺院，名为积善寺，会不定时地举行一切经供养法会。正历五年（994年）二月十日，积善寺供养法会期间，宫中眷属皆前往参加，中宫定子也去了，清少纳言为随行者之一。

“本来在红梅衣底下，衬着浓红色的打衣，是很相配的。现在已经二月半了，或者红梅衣已不适宜了也不难说，但是嫩绿色的却不很喜观，所以穿了红梅衣，不知道和红色的打衣能够配合么?”虽是这么的说，可是实在很是调和，觉得非常的漂亮。服装既然非常讲究，与美丽的姿容更互相映发，想那另外的一位必定也是这样的吧，尤其想望能够见到了。这时中宫已经踅进所设的御席那里去了，我还是靠着屏风张望着，有女官们注意说道：“这不好吧，回头给看见了，不得了呀。”听人家这样的说，也是很有意思的。

房间的门户都畅开着，所以看的很清楚。夫人在白的上衣底下，穿着两件红色的打衣，下裳大概是同女官一样的吧，靠近里面朝东坐着，只有衣服可以看见。淑景舍稍为靠着北边，南向坐着，衣服是穿了红梅衣，浓的淡的有好几重，上罩浓红的绫单衫，略带赤色的苏枋织物的衬袍，再加上嫩绿色的凹花绫的显得年轻的外衣，用扇子遮着脸，实在是很漂亮，非常的优雅美丽。关白公穿着淡紫色的直衣，嫩绿色织物的缚脚裤，红色的衬衫，结着直衣的纽，背靠着柱子，面向着这边坐着。看着女儿们漂亮的模样，笑嘻嘻的总是说着玩笑话。淑景舍真是像画里似的那么美丽，可是中宫却更显得从容，似乎更年长一点的样子，和穿着的红色衣服映带着，觉得这样优美的人物哪里更会有呢。

早上洗脸。淑景舍的脸水是由两个童女和四个下手的女官，走过宣耀殿、贞观殿[1]运来的。这边唐式破风的廊下，有女官六个等候着。因为廊下很是狭窄，只有一半的人送上去，便都自回去了。穿着樱色的汗衫，衬着嫩绿和红梅的下衣很是美丽的，汗衫的衣裾很长的拖着，交代着搬运洗脸水，真是很优美的景象。织物的唐衣的袖口有好几个从帘子底下露了出来，这是右马头相尹的女儿少将君，北野三位[2]的女儿宰相君，坐在附近的地方。看着觉得真是很漂亮。中宫这边的脸水，有值班的采女[3]，穿了青色末浓的下裳，唐衣，裙带，领巾的正装，脸上雪白涂着白粉，在那里伺候着，由下手的女官传递上去，别有一种格式，令人想起唐朝的风俗，很有意思。

到了早餐的时刻了，梳发的女官到来，女藏人和配膳的女官们因为来伺候理发，把隔着的屏风撤去了，所以在偷看着的我，正如被人拿走了隐身蓑一般，还想再看，可是没有办法，只得在御帘和几帐之间，从柱子底下去张看着。可是我的衣裾和裳，悉从帘子底里露了出来，给坐在那边的关白公所发见了。关白公追问道：

“那是谁呀，那边隐约看见的?”中宫答道：

“是少纳言哪，因为好奇，所以在那里张看的吧。”关白

---

① 往返登华殿与淑景舍之间，需途经贞观殿与宣耀殿。

② 指菅原辅正。菅原是文章博士出身，曾任职参议，当时，参议别称宰相，所以，菅原的女儿被称为宰相君。

③ 负责天皇膳食的宫女，不同于女官，多是名门闺秀。

公道：

“唉，真是惭愧得很。原来我们是旧相识嘛。她一定在想，养得好丑陋的女儿呀，这样看着的吧？”一面说着玩笑话，可是实在是很得意的。

淑景舍的一方面也吃早饭了。关白说道：

“这是很可羡慕的。诸位都在早餐了。请快点吃完了，将剩下的东西给老头儿老婆子吃了吧。”这一天尽说着玩笑话，这其间大纳言①和三位中将②同了松君③一同到来了。关白公等得来不及了的样子，赶紧抱起松君来，叫他坐在膝上，实在是非常可爱的样子。本来狭窄的廊缘，加上束带正装的几重衬袍，便散布满了。大纳言是厚重端丽，中将是豁达明敏，看去都很漂亮，关白公本来不用说了，夫人也是宿缘④很好的。关白公虽然叫给坐垫，但是大纳言和中将都说道：

“就要到衙门里去了。”随即赶紧走去了。

过了一会儿，式部丞某作为天皇的敕使来了，在膳厅的北边房里，拿出坐垫去，叫他坐了。中宫的回信，今天很快就好，就给带了去。在敕使的坐垫还未收起的时候，周赖少将作为东宫的使者又到来了。渡殿那边的廊太狭，便在这边殿廊下

---

① 即时任权大纳言的藤原伊周。

② 即后来任权中纳言的藤原隆家。

③ 即后来官至从三位左京大夫的藤原伊周之子藤原道雅。

④ 佛教语，指宿世因缘。

设了坐垫，收了来信。关白公和夫人以及中宫，顺次都看了。关白公说道：

“快点给回信吧。”虽是这样的劝告，可是淑景舍却不肯立刻照办。关白公说道：

“这是因为我看着的缘故吧。在不看着的时候，可是就会从这边一封封的寄去的。”这样说过，淑景舍的脸有点发红，微微的笑了，这样子实在是很美丽的。夫人也催道：

“赶快回信吧。”淑景舍乃面向着里边，写了起来。夫人也走近前去，帮着书写，所以似乎更是有点害羞的样子。中宫拿出嫩绿色织物的小袿和下裳，作为对使者的犒劳，从御帘底下送出去，三位中将接去交给使者，周赖少将很为难似的肩着去了。

松君天真烂漫的说话，没有人不觉得可爱的。关白公说道：

“把这个松君，当作中宫的儿子。拿到人面前去，也不坏吧？”的确是的，为什么中宫还没有诞生皇子呢，实在是很惦念的事情。

午后未刻的时候，传呼说“铺筵道了”，过了不多久，就听得衣裳綷縩的声音，主上已经进来了。中宫也就到那边去，随即进了帐台休息，女官们都退去，陆续的到南边的房间里去了。廊下有许多殿上人聚集着。关白公召了中宫职的官员来，叫拿了些果子肴馔前来，告诉大家说道：

“让各人都醉了吧。”大家的确都醉了，同女官们互相谈话，很是愉快的样子。

将要日没的时分，主上起来了，把山井大纳言①叫了来，穿好了装束，就回去了。穿了樱的直衣和红的衬衣，夕阳映照着非常的漂亮，可是多说也是惶恐，所以不说了。山井大纳言是中宫的异母的兄长，似乎感情不很亲密，可是很是漂亮。风情优美，或者反胜过伊周大纳言之上，但是世人却尽自说些坏话，这是很觉遗憾的。主上回去，关白公，伊周大纳言，山井大纳言，三位中将，内藏头②都在那里恭送。

随后马典侍③来了，奉使传言命中宫进宫去。可是中宫说道：

“今晚可是……”显出为难的神气，关白公听到了说道：

“没有这么说的，赶快的进去吧。”正在说话的时候，东宫的御使也是频繁的到来，很是忙乱。天皇那里的女官，以及东宫方面的女官，都到来了，催促说道：

“快点去吧。”中宫说道：

---

① 山井，地名，指山井地区。大纳言，官职名。山井大纳言，指的是常居山井地区的大纳言藤原道赖。道赖是藤原道隆的长子，中宫定子的异母兄长。因为不是一母同胞，与定子等关系极疏淡。道赖的妻子是山井人，是以，他也常年住在山井。

② 指藤原道隆第五子藤原赖亲。

③ 指左马头藤原时明之女，因其时任内侍司典侍女官，从其父官阶，所以称为马典侍。内侍司是专司官中典礼仪式、传宣奏报的职司。司内有尚侍两人，典侍、掌侍各四人，统辖着百名低阶女孺。

“那么，我们先来把那位送走了再说吧。”淑景舍却说道：

“可是，我怎么能先走呢？”中宫说道：

“还是让我们送你先走吧。”这样说话，互相让着，也是很有意思的。后来关白公说道：

“那么，还是让那路远的先走了好吧。”于是淑景舍先回去。关白公等人也回去了之后，中宫才进宫里去。在回去的路上，关白公的玩笑话大家听了都很好笑，在临时架设的板桥上边，有人发笑得几乎滚下来了。

第94段　早已落了

从清凉殿上差人送来一枝梅花都已散了的树枝，说道：

“这怎么样？”我便只回答说：

“早已落了。”在黑门大间的殿上人们就吟起纪纳言[①]的那首诗[②]来，在那里聚集了很多的人。主上听见了便说道：

“与其随便的作一首歌，还不如这样回答，要好得多。这答的很好。”

---

① 指曾担任过纳言之职的著名诗人纪长谷雄。

② 指纪长谷雄的名作《停杯看柳色》，诗前有序，序中有一句：“大庾岭之梅早落，谁问粉妆。”作者回答“早已落了”，借的便是序中的这一典故。

第95段　南秦雪

将近二月的晦日，风刮得很厉害，空中也很暗黑，雪片微微的掉下来，我在黑门大间，有主殿司的员司走来说道：

“有点事情奉白。”我走了出去，来人道：

“是公任宰相[①]的书简。”拿出信来看时，只见纸上写着半首歌道：

这才觉得略有
春天的意思。

这所说的和今天的情景倒恰相适合[②]，可是上面的半首怎样加上去呢，觉得有点儿麻烦了。乃询问来人道：

“有什么人在场呢？”答说是谁是谁，都是叫人感觉羞

---

① 宰相，参议的别称。公任宰相，即时任参议的藤原公任。公任是太政大臣藤原赖忠与严子内亲王的长子，平安中期著名的书法家、政治家、歌人，有《和汉朗咏集》二卷传世。

② 白居易诗《南秦雪》中有云：“三时云冷多飞雪，二月山寒少有春。”藤原公任作诗时，化用的是“二月山寒”一句，意为时值二月，虽风狂雪骤、仍有料峭之寒，却又有春日的气息渐近。作者接续上句时，则化用了“三时云冷”之句，两者谐和，所以说“恰相适合”。

怯的，有名的人物，怎么好在他们面前，对宰相提出平凡不过的回答呢，心里很是苦恼，想去给中宫看一看也好，可是主上过来了，正在休憩着。主殿司的员司只是催促，说道：

"快点，快点。"实在是既然拙劣，又是迟延了，没有什么可取，便随它去吧，乃写道：

天寒下着雪，

错当作花看了。

寒颤着写好了，交给带去，心想给看见了不知道怎样想呢，心里很是忧闷。关于批评的事想要知道，但是假如批评得不好，那么不听了也罢，正是这样的想着。左兵卫督[①]那时还是中将，他告诉我道："俊贤宰相[②]他们大家评定，说还是给她奏请，升作内侍[③]吧。"

---

① 即藤原实成。998 年 10 月，实成被擢拔为右近卫中将，1009 年，蒙皇恩，右迁左兵卫督。由此可见，本段应著于1009 年之后。

② 指时任参议的源俊贤。其父为左大臣源高明。

③ 内侍，指内侍司的执事女官。一等为尚侍，二等为典侍，三等为掌侍，此处，指提拔作者为三等掌侍。

第 96 段　前途辽远的事

前途辽远的事是，千日精进①起头的第一天。半臂的带子拈起头的时候。到奥州去旅行的人，刚走到逢坂关②的时节。生下来的孩子，长成为大人的期间，《大般若经》③ 独自读起头来。十二年间到比睿山里去静修的人，刚登山的时候。

第 97 段　方弘的故事

藏人方弘④真是很招人发笑的人。他的父母听见了方弘被讥笑的事情，不知道是什么感觉呢。跟着他奔走的人们中间，也很有像样的人，大家便叫来问道：

“为什么给这样的人服役的呢？觉得怎么样呀？”都这样

---

① 精进，原指不懈怠的前行，为佛教用语，后延伸为斋戒，千日精进，即斋戒一千日。

② 逢坂山上的关口，距离京都不远，毗邻大津市。

③ 即《大般若波罗蜜多经》，合共六百卷，唐时，由高僧玄奘翻译并广传东土。

④ 即源方弘。源方弘是文章生出身，调入藏人所后，被擢拔为六位藏人。本段讲述的便是他的一些滑稽可笑的言行。

的笑了。

但是因为出自善于织染诸事的家庭，所以凡是衬衣的颜色和袍子等物，都比人家穿的要考究得多，人们便讥笑他说道：

“这些该给别人穿才好呢！”

而且方弘的说话有些也是很怪的。有一回叫人回家去取值宿用的卧具，说道：

“叫两个家人去吧。”家人说道：

“一个人去取了来吧。”方弘道：

“你这人好怪，一个人怎么能够拿两个人的东西呢？一升瓶里装得下两升么？”没有人知道他说的是什么意思，听见的人却都笑了。

别处来了差遣的人，说道：

“快点给回信吧。”方弘便说道：

“真是讨厌的人，像是灶里炒着豆子似的①。这殿上的墨笔，又是给谁偷去隐藏了？若是酒饭，那么会有人要，给偷了去！”这样说了，人们又都发笑。

东三条女院生病的时候，方弘当作主上的御使去问病回来，人家问他道：

“女院那边的殿上人，有些什么人呀？”方弘回答说有谁和谁，举出四五个人来，人家又问道：

---

① 豆子在灶上翻炒时，会发出噼里啪啦的爆裂声，此处，是指太过吵闹聒噪。

"此外还有呢?"方弘回答道:

"此外就是那些已经退出去的人了。"这人家听了又笑，但是这从惯于说那种怪话的方弘方面来说，或者笑他的人倒是有点奇怪吧。

有一天等着没有人的时候，走到我这里来，说道:

"请教你哪，有点事情想说，可这是人家所说的话哪。"我问道:

"这是什么事呢?"便挪到几帐的边里上来。方弘说道:

"人家都是说，什么'将全身依靠了你'，我却说成'将五体都依靠了'。"说着又是笑了。

在发表除目的第二夜，殿中去加添油火的时候，正站在灯台底下铺着的垫子的上面，因为是新的油单①，所以袜子②的底给粘住了。方弘却并不觉得，到得走回来的时候，灯台突然颠倒了。袜子还和垫子粘着，拉扯着走，所以一路都震动了。

藏人头未曾入座，殿上的食案便没有一个人去尽先就座的。方弘却在案上去拿了一盘豆子，在小障子③的后边偷偷的吃着，殿上人们去把障子拉开，使得方弘显露出来，大家都发笑了。

---

① 油单，单层油布做的灯垫，多铺在灯台底座下方。

② 日本古时，官员升殿时需要脱掉鞋子，却又不能赤脚，所以要穿着袜子入殿。

③ 指小屏风、小隔断，一侧绘着慵懒的猫，一侧绘着茂密的竹林与麻雀，清凉殿的官人们常用它来分隔早餐间与洗漱间。

第98段　关

关是逢坂关。须磨关。铃鹿关。岫田关。白河关。衣关。各关名字都很有意思。直度关的名称，与忌惮关正相反，觉得要好得多。横走关。清见关。见目关。无益关[①]，怎么说是“无益”，所以转念了，这理由很想能够知道哩。或者因此就叫作勿来关的么？假如那逢坂的相逢，也以为无益而转念，那才真是寂寞的事哪。又足柄关，也有意思。

第99段　森[②]

森是大荒木之森，忍之森。思儿之森。木枯之森。信太之森。生田之森。空木之森。菊多之森[③]。岩濑之森。立闻之森。常磐之森。黑付之森。神南备之森。转寝之森。浮田之森。植月[④]之森，石田之森。神馆之森这名字听了觉得奇怪，原不能说是什么树林，只有一棵树，为什么这样叫的呢？又恋

① 即勿来关，位处今日本福岛县境内。
② 森，泛指林木蓊郁丛茂的地方，并非是指森林。
③ 指菊多关附近一片蓊郁的森林。菊多，是勿来关的古称。
④ 指农历四月。

之森。木幡之森，也是很有意思的。

第100段　淀川的渡头

四月的末尾到大和的长谷寺[①]去参拜，要经过淀川的渡头，把牛车扛在船上渡了过去，看见菖蒲和菰草的叶子短短的露出在水面，叫人去取了来看时，原来却是很长的。载着菰草的船往来走着，觉得是很有意思。神乐歌里的在《高濑的淀川[②]》一首歌，想来是咏这菰草的。五月初三归来的时节，雨下的很大，说是割菖蒲了，戴着很小的笠子，小腿的裤脚露得很高的许多男子和少年，正与屏风上的绘画很是相像。

第101段　温泉

温泉是七久里的温泉，有马的温泉。玉造的温泉。

---

① 奈良著名的大寺，位处初濑町，因十一面观音而闻名遐迩。
② 淀川，泛指不再流动的河流。

第 102 段　听去与平日不同的东西

听去与平时不同的东西是，正月元旦的牛车的声音，以及鸟声[①]。黎明的咳嗽声，又早上乐器的声音，那更不必说了。

第 103 段　画起来看去较差的东西

画起来看去较差的东西是，瞿麦[②]。樱花。棣棠花。小说里说是很美的男子或女人的容貌。

第 104 段　画起来看去更好的东西

画起来看去更好的东西是，松树。秋天的原野。山村。山路。鹤。鹿。冬天很是寒冷，夏天世上少有的热

① 即鸡鸣。古时，人们常以鸟来指代鸡鸭鹅等家禽。
② 即洛阳花。又名石竹。

的状况。

第105段　觉得可怜的

觉得可怜的是，孝行的儿子。鹿的叫声。身份很好的男子又是年轻的，修行。精进，朝拜御岳[①]。和家里的人别居了，每朝修行礼赞，也很是觉得可怜的。平常恩爱的妻子醒过来时，听他念诵的声音那时的感觉，是可以体谅的。而且在去朝拜的期间，安否如何，表示着谨慎，若是平安的回来那才是最好了。只着乌帽子或者稍为有点伤损，略为难看点罢了。本来就是身份很好的人，也总是穿的很简陋的前去，这是一般的常识，但是右卫门佐宣孝[②]却说道：

"穿得很简陋，这是很无聊的事。穿了好的衣服去朝拜，有什么不行呢。未必是御岳传谕，说务必穿了粗恶的衣服来吧。"在三月末日，他自己穿着非常浓的紫色的缚脚裤，白的袄子，棣棠

---

① 指吉野山主峰金峰山。古时，金峰被称为金之御岳，是金刚藏王权现刻录之地。权现，是佛教用语，指神佛为普度众生而显现的化身。金刚藏王的过去身为释迦牟尼，现在身为观世音菩萨，未来身为弥勒尊佛。彼时，日本信奉的神佛合一之说，认为信奉金刚藏王，就等同于信奉弥勒尊佛，未来能得福报、享寿禄。

② 门佐，官职名，门卫府次官。时任右卫门佐为藤原宣孝。宣孝出身藤原四家之一的藤原北家，父亲为权中纳言藤原为辅，妻子是平安时代闻名遐迩的作家、《源氏物语》的作者紫式部。

花色的很是耀眼的衣服，他的儿子隆光那时做着主殿助①，所以青的袄子，红色的衣服，蓝色印花，模样复杂的长裤，一同前去参拜。那些朝山回来的人，以及正要前去的人，看见这新奇古怪的现象，以为在这条山路上，没有见过这样的人物，都觉得大吃一惊。但是在四月下旬平安的回了来，以后到了六月十几这天，筑前守死去了，宣孝补了他的缺，大家才觉得他的说话并没有什么错。这虽然并不是什么可怜的事，因为讲到御岳的事，所以顺便说及罢了。

在九月晦日②，十月朔日③左右，听着若有若无的蟋蟀的叫声④。母鸡抱卵伏着的样子。在深秋的庭院里，长得很短的茅草，上头带着些露珠，像珠子似的发着光。苦竹被风萧萧的吹着的傍晚，或是夜里醒过来，一切都觉得有点哀愁的。相思的年轻男女，有人从中妨碍他们，使得他们不能如意。山村里的下雪。男人或是女人都很俊美，却穿着黑色的丧服⑤。每月的二十六七日的夜里，谈天到了天亮；起来看时，只见若有若无的渺茫的残月，在山边很近的望见，实在是令人觉得悲哀的。秋天的原野。已经年老的僧人们在修行。荒废的人家庭院里，爬满了拉拉藤，很高的生着蒿艾，月光普遍的照着。又风

---

① 主殿助，官职名，为主殿司次官，负责辅助头人处理主殿司具体事务，也属于藏人序列，所以可以穿青色的衣袍。

② 晦日，农历每月的最后一日。九月晦日，就是农历九月的最后一日。

③ 朔日，农历每月的第一天为朔日。十月朔日，就是农历十月的第一天，十月初一。

④ 化用《诗经》中“十月蟋蟀入我床下”之典。

⑤ 日本古时，服丧要穿规定的丧服，丧服颜色为黑色。由上下文内容推断，此处应该是丧夫或丧妻后，为配偶服丧。

并不很大的吹着。

第106段　正月里的宿庙

正月里去宿庙[1]的时节，天气非常寒冷，老像要下雪，结冰的样子，那就很是有意思。若是看去像要下雨的天气，那很不行了。

到初濑什么地方去宿庙[2]，等着给收拾房间，将车子拉了靠近栈桥停着，看见有只系着衣带[3]的年轻法师们，穿了高屐[4]，毫不小心的在这桥上升降着，嘴里念着一节没有一定的经文，或是拉长了调子，唱着《俱舍》[5] 的偈颂，这也与场所相适合，很有意思。若是我自己走上去，便觉得非常危险，要靠着边走，手扶着栏干才行，他们却当作板铺的平地似的走着，也是有意思的事。

法师走来说道：

---

① 宿庙，即借住在寺庙中。古时，日本人崇信神佛，家中遇到灾劫不顺或者有所祈愿时，便会到寺庙中住几天，斋戒沐浴，虔诚祈祷，希望能驱灾辟邪、心想事成。

② 奈良市初濑町的长谷寺是一座著名的佛教寺院，寺里供奉着十一面观音，香火旺盛，十分灵验，在日本民间久负盛名。此处，指的就是去长谷寺宿庙。

③ 只系着衣带，意思是只穿着束带的常服，没穿法衣。

④ 高齿木屐，下雨天穿的一种木屐，屐齿较高。

⑤ 即世亲菩萨在未皈依大乘佛法时所著的《阿毗达摩俱舍论》，合共三十卷，有佛偈六百首。

“房间已经预备好了，请过去吧。”把室内便鞋拿了来，叫我们下去。来参拜的人里边，有人把衣裾褰得高高的，也有穿着下裳和唐衣①，特别装饰了来的。都是穿着深履②或者半靴③，在廊下蹑足拖了脚步走着，觉得和在宫里一样，也是很有意思的。在内外都许可出入的少年男子，以及家里的人，跟着走来随时指点着说：

“这里有点儿洼下。那儿是高一点。”不知道是什么人，一直在靠近贵人走着，或是追过先头去，家人们便制住他说：

“且慢慢的，这是贵人在那里，不要胡乱的走在里边。”有人或者听了稍为退后一点，或者也不理会，径自走着，只顾自己早点到佛的面前去。走到房间里去的时候，这要走过许多人并排坐着的地方，实在很是讨厌，可是经过佛龛的前面，张望见的情形却很是尊贵难得，发起信心，心想为什么好几个月不早点来参拜的呢。

佛前点着的灯，并不是寺里的长明灯，乃是另外有人奉献佛前的，明晃晃的点着显得有点可怕，佛像④本身辉煌的照耀着，很是可尊。法师们手里都捧着愿文，交代的升上了高座，宣读那誓愿的声音，使得全堂都为震动，这是谁的愿文也不能够分别出来，只听得法师们尽力提高嗓子的声音，清楚的

---

① 唐衣、下裳，是中古时期日本妇女的正装礼服。

② 一种日式的深筒靴子，上部为蔷薇锦，下部用皮革，带金属扣。

③ 深梁浅口的黑色短靴。

④ 指长谷寺的十一面观音像。

说道：

“谨以供养千灯之特志，为谁某祈求冥福。”自己整理了挂带①，正在礼拜，执事的法师说道：

“我在这里。这个你请用吧。”便折了一枝蜜香送过去，很是稀有可贵，也是很有意思的。

从结界②方面有法师走近前来，说道：

“你的愿文已经对佛前好好的说了。现在寺里宿几天呢？”又告诉道：

“这样这样的人正在宿庙哩。”去了之后，随即拿了火盆和水果等来，又将冰桶里装了洗脸水，和没有把手的木盆，都借给了我。又复说道：

“同来的人，请到那边的房里去休息吧。”法师大声的吩咐了，同来的人便交替着到那边去了。听着诵经时候打着的钟声，心想这是为了自己的缘故，觉得这很可感谢。在间壁的房间里住着一个男人，人品也很上等，很是沉静的在礼拜着。看他的举止大抵是很有思想的人，不知道为什么缘故，似乎很有心事的样子，夜里也不睡觉，只是做着功课，实在令人感动。停止礼拜的期间，就是读经也放低了声音，叫人家不会听见，这也是很难得的。心想便是

---

① 下裳上装饰用的绣带，从肩后绕至胸前，微微打结。后衍变为领边别着的红绢。女性宿庙或去寺庙礼佛朝拜时，会用到。

② 结界，又称犬防。古时，日本人认为仙凡有别，所以用一组格子将佛龛所在地与外界分开，以免凡人冒犯神佛。另外，也有防止犬类等动物乱闯的意味在内，所以，又称犬防。

高声的读经也好吧，而且就是哭泣在擤鼻涕，也并不是特别难听，只是偷偷在擤着，这是想着什么事情呢，有怎么样的心愿，心想要给他满足才好呢。

以前曾经来宿庙住过几天，昼间似乎稍为得到安闲。同来的男子们以及童女等，都到法师那边的宿舍去了，正在独自觉得无聊的时候，忽然听见在旁边有海螺[1]很响的吹了起来，不觉出了一惊。有一个男子，把漂亮的立封书简叫一个用人拿着，放下了若干诵经的布施的东西。叫那堂童子[2]的呼声，在大殿内引起回响，很是热闹。钟声更是响了，心想这祈祷是从哪里来的呢，留心听着的时候，只听得说出了高贵的地方的名字来，说道：

"但愿平安生产！"加以祈祷[3]。我就也很挂念，不晓得那位生产怎么样呢，也想代为祈念似的。但是那种情形，却是在平时才是如此，若是在正月里，那时来的只是那些想升官进爵的人，扰攘着不断的前来参拜，真是连什么做功课也不能够了。

到晚才来参拜的，那大概是宿庙来的人吧。那些沙弥们把看去拿不动的高大屏风，很自在的搬动着，又将炕席咚的放

---

① 寺庙中惯常以吹海螺的方式来报时，类似于敲钟报时，每日正午时分，寺中的海螺会准时吹响。

② 堂内打杂的人，不一定是少年人，堂童子只是一种称谓，类似"小二""跑堂"等。

③ 原文为"教化"。日本古时，神佛思想盛行，人民思想较为蒙昧，认为人生病是因为有鬼在作祟，要请法师前来作法，教化鬼物精怪，使之离去。

下，房间就立刻成功了，再在结界的所在沙沙的挂起帘子来，觉得很是痛快的样子，做惯了的事情便很觉得容易。衣裳猝缭的有许多人从房间里下来，一个年老的女人，人品生得并不卑微，用低低的声音说道：

“那个房间不大安心。请你小心火吧。”有个七八岁左右的男孩，很可爱的却又很摆架子似的，高声叫那跟着的家人，吩咐什么事情，那样子是很有意思的。还有，大约三岁的婴儿，睡迷糊了，咳嗽起来，也是很可爱的。那小儿忽然的叫起乳母的名字或是母亲来，那一家是谁呀，觉得很想知道。在这一夜里，法师们用了很大的声音，叫嚷念经，没有能够睡觉，到得后半夜，读经已经完了，在稍为有点睡着的耳朵里，听见念着寺里本尊经文①，声音特别很是猛烈，这虽然并不怎么稀有可贵，但是忽然觉醒，心想这是法师修行者在那里读经呢，也觉得很有感触的。

还有在夜里并不宿庙，只是白天在房间里，有身份相当的人做着功课，穿着笔挺的蓝灰色的缚脚裤，衬了许多白的内衣，带着穿的很讲究的一个男儿，看去当是他的儿子，还有书童，和许多家人，围住了在那里，也是很有意思的。说是房间，只是周围站着屏风，做个样子罢了，在里边叩头礼拜。不曾见过面，这是谁呢，心里很想知道。要是知道的人，那么他也来在这里，也是有意思的事。那些年轻的男人们，总是喜欢在女人的房间左右徘

① 长谷寺供着的主佛是十一面观音，本尊经文指的正是《观音经》。

徊，对于佛爷的方面看也不看，叫出别当[①]来，很热闹的说着闲话，走了出去，但是这也似乎不是轻薄子弟的样子。

二月晦日或三月朔日，在花事[②]正盛的时节，前去宿庙，也是有意思的事情。两三个俊秀的男子，似乎是微行的模样，穿着樱花或青柳[③]的袄子，扎着的缚脚裤，看去很是漂亮。服色相称的从人们，拿着装饰得很是美丽的饭袋[④]，还有小舍人童等人，在红梅和嫩绿的狩衣之外，穿着种种颜色的内衣，杂乱的印刷着花样的裤，折了花随侍着，又带了家将似的瘦长的人，打着寺前的金鼓，这也是很有意思的。这里边一定有人是知道的，但是我也在这里，那边又怎么会知道呢。照这样走了过去，实在觉得不能满意。心想怎么能够把我在这里的情形，给他一看才好呢，这样的说，也是有意思的。

这样子是去宿庙，或是到平常不去的地方，只带了自己使用的那些人，便是去了也没有意思。总是要有身份相等，兴趣相同，可以共谈种种有趣的事情的人，一两个人同去才好，能够人数多自然更好了。在那使用的人中间，多少也有懂事的人，但是平常看惯了，所以不觉得什么有意思了。那男人们大约也是这样想吧，所以特地的去找寻友人，叫了同去的呢。

---

① 指司掌堂中各项杂务的僧人。

② 花事，原指与花相关的种种事宜，此处专指赏花，以时间及上下文内容来看，赏的是春樱。

③ 樱花、青柳皆表服色，樱花指外白里红的服色，青柳指外白里青的服色。

④ 盛放小点心的袋子。

第107段　讨厌的事

讨厌的事是，凡是去看祭礼禊袚[1]，时常有男子，独自一个人坐在车上看着。这是什么样的人呢？即使不是高贵的身份，少年男子等也不少有想看的人吧，让他们一起坐了，岂不好呢？从车帘里映出去的影子，独自摆出威势，一心独霸着观看，真觉得这是多么心地褊窄，叫人生气呀。

到什么地方去，或是寺里去参拜那一天，遇着下雨。使用的人说：

“我们这种人，是不中意的了。某人才是现今的红人哩！”仿佛听着这样的说话。只有比别人觉得多少可憎的人，才这样那样的推测，没有根据的说些怨言，自己以为是能干。

第108段　看去很是穷相的事

看去很是穷相的东西是，六七月里在午未的时刻，天气正是极热的时候，很龌龊的车子，驾着不成样子的牛，摇摆的走过去。并不下雨的日子里，张盖着草席的车子，和下雨的日子

---

① 禊袚，中国古代一种祭祀仪式。每年三月，上巳时节，人们会相约水畔，临水洗濯，袚除所有的灾厄不祥。日本也效法了这一习俗，每年不定期在临水之地举行禊袚仪式，禳灾祈福。

却并不张盖着席子的，也正是一样。年老的乞丐，在很冷的或是很热的时节。下流妇人穿着很坏的服装，背着小孩子。乌黑的很肮脏的小的板屋，给雨打的湿透了。很落着雨的日子里，骑了小马给做前驱[①]的人，帽子也都坍塌了，袍和衬衣粘在一块儿，看去很是不舒服。但是在夏天，似乎很是凉快，倒是好的。

第109段　热得很的事

热得很的事是，随身长的狩衣。衲袈裟[②]。临时仪式[③]出场的少将。非常肥胖的人有很多头发。琴的袋子[④]。六七月时节在做祈祷的阿阇梨[⑤]，在正午时候诵咒作法。又在相同时节的铜的冶工，都是热得很的事。

---

① 前驱，又名顶马，指为权贵骑马引路的小厮。

② 即百衲衣。用他人弃置的各色杂布片拼接缝补而成的僧衣。

③ 临时举办的祭典、庆典、盛大仪式等，本段专指五月举办的最胜讲法会和七月举办的相扑盛会。

④ 琴，是所有管弦乐器在日本的统称。琴袋，是装琴的袋子，多以极厚重的丝织物缝纫而成，如金襕、锦绣等。

⑤ 梵语音译，又称阿舍梨、阿只利，意为轨范师、正行、智贤。在佛教，阿阇梨有五种，分别为出家阿阇梨、教授阿阇梨、依止阿阇梨、羯磨阿阇梨、传法阿阇梨。此处，阿阇梨指的应该是日本佛教真言密宗，精通一切诸尊、手印、真言、传法灌顶的传法阿阇梨。

第 110 段　可羞的事

可羞的事是，男人的内心。很是警觉的夜祷的僧人①。有什么小偷，躲在隐僻的地方，谁也不知道，趁着黑暗走进人家去，想偷东西的人也会有吧。那么给小偷看见了，以为这是同志，觉得愉快，也是说不定。

夜祷的僧人实在是很不好意思的。许多年轻的女人聚集在一起，闲话人家的事，或者嬉笑，或者诽毁，或者怨恨，在隔壁却都明白的听见。这样想来，很是不好意思的。在主人旁边陪着的女人们生气似的说道：

"啊，真是讨厌，吵闹的很，请别说了！"可是也不肯听，等得讲得够了，大家毫不检点的各自睡了，这实在是可羞的。

男人在他心里虽然在想，这是讨厌的女人，不能如我的意，缺点很多，很有些不顺眼的事；但对于当面的女人却仍是骗她，叫她信赖着他，因此觉得自己也是被他这样的看待么，想起来实在是可羞的。普通的男人尚且如此，何况那些一般人认为知情知趣，性情很好的人，更不会有令对方觉得冷淡的手段，去对付别人的了。他不但心里这

---

① 日本权贵之家，有邀请僧人日夜作法、驱邪避灾的习俗。

样想着，还说出口来，将这边女人的缺点，对别的女人说了，至于对了这边女人自然也要说别的女人的话了。但是女人却不知道，他也把自己的事情告诉他人，现在只听着别人的缺点的话，反以为自己是最为男人所爱的了，这样的自负着哩。给男人这样的去想，实在是很可羞的。但是，假如决定第二次不再会见的人，那就是碰见了，就已经是没有什么感情的人了，也就没有不好意思的事情。女人有些极可怜的，绝不可随便抛弃的，可是男人们却似乎毫不关心，这是什么心思，真叫人无从索解。而且这种人关于女人的事情，特别是多有非难，很高明的说出一番道理来。尤其是和那毫无依靠的宫廷的女官们，去攀相好，到后来女人的身体不是平常的样子①，那男子却是装作不知道哩！

① 不是平常的样子，指女人怀孕了。

卷七

掐了来也是没有耳朵的草，所以只是不听见，但在多数中间也有菊花混着哩。

第 111 段　不像样的事

不像样的事是，在潮退后沙滩上搁着的大船。头发很短的人，拿开了假发，梳着头发的时候。大树被风所吹倒了，根向着上面，倒卧着的样子。相扑①的人摔跤输了，退下去的后影。没有什么了不得的人，在斥责他的家人。老人连乌帽子也不戴，把发髻露了出来。女人为了无聊的嫉妒事件，将自己躲了起来，以为丈夫必当着忙寻找了，谁知却并不怎样，反而坦然处之，叫人生气，在女人方面可是不能长久在外边，便只好自己回来了。学演狮子舞②的人，舞得高兴了随意乱跳的那脚步声。

---

① 相扑，古称素舞，是一种源于中国，流行于日本的摔跤运动，至今仍十分风靡。平安时代，每年七月，宫中都会举办盛大的相扑节活动，届时，天皇会抽空亲临，升御座观看。

② 狮子，高丽犬的别称。狮子舞，即古代乐舞中的狛犬舞。

第 112 段　祈祷修法

祈祷修法是，诵读佛眼[1]真言，很是优美，也很可尊贵。

第 113 段　不凑巧的事

不凑巧的事是，人家叫着别人的时节，以为是叫着自己，便露出脸去，尤其是在要给什么东西的时候；无事中讲人家的闲话，说些什么坏话来，小孩子听着，对了本人说了出来。听别人说："那真是可怜的事"，说着哭了起来，听了也实在觉得是可怜，但不凑巧眼泪不能够忽然出来，是很难为情的事。虽是做出要哭的脸，或装出异样的嘴脸出来，可是没有用。有时候听到很好的事情，又会胡乱的流出眼泪来，这也是很难为情的。

主上到石清水八幡神社去参拜了回来的时候，走过女院的府邸的前面，停住了御辇，致问候之意，以那么高贵的身份，竭尽敬意，真是世间无比的盛事，不禁流下眼泪来，使得脸上的粉妆都给洗掉了，这是多么难看的事呵！

① 即"一切佛眼大金刚吉祥一切佛母尊"。

当时的敕使是齐信宰相中将①，到女院的邸第面前去，看了觉得很有意思。只跟着四个非常盛装的随身，以及瘦长的装束华丽的副马②，在扫除清洁的很开阔的二条大路上，驱马疾驰，到了邸第稍为远隔的地方，降下马来，在旁边的帘前伺候。请女院的别当③将自己带来的口信，给传达上去。随后得到了回信之后，宰相中将又走马回来，在御辇旁边覆奏了，这时样子的漂亮，是说也是多余的了。至于主上在走过邸第的时候，女院看着那时的心里如何感想，我只是推测来想着，也高兴得似乎要跳起来了。在这样的时节，我总是暂时要感动得落泪，给人家笑话。就是身份平常的人，有好的儿子也是好事，何况女院有儿子做着天子，自然更是满意了，这样推测了想，觉得是很惶恐的。

第 114 段　黑门的前面

关白公说是要从黑门出来回去了，女官们都到廊下侍候，排得满满的，关白公分开众人出来，说道：

"列位美人们，看这老人是多么的傻，一定在见笑吧？"在门口的女官们，都用了各样美丽的袖口，卷起御帘来，外边

---

① 996 年，藤原齐信被擢拔为参议，兼任近卫中将，所以称为宰相中将。

② 皇室、贵族出行时，骑马随扈在侧的侍者、仆从。

③ 女院，是对皇太后的尊称。女院的别当，即掌管女院身边所有事务的女官。

权大纳言拿着鞋给穿上了，权大纳言[1]威仪堂堂，很是美丽，下裾很长[2]，觉得地方都狭窄了。有大纳言这样的人，给拿鞋子，这真是了不得的事情。山井大纳言以下，他的弟兄们，还有其他的人们，像什么黑的东西散布着样子，从藤壶[3]的墙边起，直到登华殿的前面，一直并排跪坐着，关白公的细长的非常优雅的身材，捏着佩刀，伫立在那里。中宫大夫[4]刚站在清凉殿的前面，心想他未必会跪坐吧，可是关白公刚才走了几步，大夫也忽然跪下了。这件事是了不得的，可见关白公前世有怎么样的善业了。

女官的中纳言君[5]说今天是斋戒日[6]，特别表示精进，女

---

① 平安时代，按制，大纳言应有四位，两位为正职，两位为权职，中宫定子的兄长藤原伊周彼时便任权大纳言之职。

② 日本古时，在着装方面限制极多，不同的身份、不同的官位，衣着多有区别。一般，官位不同，衣服下裾的长短也不同。关白为一丈二，纳言为八尺。

③ 藤壶，院落名，指位处清凉殿西北、内里遍植藤花的院落。

④ 中宫大夫，中宫职院的掌权者，管理职院一切具体事务。彼时，中宫大夫一职由藤原道长兼任。藤原道长，是中宫定子的叔父，关白藤原道隆的弟弟。995年，道隆逝世后，关白之位由其弟道兼出任，但996年，道兼暴卒。为了争夺关白之位，藤原道长与藤原伊周兄弟反目成仇，互相倾轧，最终，伊周兄弟失败，被罗织罪名、贬谪出京，道长出任关白一职。此后二十余年，道长屹立日本朝堂，声名赫赫，权极一时。

⑤ 时任右兵卫督的藤原忠君之女。

⑥ 日本古时，民间有恶鬼作恶的传说。传闻，每月，有六日，恶鬼得势，肆虐人间，为了防止被恶鬼侵害，在这六天中，人们该虔诚祈祷、斋戒沐浴，以避邪祟，于是，有了六斋日。中纳言君所说的斋戒日，就是六斋日之中的一日。

官们说道：

“将这念珠，暂且借给我吧！你这样的修行，将来同关白公的那样子，转生得到很好的身份吧。”都聚集拢来，说着笑了，可是关白公的事情实在是不可及的。中宫听到了这事，便微笑说道：“修行了成佛，比这个还要好吧！”这样的说，实在是很了不起的。我将大夫对于关白公跪坐的事情，说了好几遍，中宫说道：“这是你所赏识的人嘛！”随即笑了。可是这后来的情形①，如果中宫能够见到，便会觉得我的感想是很有道理的吧。

第115段　雨后的秋色

九月里的时节，下了一夜的雨，到早上停止了，朝阳很明亮的照着，庭前种着的菊花上的露水，将要滚下来似的全都湿透了，这觉得是很有意思的。疏篱和编出花样的篱笆上边挂着的蜘蛛网，破了只剩下一部分，处处丝都断了，经了雨好像是白的珠子串在线上一样，非常的有趣。稍为太阳上来一点的时候，胡枝子本来压得似乎很重的，现在露水落下去了，树枝一动，并没有人手去触动它，却往上边跳了上去。这在我说来实在很是好玩，但在别人看来，或者是一点都没有意思也正难说，这样的替人家设想，也是好玩的事情。

---

① 指藤原道长权盛当朝的情形。

第 116 段　没有耳朵草

正月初七日要用的嫩菜，人家在初六这一天里拿了来，正在扰攘的看着的时候，有儿童拿来了什么并没有看见过的一种草来。我便问他道：

“这叫作什么呢?”小孩却一时答不出来，我又催问道：

“是什么呀?”他们互相观望了一会儿，有一个人回答道：

“这叫作没有耳朵草[1]。”我说道：

“这正是难怪，所以是装不听见的样子的了。”便笑了起来，这时又有别的小孩拿了很可爱的菊花的嫩芽来，我就做了一首歌道：

掐了来也是没有耳朵的草，
所以只是不听见，
但在多数中间也有菊花混着哩。

想这样的对他们说，但因为是小孩子的缘故，说了不见得会懂罢了。

---

① 指苍耳草。因其嫩叶形状与耳朵类似，所以被称为耳朵草、耳草、耳菜草。耳草嫩叶长成后，形状发生变化，叶片卷曲，就像耳朵卷了起来，不见了，所以，作者戏称它为“没有耳朵的草”。

第117段　定考

二月里在太政官[1]的官厅内，有什么定考[2]举行，那是怎么样的呀？又有释奠[3]那是什么呢？大抵是挂起孔子等人的像来的事吧。有一种叫作什么聪明[4]的，把古怪的东西，盛在土器[5]里，献上到主人和中宫那里。

第118段　饼饺[6]一包

"这是从头弁[7]的那里来的。"主殿司的官员把什么像是一卷画的东西，用白色的纸包了，加上一枝满开着的梅花，给送来了。我想这是什么画吧，赶紧去接了进来，打开来看，乃是

---

① 类似中国封建时代的"内阁大臣"。

② 按例，每年2月21日，太政官们都会在官厅接见、验看新擢拔上来的一批官职在六位以下的新人，然后在其中选取部分恪勤恪俭、才学出众、品性敦良的人才进行擢拔，这一过程，称为"定考"。一般，定考的擢拔之期在八月。二月是接见之期，是定考的预备期。

③ 春秋二季，上丁日，大学寮中诸学子、纳言、藏人、辨官祭拜先贤孔子的仪式。

④ 即胙。《江次第》卷五中有"聪明者胙也"之言，作者在此处化用的就是这个解释。

⑤ 无釉彩、无花纹的陶器，质朴无华，多用于祭祀。

⑥ 唐时比较常见的一种小点心，类似于现在的馅饼。

⑦ 即藤原行成。

叫作饼餤的东西，两个并排的包着。外边附着一个立封，用呈文的样式写着道：

进上饼餤一包，

依例进上如件。

少纳言殿。

后书月日，署名“任那成行[①]”。后边又写着道：

“这个送饼餤的小使[②]本来想自己亲来的，只因白天相貌丑陋，所以不曾来。”写的非常有意思。拿到中宫的面前给她看了，中宫说道：

“写的很是漂亮。这很有意思。”说了一番称赞的话，随即把那书简收起来了。

我独自说道：

“回信不知道怎样写才好呢。还有送这饼餤来的使人，不知道打发些什么？有谁知道这些事情呢？”中宫听见了说道：

---

① 成行，是藤原行成的假名。

② 指葛城神。日本民间有传说，葛城山上住着一位葛城神，这位神明心地不坏、样貌却十分丑陋。七世纪时，真言宗修验道一位名为役小角的修士用神通法术召唤出了葛城神，命令他在两山之间造一座石桥，可葛城神长得太丑了，怕吓到行人，白天不敢出来，只有晚上才敢出来干活儿，石桥最终也没造好。此处，作者化用的就是这一典故。

“有惟仲①说着话哩。叫来试问他看。”我走到外边，叫卫士去说道：

“请左大弁有话说。”惟仲听了，整肃了威仪出来了。我说道：

“这不是公务，单只是我的私事罢了。假如像你这样的弁官或是少纳言等官那里，有人送来饼餤这样的东西，对于这送来的下仆，不知道有什么规定的办法么？”惟仲回答道：

“没有什么规定，只是收下来，吃了罢了。可是，到底为什么要问这样的事呢？难道因为是太政官厅的官人的缘故，所以得到了么？”我说道：

“不是这么说。”随后在鲜红的薄纸上面，写给回信道：

“自己不曾送来的下仆，实在是很冷淡的人。”添上一枝很漂亮的红梅，送给了头弁，头弁却即到来了，说道：

“那下仆亲来伺候了。”我走了出去，头弁说道：

“我以为在这时候，一定是那样的做一首歌送来了的，却不料这样漂亮的说了。女人略为有点自负的人，动不动就摆出歌人的架子来。像你似的不是这样的人，觉得容易交际得多。对于我这种凡俗的人，做起歌来，却反是无风流了。”

---

① 指平珍材之子、大进生昌之兄，时任左大弁、后被擢拔为中纳言的平惟仲。

后来头弁和则光[1]成安说及，这回连清少纳言也不作歌了，觉得很是愉快的笑了。又有一回在关白公和许多人的前面，讲到这事情，关白公说道：

“实在她说得很好。”有人传给我听了。但是记在这里，乃是很难看的自吹自赞了。

第119段　衣服的名称

“这是为什么呢，新任的六位藏人的笏，要用中宫职院的东南角土墙的板做的呢？就是西边东边的，不也是可以做么？再者五位藏人的也可以做吧。”有一个女官这样的说起头来，另外一个人说道：

“这样不合理的事情，还多着哩。即如衣服乱七八糟的给起名字，很是古里古怪的。在衣服里边，如那‘细长’[2]，那是可以这样说的。但什么叫作‘汗衫’呢，这说是‘长后衣’不就成了么？”

“正如男孩儿所穿的那样，是该叫长后衣的。还有这是为什么呢，那叫‘唐衣’的，正是该叫作短衣呢。”

“可是，那是因为唐土的人所穿的缘故吧？”

“上衣，上裤，这是应该这样叫的。‘下袭’也是对

---

① 橘则光，清少纳言的前夫。很讨厌和歌。

② 一种式样简单、细长收束的女装，穿着者多为妇人，年龄不大的小男孩、小女孩也偶有穿者。

的。还有‘大口裤’，实在是裤脚口比起身长来还要阔大，所以也是对的。”

“裤的名称实在不合道理。那缚脚裤[1]，这是怎么说的呢？其实这该叫作‘足衣’，或者叫作‘足袋’就好了。”大家说出种种的事来，非常的吵闹。我就说道：

“呀，好吵闹呀！现在别再说了，大家且睡觉吧！”这时夜祷的僧人回答说：

“那是不大好吧！整天夜里更说下去好了。”用了充满憎恶的口气，高声的说，这使我觉得很滑稽，同时也大吃一惊。

第120段　月与秋期

故关白公的忌日，每逢月之初十日[2]，都在邸第里作诵经献佛的供养，九月初十日中宫特为在职院里给举行了。公卿们和殿上人许多人，都到了场。清范[3]这时当了讲师，所说的法很是悲感动人，特别是平常还未深知人世的悲哀的年轻的人们，也都落了眼泪。

供养完了以后，大家都喝着酒，吟起诗来的时候，头

---

① 又名“指贯之裤”，样子酷似现在的灯笼裤。

② 关白藤原道隆死于995年4月10日，按例，此后每月的10日都是忌日，需要诵经、祭祀。这种传统，源自中国。不过，因为月月祭祀太过烦琐，后来，便逐渐改成了六十日一祭、半年一祭、一年一祭，现在，中国和日本都保持着一年一祭先人的传统。

③ 法相宗高僧，擅长演经说法。

中将齐信高吟道：

“月与秋期而身何去？[①]”觉得这朗诵得很是漂亮。怎么想起这样适合时宜的句来的呢。我便从人丛里挤到中宫那里去，中宫也就出来了，说道：

“真很漂亮，这简直好像特地为今天所作的诗文呢。”我说道：

“我也特地为说这件事情，所以来的，法会也只看了一半，就走了来了。总之这无论怎么说的，是了不起的。”这么说了，中宫就说道：

“这是因为和你要好的齐信的事，所以更觉得是如此的吧。”

其二　头中将齐信

头中将齐信在特别叫我出去的时候，或者是在平常遇见的时候，总是那么的说道：

“你为什么不肯认真当作亲人那样的交际着呢？可是我知道你，并没有把我认为讨厌的人的，却是这样的相处，很是有点奇怪的。有这些年要好的往来，可是那么的疏远的走开，简直是不成话了。假如有朝一日，我不再在殿上早晚办事了，那

---

① 《为右大臣谦德公报恩愿文》中脍炙人口的名句，《和汉朗咏集》《本朝文粹》等书中皆有收录。全句为：“金谷醉花之地，花每春芳而主不归，南楼玩月之人，月与秋期而身何去。”此处引用，既有应和秋季物候之意，也有怀念前关白藤原道隆之意，情景相契，十分恰当。

么还有什么可以作为纪念呢?”我回答道:

“那是很不错的。要特别有交情的话,也并不是什么难的事情。但是到了那时候,我便不能再称赞你了,那是很可惜的。以前在中宫的面前,这是我的职务,聚集大家,称赞你的种种事情,若是特别有了关系之后,怎么还能行呢?请你想想好了。那就于心有愧,觉得难以称赞出来了。”头中将听了笑道:

“怎么,特别要好了,比别人看来要更多可以赞美的事情,这样的人正多着哩。”我就回答道:

“要是不觉得这样是不好,那么就特别要好也可以吧,不过不论男人或是女人,特别要好了,就一心偏爱,有人说点坏话,便要生起气来,这觉得很不愉快的事情。”头中将道:

“那可是不大可靠的人呀。”这样的说,也是很有意思的事。

第121段　假的鸡叫

头弁行成到中宫职院里来,说着话的时候,夜已经很深了。头弁说道:

“明天是主上避忌的日子,我也要到宫中来值宿,到了丑时,便有点不合适了。”这样说了,就进宫去了。

第二天早晨，用了藏人所使用的粗纸[1]重叠着，写道：

“后朝之别[2]实在多有遗憾。本想彻夜讲过去的闲话，直到天明，乃为鸡声所催，匆匆的回去。”实在写得非常潇洒，且与事实相反的当作恋人关系，缕缕的写着，实在很是漂亮。我于是给写回信道：

“离开天明还是很远的时候，却为鸡声所催，那是孟尝君的鸡声吧？”信去了之后，随即送来回信道：

“孟尝君的鸡是半夜里叫了，使函谷关开了门[3]，好容易那三千的客才算得脱，书里虽如此说，但是在我的这回，乃只是和你相会的逢坂关罢了。”我便又写道：

在深夜里，假的鸡叫
虽然骗得守关的人，
可是逢坂关却是不能通融啊！
这里是有着很用心的守关人在哩。

又随即送来回信，乃是一首返歌：

---

① 即薄墨纸，官中的诏书、敕文多半都用这种纸书写。薄墨纸是再造纸，产地在京都北部的纸屋川，纸质较为粗糙，呈淡墨色。

② 指恋人、夫妻间的晨间惜别。

③《史记·孟尝君列传》中记载的一则故事。说的是孟尝君田文被秦昭公扣留，仓皇出逃，逃至函谷关时，一门客学鸡叫，骗开城门，最终逃回齐国的故事。

逢坂是人人可过的关，
鸡虽然不叫，
便会开着等人过去的。

最初的信，给隆圆僧都叩头礼拜的要了去了，后来的信乃是被中宫拿了去的。

后来头弁对我说道：

“那逢坂山的作歌比赛是我输了，返歌也作不出来，实在是不成样子。”说着笑了，他又说道：

“你的那书简？殿上人都看见了。”我就说道：

“你真是想念着我，从这件事上面可以知道了。因有看见有好的事情，如不去向人家宣传，便没有什么意思的。可是我正是相反，因为写的很是难看①，我把你的书简总是藏了起来，决不给人家去看。彼此关切的程度，比较起来正是相同哩。”他说道：

“这样懂得道理的说话，真是只有你来得，与平常的人不是一样。普通的女人便要说，怎么前后也不顾虑的，做出坏事情来，就要怨恨了。”说了大笑了。我说道：

“岂敢岂敢，我还要着实道谢才是哩。”头弁说道：

“把我的书简隐藏起来，这在我也是很高兴的事。要不然，这是多么难堪的事情呀。以后还要拜托照顾才好。”

---

① 反语。藤原行成是日本著名的书法家，书法隽秀有力，与难看殊无关系。此处，作者只是正话反说，表达的是完全相反的意思。

这之后，经房少将[1]对我说道：

“头弁非常的在称赞你，可曾知道么？有一天写信来，将过去的事情告诉了我了。自己所想念的人被人家称赞，知道了也真是很高兴的。”这样认真的说是很有意思的。我便说道：

“这里高兴的事有了两件，头弁称赞着我，你又把我算作想念的人之内了。”经房说道：

“这本来是以前如此的，你却以为是新鲜事情，现在才有的，所以觉得喜欢么。”

第122段　此君

五月时节，月亮也没有，很暗黑的一天晚上，听得许多人的声音说道：

“女官们在那里么？”中宫听见说道：

“你们出去看。这和平常样子不一样，是谁在那里这样说？”我就出去问道：

“这是谁呀？那么大声的嚷嚷的？”这样说的时候，那边也不出声，只把帘子揭了起来，沙沙的送进一件东西来，乃是一枝淡竹。我不禁说道：

---

① 指时任左近卫府少将的源经房，经房之父是左大臣源高明。

"呀，原来是此君[1]嘛！"外边的人听了，便道：

"走吧，这须得到殿上给报告去。"原来中将和新中将[2]还有六位藏人在那里，现在都走回去了。头弁一个人独自留了下来，说道：

"好奇怪呀，那些退走的人们。本来是折了一枝清凉殿前面的淡竹，作为歌题预备作歌，后来说不如前去中宫职院，叫女官们来一同作时，岂不更好，所以来了。但是一听见你说出了那竹的别名，便都逃去了，这也是很好玩的事。可是这是谁的指教，你却能说出一般人所不能知道的事情来的呢？"我说道：

"我也并不知道这乃是竹的别名——这样说了怕不要人家觉得讨厌的么？"头弁答道：

"真是的，怕大家未必知道吧。"

这时大家说些别的正经事情，正在这个时候，听见刚才来的这些殿上人们又都来了，朗咏着"栽称此君"[3] 的诗句，头弁对他们说道：

"你们把殿上商量好的计画没有做到，为什么走回去了？实在是很奇怪的。"殿上人们回答道：

"对于那样名言，还有什么回答可说呢？说出拙劣的话

---

① 此君，指竹。此处，清少纳言化用的是王徽之与竹的典故。《晋书·王徽之传》有载："尝寄居空室中，便令种竹，或问其故，徽之但啸咏指竹曰，何可一日无此君邪。"

② 即源赖定。

③ 诗人菅原笃茂名作《修竹冬青》的诗序："晋骑兵参军王子猷，栽称此君，唐太子宾客白乐天，爱为吾友。"

来，不如不说好多了。如今殿上也议论着，很是热闹哩，主上也听到了，觉得很有意思。”这回连头弁也同他们一起，反复的朗吟那一句诗，很是高兴，女官们都出来看。于是大家在那里说着闲话，及至回去的时候，也同样的高吟着，直到他们进入左卫门卫所的时节，声音还是听得见。

第二天一早，一个叫作少纳言命妇的女官，拿了天皇的书简来的时候，把这件事对中宫说了，那时我正退出在私室里，却特地叫了去问道：

“有这样的事么?”我回答道：

“我不知道。是什么也没有留心，说的一句话，却是行成朝臣给斡旋了，成了佳话罢了。”中宫笑着说道：

“便是斡旋成了佳话，原来也不是全无影踪的吧。”

中宫听说殿上人们在称赞自己宫里的女官们，不问是谁，是都喜欢，也很替被称赞的人高兴，这真是很了不得的事情。

第123段　藤三位

圆融院[①]殁后一周年，所有的人都脱去丧服，大家感慨甚

---

① 即一条天皇的生父，圆融上皇。正历二年（991年）2月12日，圆融上皇殒没，近亲需要服丧一年，一年后除服，本段记载的便是除服时发生的事情。

深，上自朝廷下至故院的旧人，都想起前代僧正遍昭①所说的“人皆穿上了花的衣裳”② 的事来。在下雨很大的一天里，有一个穿得像蓑衣虫一样的小孩子，拿了一根很大的白色的树枝③，附着一个立封，走到藤三位的女官房来，说道：

“送上这个来了。”传达的女官说道：

“从什么地方来的呢？今天明天是避忌的日子，连格子都还没有上呢。”说着便从关闭着的格子的上边接收了信件，将情形去对上边说了。藤三位④说道：

“因为是避忌的日子，不能够拆看。”便将树枝连信插在柱子上面，到第二天早晨先洗了手，说道：“且拿那读经的卷数来看吧。”叫人拿了来，俯伏礼拜了打开来看时，乃是胡桃色的色纸很是厚实的，心里觉得奇怪，逐渐展开来看，似乎是老和尚的很拙笨的笔迹，写着一首歌道：

姑将这椎染的衣袖

作为纪念，但是在故都里

---

① 僧正，僧官名。遍昭（816—890年），原名良岑宗贞，恒武天皇之孙，日本著名的和歌家，历任左近卫府少将、藏人所藏人头，仁明天皇薨逝后，遍昭出家，任僧正，人称“僧正遍昭”。

② 851年，仁明天皇周年忌，僧正遍昭悲伤难抑，作和歌一首抒情寄慨，歌曰：“人皆穿上了花的衣裳，苔衣的双袖啊，为什么仍旧没有干。”

③ 原文没有说是什么树，田中澄江解作“白橿”，是从“白”色着眼的，而《春曙抄》中疑其是椎树的叶的白色，看下文歌词的意思，似有几分可靠性。

④ 指一条天皇的乳母藤原繁子，其父为右大臣藤原师辅。

树木却都已换了叶子[1]。

这真是出于意外的挖苦话。是谁所干的事呢？仁和寺的僧正[2]所干的吧，但是那僧正也未必会说这种话，那么是谁呢？藤大纳言[3]是故院[4]的别当，那么是他所做的事也未可知。心里想早点把这件事去告诉主上和中宫知道，很是着急，但是遇着避忌的日子，须得要十分慎重才好，所以那一天就忍耐过去了，到第二天早晨，藤大纳言那里写了一封回信，差人送去，即刻就有对方的回信送了来了。

于是拿了那歌与那封回信，赶快来到中宫面前，藤三位说道：

“有这么样的一回事。”其时适值主上也在那里，便把那件事说了，中宫做出似乎什么也不知道的样子，只说道：

“这不像是藤大纳言的笔迹，大概是什么法师吧。”藤三位道：

“那么这是谁干的事呢？好多事的公卿们以及僧官，有些谁呢？是那个吧，还是这个？”正在猜疑，想要知道作歌的人，主上这时说道：

“这里有一张的笔迹，倒很有些相像哩。”说着微笑，从旁边书橱里取出一张纸来。藤三位说道：

---

① 这是一首以悼亡为主题的和歌。日本古时，服丧时穿着的丧服多是用白椎叶染成的，歌中说“换了叶子”，是在委婉地表示人已逝去。

② 仁和寺的僧正，名为宽朝，是醍醐天皇之孙。

③ 即藤原朝光。

④ 指圆融院。

“啊呀，这真是气人的事！现在请你说出真话来吧。呀，连头都痛起来了。总之是要请你把一切都说了。”只是责备怨恨，大家看了都笑。这时主上才慢慢开口道：

“那个办差去的鬼小孩①，本来是御膳房的女官的使用人，给小兵卫弄熟了，所以叫她送去的吧。”这样的说，中宫听得笑了起来。藤三位将中宫摇晃着说道：

“为什么这样的骗我的呢？可是当时真是洗净了手，俯伏礼拜的来拆看的呢。”又是笑，又是上当了似乎遗憾，却很是得意，很有爱娇，觉得很有意思。

清凉殿的御膳房听见了这事情，也大笑了一场。藤三位退出到女官房以后，把那个女童找了来，叫收信的女官去验看，回来说道：

“正是那个孩子。”追问她道：

“那是谁的信，是谁交给你的呢？”却是一声都不响，逃了去了。藤大纳言以后听了这一件事情，也着实觉得好笑。

第124段　感觉无聊的事

感觉无聊的事是，在外边遇着避忌的日子。掷不出合适的

---

① 鬼小孩，即鬼子。日本民间传说，鬼子是鬼怪与人类女子结合所生，因为不是自愿受孕，且惧怕鬼物，生下鬼子后，人类女子多半会将之抛弃。此处的鬼，与中国的阴魂、鬼魂差异很大，不能混同。

点儿，棋子不能前进的双六[1]。除目的时候，得不到官的人家，尤其是雨接连的下着，更是无聊了。

第125段　消遣无聊的事

消遣无聊的事是，故事。围棋。双六。三四岁的小孩儿，很可爱的说什么话的样子。又很小的婴儿要学讲话，或是嘻笑了。水果，这也是可以消遣无聊的东西。男人的好开玩笑，善于说话的人，走来谈天，这时便是避忌的时候，也就请他进来。

第126段　无可取的事

无可取的事是，相貌既然丑陋，而且心思也是很坏的人。浆洗衣服的米糊给水弄湿了。这是说了很坏的事情了，心想这是谁也觉得是可憎的，可是现在也没有法子中止了。又门前燎火[2]的火筷子，烧短了没有别的用处，但是这样不吉犯忌的事，

---

① 一种从中国传到日本的游戏，书籍记载较少，具体玩法已不可考。

② 原文作“门燎”，日本古时的丧葬习俗之一，送葬时，要在门前点上一堆火，普通火筷多为竹制，用后扔火中一起烧掉。本文中虽有补充说明，但多为臆测，与日本古时习俗有所出入。

为什么写它的呢。这种事情不是世间所没有的事情，乃是世人谁也知道的吧。实在并没有特地写了下来，给人去看的价值；但是我这笔记原来不是预备给人家去看的，所以不管是什么古怪的事情，讨厌的事情，只就想到的写下来，便这样的写了。

第127段　神乐的歌舞

也无论怎么说，没有事情能及得临时祭礼的在御前的仪式，那样的漂亮的了。试乐的时候，也实在很有意思。

春天的天气很是安闲晴朗的，在清凉殿的前院里，扫部寮①的员司铺上了席子，祭礼的敕使向北站着，舞人们都向着主上坐了下来。我这样说，但是这里或者有点记错的地方，也说不定。

藏人所的人们搬运了装着食器的方盘来，放在坐下的那些人面前，陪从②的乐人在这一日里也得出入于主上的前边。公卿和殿上人们交互的举杯，末后是用了螺杯，喝了酒便散了。随后是所谓“鸟食”③，平常这由男人去做，

---

① 宫中的部寮之一，专职负责铺设器具、洒扫庭院及与之相关的杂役事务。

② 指在舞人身边侍奉的，没有升殿资格的乐人。

③ 皇室宴后，宴席上剩余的饭菜不会倒掉，而是放在院子中，原意是想喂鸟，却被仆从杂役们拾走享用，皇室对此表示默许，渐渐地，宴后的剩菜赏赐下去，任由仆役们自取成了传统，因为初时是为了喂鸟，所以这种传统仍被称为“鸟食”。

还是不大雅观，何况女人也出到御前来取呢？谁也没有想到，会有人在里边，忽然从“烧火处”[①] 走出人来，喧扰着想要多取，反而掉下了，正在为难的时候，倒不如轻身的去拿了些来的人，更是胜利了。把“烧火处”当作巧妙的堆房，拿了些东西收在里边，这事很是好玩的。扫部寮的人来将席子收起来之后，主殿寮的员司就各人手里拿着一把扫帚，来把殿前的砂子扫平。

在承香殿前边，陪从的乐人吹起笛子，打着拍子，奏起乐来的时候，心想舞人要快点出来才好呢，这样等待着，就听见唱起《有度浜》[②] 的歌词，从吴竹台[③]的篱边走了出来，等到弹奏和琴，这种愉快的事情简直不知道如何说是好哩。第一回的舞人，非常整齐的整叠着袖口，两个人走出来，向西立着。舞人渐次出台来，踏步的声音与拍板相合着，一面整理着半臂的带子，或理那冠和衣袍的盘领，唱着《无益的小松》[④] 舞了起来的姿态，无一不是很漂亮的。叫作“大轮”的那一种舞，我觉得便是看一天也不会看厌。但是到了快要舞了的时候，很

① 烧火处，即火堆燃烧的地方。古时，禁卫守夜时会燃起火堆，若逢皇家祭典、仪式在夜间举行，宫中还会亮起火炬，以供照明。

② 《有度浜》，骏河舞舞曲，属《东游》乐舞分支，传自云东国，是神社祭祀专用舞曲。相传，有度浜在骏河之滨，水光潋滟，风景优美，是片颇灵秀的土地，曾有天人下凡，来到有度浜，教当地人唱歌跳舞。《有度浜》就是天人传下的歌舞。

③ 位处清凉院东北、一处遍植修竹的地方，因为竹多源于南国吴地，所以称为吴竹台。

④ 骏河舞词的一篇。

觉可惜，不过想起后边还有，不免仍有希望。后来和琴抬了进去，这回却是突然的，从吴竹台后边，舞人出现了，脱了右肩将袖子垂下的样子，那种优美真是说不尽的。练绢衬袍的下裾翻乱交错，舞人们交互的换位置，这种情形要用言语来表达，实在只显得拙劣罢了。

这回大概因为是觉得此后更是没有了的缘故吧，所以特别感觉舞完了的可惜。公卿们都接连的退了出去，很是觉得冷静，很是遗憾，但在贺茂临时祭礼的时候，还有一番还宫的神乐，心里还可以得到安慰。那时节在庭燎的烟细细的上升的地方，神乐的笛很好玩的颤抖着，又很细的吹着，歌声却是很感动人的，实在很是愉快，夜气又是冷冰冰的，连我的打衣都冰冷了，拿着扇子的手也冷了，却一直并没有觉得。乐人长叫那才人[①]，那人赶快前来，乐人长的那种愉快情形，实在是很有意思的。

在我还住在家里的时节[②]，只看见舞人们走过去，觉得不满足，有时候便到神社里去看。在那里大树底下停住了车子，松枝火把的烟披靡着，在燎火的光里，舞人们的半臂的带子和衣裳的色泽，也比白天更是更好看得多。踏响了社前桥板，合着歌声，那么舞蹈的样子，很是好玩，而且与水的流着的声音，还有笛子的声音，真是叫神明听了

---

① 才人，亦称“才男”，指演唱神乐乐曲的歌手。

② 清少纳言是993年左右入宫为女官追随在中宫藤原定子身边的，“还住在家里的时节”指的应该是她还没入宫时。

也很觉得高兴吧。从前有个名叫少将的人，每年当着舞人，觉得这是很好的事，及至死了之后，他的灵魂听说至今还留在上神社的桥下，我听了这话心里觉得有点发毛，心想对于什么事情都不要过分的执着，但是对于这神乐的歌舞的漂亮的事情总是不能忘记的。

“八幡临时祭礼的结末，真是无聊得很。为什么不像贺茂祭一样回到宫中再舞一番的呢？那么样岂不是很有意思么。舞人们得了赏赐，便从后边退出去了，实在觉得是可惜。”女官有这样的说，天皇听到了，便说道：

“那么等明天回来，再叫来舞吧。”女官们说道：

“这是真的么？那么，这是多么的好呀！”都很是高兴，去向中宫请求道：

“请你也帮说一句，叫再舞一回吧。”聚集了拢来，很是喧闹，因为这回临时祭还要回宫歌舞，所以非常的高兴。舞人们也以为未必会有这样的事，差使已经完了，正在放宽了心的时候，忽然又听说召至御前，他们的心情正是像突然的冲撞着什么东西似的骚动起来，似乎发了疯的样子，还有退下在自己的房间里的那些女官们，急急忙忙的进宫去的情形，真是说也说不尽。贵人们的从者和殿上人都看着，也全不管，有的还把下裳罩在头上，就那么上来了，大家看了发笑，也正是当然的了。

第128段　牡丹一丛

故关白公逝世以后，世间多有事故，骚扰不安，中宫也不再进宫，住在叫作小二条的邸第[①]里，我也总觉得没有意思，回家里住了很长久。可是很惦念中宫的事情，觉得不能够老是这样住下去。

有一天左中将来了，谈起中宫的事情[②]来说道：

“今天我到中宫那里去，看到那边的情形，很叫人感叹。女官们的服装，无论是下裳或是唐衣，都与季节相应，并不显出失意的形迹，觉得很是优雅。从帘子边里张望进去，大约有八九个人在那儿，黄朽叶[③]的唐衣呀，淡紫色的下裳呀，还有紫苑[④]和胡枝子色的衣服，很好看的排列着。院子里的草长得很高，我便说道：

---

① 即藤原道隆旧日的宅邸。长德元年四月初十，中宫定子之父藤原道隆逝世。关白之位本应由嫡子藤原伊周继承，但因为一些变故，藤原伊周在与叔父藤原道长的政治斗争中失利，次年正月，因“箭射花山法皇”，被判大不敬，与弟弟隆家一起被贬谪出京、左迁外地为官。三月初四，中宫定子引咎出宫，暂居伊周坐落在二条的府邸，六月初八，二条邸失火，中宫无奈，搬到娘家，即藤原道隆位处小二条的旧日府邸暂居。

② 中宫的事情，即二条邸失火的事情。长德二年六月初八，二条邸失火，一条天皇对中宫始终深爱，闻讯后，派左中将过来慰问。

③ 黄朽叶，衣服服色的一种，表里皆为黄色，而且，不是鹅黄、浅黄，而是一种叶子枯干后呈现出的深黄。

④ 服色，内里为浅嫩的绿色，表面为淡紫色，高贵而不张扬。

‘这是怎么的，草长的那么茂盛。给割除了岂不好呢?’听得有人回答道：

‘这是特地留着，叫它宿露水给你看的。’这回答的像是宰相君的声音。这实在是觉得很有意思的。女官们说：

‘少纳言住在家里，实在是件遗憾的事。中宫现在住在这样的地方，就是自己有怎样大的事情，也应当来伺候的，中宫恐怕也是这样想的吧，可是不相干，连来也不来。’大家都说着这样的话，大概是叫我来转说给你听的意思吧。你何不进去看看呢？那里的情形真是很可感叹哪。露台前面所种的一丛牡丹，有点儿中国风趣，很有意思的。”我说道：

“不，我不进去，是因为有人恨我的缘故，我也正恨着她们呢。”左中将笑说道：

“还是请大度包容了吧。”

实在是中宫对我并没有什么怀疑，乃是在旁边的女官们在说我的话，道：

“左大臣[1]那边的人，乃是和她相熟识的。”这样的互相私语，聚在一起谈天的时候，我从自己的房间上来，便立即停止了，我完全成了一个被排斥的人了。我因为不服这样的待遇，也就生了气，所以对我中宫“进宫来吧”的每次的命令，都是延搁着。日子过得很久了，中宫旁边借这机会，说我是左大臣方面的人，这样的谣言便流传起来了。

① 指新任左大臣的藤原道长。

其二　棣棠花瓣

好久没有得到中宫的消息，过了月余，这是向来所没有的，怕中宫是不是也在怀疑我呢，心中正在不安的时候，宫里的侍女长却拿着一封信来了。说道：

“这是中宫的信，由左京君经手，秘密的交下来的。”到了我这里来，这是那么秘密似的，这是什么事呀。但是可见这并不是人家的代笔，心里觉得发慌，打开来看的时候，只见纸上什么字也没有写，但有棣棠花的花瓣，只是一片包在里边。在纸上写道：

“不言说，但相思。”① 我看了觉得非常可以感谢，这些日子里因为得不到消息的苦闷也消除了，十分高兴，首先出来的是感激的眼泪，不觉流了下来。侍女长注视着我，说道：

“大家都在那里说，中宫是多么想念着你，遇见什么机会都会想起你来呢。又说这样长期的请假家居，谁都觉得奇怪，你为什么不进宫去的呢？”又说道：

“我还要到这近地，去一下子呢。”说着便辞去了。我以后便准备写回信送去，可是把那歌的上半忘记了。我说：

“这真是奇怪。说起古歌来，有谁不知道这一首歌的呢？

---

① 古和歌中的名句，咏的是棣棠花，此处为双关，棣棠花为黄色，与栀子花相似，栀子花名与“哑”谐音，此处借用，表沉默，正应和了歌中的“不言说”。

自己也正是知道着，却是说不出来，这是什么理由呢。”有一个小童女在前面，她听见我说，便说道：

“那是说‘地下的逝水’[1] 呀。”这是怎么会忘记的，却由这样的小孩子来指教我，觉得这是很好玩的事情。

将回信送去之后，过了几天，便进宫去了。不晓得中宫怎样的想法，比平常觉得担心，便一半躲在几帐的后边。中宫看了笑说道：

“那是现今新来的人么！”又对我说道：

“那首歌虽是本来不喜欢，但是在那个时候，却觉得那样的说，觉得恰好能够表达意思出来。我如不看到你，真是一刻工夫都不能够得到安静的。”这样的说，没有什么和以前不同的样子。

其三　天上张弓

我把那童女教了我歌的上句的那事报告了，中宫听了大为发笑，说道：

“可不是么？平常太是熟习了，不加注意的古歌，那样的事是往往会有的。”随后更说道：

“从前有人们正在猜谜游戏的时候，有一个很是懂事，对于这些事情甚是巧妙的人出来说道：

---

① 歌词，见于《古今六帖》，全歌为：“心是地下逝水在翻滚了，不言语，但相思，还胜似语话。”

‘让我在左边这组里出一个题目，就请这么办吧。’虽是这样的说，但是大家都不愿意干出拙笨的事来，都很是努力，高兴的一同做成问题。从中选定的时候，同组的人问他道：

‘请你把题目告诉我们，怎么样呢？’那人却是说道：

‘只顾将这件事交给我好了。我既然这么说了，决不会做出十分拙笨的事来的。’大家也就算了。但是到了日期已近，同组的人说道：

‘还是请你把题目说了吧，怕得有很可笑的事情会得发生。’那人答道：

‘那么我就不知道。既然那样说，就不要信托我好了。’有点发脾气了，大家觉得不能放心，也只得算了。到了那一天，左右分组，男女也分了座，都坐了下来，有些殿上人和有身份的人们也都在场，左组第一人非常用意周到的准备着，像是很有自信的样子，要说出什么话来，无论在左组或是右组的都紧张的等待着，说：‘什么呢，什么呢？’心里都很着急。那人说出话来道：

‘天上张弓。’① 对方的人觉得这题目意外的容易所以非常有意思。这边的人却茫然的很是扫兴，而且有点悔恨，仿佛觉得他是与敌方通谋，故意使得这边输了的样子。正在这样想的时候，敌方的一个人感觉这件事太是滑稽了，便发笑说道：

‘呀！这简直不明白呀！’把嘴歪斜了，正说着玩笑的时

---

① 谜面。很简单的谜题，指的是“弓张月”，浅显点儿说，就是月亮仿佛张开的弓箭，对应上弦月与下弦月。

候，左边这人便说道：

‘插下筹码呀，插下筹码！’把得胜的筹码插上了。右组的人抗议道：

‘岂有此理的事。这有谁不知道呢？决不能让插上的。’那人答道：

‘说是不知道嘛，为什么还不是输了呢？’以后一一提出问题来，都被这人口头答复，终于得了胜。就是平常人所共知的事情，假如记不起来，那么说不知道也是对的吧。但是右组的人对于说那玩笑话的后来很是怨恨，说道：

‘那样明白的事情为什么说是不知道的呢？’终于使他谢罪才了事哩。”

中宫讲了这个故事，在旁的人都笑着说道：

“右组的人是这样想吧，一定是觉得很遗憾的。但就是左组的人，当初听见的那时节，也可以想见是多么的生气吧。”

这“天上张弓”的故事，并不是像我那样完全忘记了，乃是因为人家都知道的事，因而疏忽了，所以失败了的。

第129段　儿童上树

正月初十日，天空非常阴暗，云彩也看去很厚，但是到底是春天了，日光很鲜明的照着，在民家的后面一片荒废的园地上，土地也不曾正式耕作过的地方，很茂盛的长着一棵桃树，从树桩里发出好些嫩枝，一面看去是青色，别方面看去却更浓些，似乎是苏枋色的。在这株树上，有一个细瘦的少年，穿着的狩衣有地方给钉子挂破了，可是头发却是很整齐的，爬在上面。又有穿红梅的夹衣，将白色狩衣撩了起来，登着半靴的一个男孩，站在树底下，请求着说道：

“给我砍下一枝好的树枝来吧。”此外还有些头发梳得很是可爱的童女，穿了破绽了的汗衫，裤也是很有皱纹，可是颜色很是鲜艳，一起有三四个人，都说道：

“给砍些枝子下来，好做卯槌去用的，主人也要用哩。”等树枝砍了下来，便跑去拾起来分了，又说道：

“再多给我一点吧。”这个情景非常的可爱。

这时有一个穿着乌黑的脏的裤子的仆人走了来，也要那树枝，树上的孩子却说道：

“你且等一等。”那仆人走到树底下，抱住树摇了起来，上边的小孩发了慌，便同猴儿似的抱紧了树，这也是很好玩的。在梅子熟了的时节，也常有这样的事情。

第 130 段　打双六与下棋

俊秀的男子终日的打双六，还觉得不满意的样子，把矮的灯台点得很亮的，对手的人一心祈念骰子掷出好的点数来，不肯很快的装到筒里去，这边的人却把筒子立在棋盘上边，等着自己的轮番到来。狩衣的领子拂在脸上，用一只手按着，又将疲软的乌帽子向上摇摆着，说道：

“你无论怎么的咒那骰子，我决不会得掷坏的。”等待不及似的看着盘子，很是得意的样子。

尊贵身份的人下着棋，直衣的衣纽都解散了，似乎随便的穿着的一种神气，把棋子拾起来，又放了下去。地位较低的对手，却是起居都很谨慎的，离开棋盘稍远的地方坐着，呵着腰，用别一只手把袖子拉住了，下着棋子，这是很有意思的事。

第 131 段　可怕的东西

可怕的东西是，皂斗的壳。火烧场。鸡头米[①]。菱角。头发很多的男人，洗了头在晾干着的时候。毛栗壳。

第 132 段　清洁的东西

清洁的东西是，土器。新的金属碗。做席子用的蒲草。将水盛在器具里的透影。新的细柜[②]。

---

① 即芡实米，因为形状与鸡头相似，又称鸡头米。

② 细长精致的六足小柜，唐式。

第 133 段　肮脏的东西

肮脏的东西是，老鼠的窠。早上起了来，很晚了老不洗手的人。白色的痰。吸着鼻涕走路的幼儿。盛油的瓶。小麻雀儿。大热天长久不曾洗澡的人。衣服的旧敝的都是不洁，但是淡黄色的衣类，更显得是肮脏。

卷八

远而近的东西是，极乐净土，船的航程，男女之间。

第134段　没有品格的东西

没有品格的东西是，新任的式部丞[①]的手板。毛发很粗的黑头发。布屏风的新做的，若是旧了变黑的，那还不成什么问题，看不出怎么下品，倒是新做的屏风，上边开着许多的樱花，涂上些胡粉和朱砂，画着彩色的绘画的，显得没有品格。拉门和橱子等，凡是乡下制作的，都是下品的。席子做的车子的外罩。检非违使[②]的裤子。伊豫[③]帘子的纹路很粗的。人家的儿子中间，小和尚的特别肥胖的。道地的出云[④]席子所做的坐席。

---

① 官职名，正六位官衔，无升殿资格。

② 检非违使，日本平安时代设立的纪检司法机构，有谏言、检举、督查、监察、司法裁判之权，类似中国古代御史台、刑部的综合体。

③ 地名，在今日本四国岛西部的爱媛县。

④ 出云，地名，指日本古代令制国之一的出云国，亦即现在本州岛岛根县的东部区域。

第 135 段　着急的事

着急的事是，看人赛马。搓那扎头发的纸绳。遇见父母觉得不适，与平常样子不一样的时候，尤其是世间有什么时病流行的时节，更是忧虑，不能想别的事情。又有，还不能讲话的幼儿，连奶也不喝，只是啼哭不已，乳母给抱了也不肯停止，还是哭了很长的时候。

自己所常去的地方，遇见听不清是谁的声音在说话，觉得忐忑不安那是当然的。另外的人不知本人在那里，在说她的坏话，尤其是忐忑不安的。平常很是讨厌的人适值来了，也是叫人不安的事。

从昨夜起往来的男人，第二天后朝的消息来得太迟了。这就是在别人听了，也要觉得忐忑不安的。自己相思的男子的书简，使女收到了直送到面前来，也令人忐忑不安。

第 136 段　可爱的东西

可爱的东西是，画在姬瓜[1]上的幼儿的脸。小雀儿听人家

---

① 又名金鹅蛋，日本本土产的一种香瓜。旧时，每年农历八月初一，日本一些地方会举行姬瓜雏祭，祭典上，人们会挑选一些和梨差不多大的香瓜，给它敷上脂粉，画上眉眼，穿上绢布做的小衣服，打扮成小孩子的模样，用白酒赤饭来祭祀。此处，作者说的便是祭典上画了眉眼、装扮一新的姬瓜。

啾啾的学老鼠叫[①]，便一跳一跳的走来。又在脚上系上了一根丝绦，老雀儿拿了虫什么来，给它放在嘴里，很是可爱的。

两岁左右的幼儿急忙的爬了来，路上有极小的尘埃，给他很明敏的发见了，用了很好玩的小指头撮起来，给大人们来看，实在是很可爱的。留着沙弥发的幼儿，头发披到眼睛上边来了也并不拂开，只是微微的侧着头去看东西，也是很可爱的。交叉系着的裳带的小孩的上半身，白而且美丽，看了也觉得可爱。又个子很小的殿上童[②]，装束好了在那里行走，也是可爱的。可爱的幼儿暂时抱来玩着，却驯熟了，随即抱着却睡去了，这也是很可爱的。

雏祭[③]的各样器具。从池里拿起极小的荷叶来看，又葵叶之极小者，也很可爱。无论什么，凡是细小的都可爱。

肥壮的两岁左右的小孩，色白而且美丽，穿着二蓝的罗衣，衣服很长，用背带束着，爬着出来，实在是很可爱的。八九岁以至十岁的男孩，用了幼稚的声音念着书，很是可爱。

---

① 并非是真的老鼠叫，而是指鸡叫。鸡啾啾的叫声与老鼠的叫声很相似。在民间，鸡还有个别名，为“啾啾叫”。

② 殿上童，指在清凉殿行走办差的少年人，一般，关白摄政家族的嫡系近支子弟，在举行成年冠礼之前，都会在殿上行走一段时间。

③ 古时，每年农历三月三日，日本都会举行禊祓仪式，用纸扎成纸人，作为替身，祭毕扔进河水中，以禳灾祈福。后来，因为“替身”人偶越做越精致、可爱，人们舍不得将它扔掉，便留了下来，在下一年的这一天拿出来赏玩、欣赏。并制作各式日用器具，大多精巧别致。久而久之，便发展成为雏人祭。此风俗流传至今，也称“女儿节”。

小鸡脚很高的，白色样子很是滑稽，仿佛穿着很短的衣服的样子，咻咻的很是喧扰的叫着，跟在人家的后面，或是同着母亲走路，看了都很可爱。小鸭儿，舍利瓶①，石竹花。

第137段 在人面前愈加得意的事

在人面前愈加得意的事是，本来别无什么可取的小孩，为父母所宠爱的。咳嗽，特别是在尊贵的客人面前想要说话的时候，却首先出来，这实在是很奇怪的。

在近处住着的人，有四五岁的孩子，正是十分淘气，好把东西乱拿出来打破了，平日常被制止，不能自由动手，及至同了母亲到来，便自得意，有平素想要看的东西，就说道：

"阿母，把那个给我看吧。"拉着母亲乱摇。但是大人们正说着话，一时不及理他，他便自己去搜寻，拉了出来看，真是很讨厌了。母亲对这件事也只简单的说道：

"这可不行呵！"也不去拿来隐藏过了，单只是笑着说道：

"这样的事是不行的呀。别把它弄坏了。"这时候连那母亲也觉得是很讨厌的。可是我这边作为主人，也不好随便的说话，只能看着，也实在很是心里着急的。

---

① 佛教法器，用来盛放佛骨舍利的器具，式样朴素，毫无华饰，怎么看都与可爱无关。因在日语中"舍"与"玻"是谐音，所以，译者认为，此处作者说的也许是"玻璃瓶"。

第 138 段　名字可怕的东西

名字可怕的东西是，青渊[①]。山谷的洞穴。鳍板[②]。黑铁。土块。雷，不单是名字，实在也是很可怕的。暴风。不祥云[③]。矛星[④]。狼。牛。蛸蝽[⑤]。牢狱。笼长。锚，这也不但是名字，见了也可怕。藁荐[⑥]。强盗，这又是一切都很可怕的。骤雨。蛇莓。生灵[⑦]。鬼薢[⑧]。鬼蕨。荆棘。枳壳。炙炭。牡丹。牛头鬼[⑨]。

第 139 段　见了没有什么特别，写出字来觉得有点夸大的东西

见了没有什么特别，写出字[⑩]来觉得有点夸大的东西是，

---

① 深渊，因水色青黛幽黑，又名青渊。

② 又名端板，指木制的矮墙。

③ 不祥云是指颜色或形状怪异的云朵。古时，日本人认为这种云是不祥的征兆。

④ 形似长矛的星辰，此处指北斗第七星宿，主杀伐的破军星。

⑤ 一种背壳较宽且壳端较尖锐的海螃蟹。

⑥ 一种草编席子的别称。

⑦ 活人的灵魂。

⑧ 又名野老，一种薯类植物，块根可以食用。在古代日本，鬼指的并不是阴灵、鬼魂，而是怪物，或者说泛指所有形状颜色怪异、不同于常的事物。

⑨ 即中国神话传说中，冥府阴司的鬼卒，牛头马面中的牛头。

⑩ 指汉字。

覆盆子。鸭跖草。鸡头。胡桃。文章博士。皇后宫权[1]大夫[2]。杨梅。虎杖[3]，那更写作老虎的杖，但是看它的神气，似乎是没有杖也行了吧。

第140段　觉得烦杂的事

觉得烦杂的事是，刺绣的里面。猫耳朵里边。小老鼠毛还没有生的，有许多匹从窠里滚了出来。还没有装上里子的皮衣服的缝合的地方。并不特别清洁的地方，并且又是很黑暗。

并不怎么富裕的女人，照顾着许多的小孩。并不很深的相爱的女人，身体不很好，很长久的生着病，恐怕在男子的心里，也是觉得很烦杂的吧。

第141段　无聊的东西特别得意的时节

无聊的东西特别得意的时节是，正月里的萝卜。行幸时节

---

① 暂且，暂任，代理。

② 官职名。

③ 植物名，生于深山草野之中，高四五尺，中空，茎干上有节凸，茎上有赤红色的纹路，斑驳繁复，仿佛猛虎，很适合做手杖，所以，名为虎杖。

的姬太夫[1]。六月十二月的晦日拿竹竿量身长[2]的女藏人。春秋两季的读经的威仪师[3]，穿着红色的袈裟，朗读写着僧众的名字的例文，很是漂亮的。在读经会和佛名会上，专管装饰事务的藏人所员司。春日祭[4]的舍人[5]们。大飨时节的行列。正月献给天皇的屠苏酒的尝药的童女[6]。献卯杖的法师。五节试乐的时节，给舞姬理发的女人。在节会御膳时伺候着的采女。大飨[7]日的太政官的史生[8]。七月相扑的力士。雨天的市女笠[9]。渡船的把舵的人。

第142段　很是辛苦的事

很是辛苦的事是，有夜啼的习惯的幼儿的乳母。有着两个

---

① 官职名，属内侍司辖下。

② 按例，每年农历六月与十二月的最后一日，宫中都会举行禊祓仪式，驱邪避祸、祈福禳灾，仪式前，会有专门的女藏人用青竹的竹竿为天皇测量身高尺寸，然后呈给神官，制作仪式的礼服。

③ 每年二月和八月，日本宫中会举办读经会，邀请百名僧人入南殿，一同诵读《大般若波罗蜜多经》，然后，从中擢拔较为出色的二十人，到清凉殿，为天皇诵读《仁王经》。读经会期间，各项仪式都很郑重，僧人出殿、入殿、如何诵经、该如何穿着、如何行事、如何整饬阵列仪容，都有专人引导。这个专人，就是威仪师。

④ 每年二月、十一月上旬申日举办的传统祭典仪式。

⑤ 官职名。隶属左右近卫府，每府约三百人，负责宫廷的守卫工作。舍人大都出身权贵氏族之家。

⑥ 中国古代，有元旦前后饮屠苏酒的习俗，日本仿效。

⑦ 帝王宴请群臣、外使的宴会。

⑧ 史生，官职名，指太政官署的书记官。

⑨ 日常在外行走、抛头露面的女性戴的斗笠。

要好的女人，那边这边的被双方所怨恨所妒忌的男子。担任着降伏那特别顽强的妖怪的修验者，假如祈祷早点有效验，那便好了？可是不能如此，心想不要丢脸见笑，还是勉强祈祷着，这实是很辛苦的。非常多疑的男人，和真心相爱的女人，也是极为辛苦的。在摄政关白的邸第里很有势力的人，也是不得安闲的，但是因为是在得意的地位，那也罢了。还有那心神不定老是焦急着的人。

第 143 段　羡慕的事

羡慕的事是，学习读经什么，总是呐呐的，容易忘记，老是在同一的地方反复的念，看法师们念得很好那算是当然的，无论男的女的，都是很流利的念下去，心想，什么时候也能够像他们呢。身体觉得不很舒服，生病睡着的时候，听见人家很偷快的且说且笑，毫无忧虑的行走着，实在觉得很可羡慕。

想到稻荷神社[①]去参拜，刚走到中社近旁，感觉非常的难受，还是忍耐着走上去，比我后来的人们却都越过了，向前走去，看了真是羡慕。二月初午[②]那一天，虽是早晨赶早前去，

① 稻荷神是日本的农神，主管丰收。稻荷神社，位处山城的深草村境内，有上稻荷神社、中稻荷神社、下稻荷神社三社。

② 每年二月上旬的午日，称为初午，为稻荷神社的祭日。

但是来到山坡的半腰，却已是巳刻[1]了。天气又渐渐的热起来，更是烦恼了，想在世上尽有不吃这样的苦的人，我为什么到这里来参拜的呢，几乎落下眼泪来了。正在休息着时，看见有三十几岁的女人，并未穿着外出的壶装束，只略将衣裾折了起来，说道：

“我今天要朝拜七遍哩。现在已经走了三遍，再走四遍是什么也没有问题的。到了未时，大约可以下山了。”同路上遇见的人说着话，走了下去了，看了着实可以羡慕，在平常别的地方虽然不会得留意，但在这时候很觉得自己也像她这样才好了。

有很好的孩子，无论这是男孩，还是女孩，或是小法师，都是很可羡慕的。头发很长很美，而且总是整齐的垂着的漂亮的人，身份很是高贵，被家人们所尊敬着的人，这是深可羡慕的。字写得好，歌也作得好，遇有什么事情常被首先推荐出去的人。在贵人前面，女官们有许多伺候着，要给高贵的地方奉命代笔写信的时候，本来谁也不会像鸟的足迹似的写不成字，却是特别去把那在私室的人叫了上来，发下爱用的砚台，叫写回信，这是可羡慕的。本来这些照例的信件，只要是女官的有资格的，即使文字近于恶札，也就可以通用过去了，但是现在却不是这种信札，乃是由于公卿们的介绍，或是说想进宫伺候，自己写信来说的大家的闺秀，要给她回信，所以特别注

---

① 日本古时，仿效中国，以十二干支计时，巳刻，是巳时中间的时刻，大抵是现在的上午10点。

意，从纸笔文句方面都十分斟酌，为此女官们聚会了，便半分开玩笑似的，说些嫉妒的话。

学习琴和笛子，当初还未熟习的时候，总是这样的想，觉得到什么时节才能够像那教习的人呢。可以羡慕的还有主人的和皇太子的乳母；主上附属的女官，在中宫这边可以自由出入的人；建立三昧堂，无论早晚可以躲在里边祈祷着的人。在打双六的时候，掷出很好的色目。真是弃舍了世间的高僧。

第 144 段　想早点知道的事

想早点知道的事是，卷染，村浓，以及绞染这些所染的东西，都想早点看见。人家生了孩子的时候，是男孩呢，还是女孩，也想早点得知。这在贵人是不必说了，就是无聊的人和微贱的身份的人，也是想要知道。除目的第二天早晨，即使是预知相识的人必然在内，也想得知这个消息；相爱的人寄来的书简，自然想早点看到。

第 145 段　等得着急的事

等得着急的事是，将急用的衣服送到人家去做，等着的时候。观看祭礼什么赶快出去，坐着等候行列现在就来吧，辛苦的望着远方的这种心情。要将生产孩子的人，过了预定的日子，却还没有生产的样子。从远地方得到所爱的人的书简，但是用饭米粒糊得很结实，一时拆不开封，实在是等得着急。

观看祭礼什么赶快出去，说这正是行列到来的时刻了，警卫的官员的白棒①已经可以望见，车子靠近看台却还要些时间，这时真是着急，心想走过去也罢。

不愿意他知道自己在这里的人来了的时候，教在旁边的人过去打招呼，这结果也是等着叫人着急。

一天天的等着，终于生下来了的幼儿，好容易五十日和百日的祝贺日期来到了，但将来长成实在等着很是辽远的。缝着急用的衣服，在暗黑的地方穿针，很是着急。但是这如是自己在做，倒也罢了，若是自己按住缝过的地方，叫别人给穿针，那人大约也因为急忙的缘故吧，不能够就穿过，我说：

“呀，就是不穿也罢。”可是那人似乎是非穿不可的神气，还是不肯走开，那不单是着急，还几乎有点觉得讨厌了。

不问是什么时候，自己刚有点急事想要外出，遇见同伴说

---

① 检非违使的下属官吏、从员，在职期间，按例都要身着红色狩衣、白布长裤，充当警卫、负责卫护工作或追捕犯人时，还需手持白棒。

要先出去一趟，说道：

“立刻车子就回来。”便坐了去了。在等着车子的时期，实在是很着急。看了大路上来的车子，心里这就是了，刚高兴着，却走到别的方面去了，很是懊丧。况且假如这是要去看祭礼，等着的时候听见人家说道：

“祭礼大概是已经完毕了吧。”尤其觉得扫兴不堪了。

生产孩子的人，胞胎老是不下来，这是很着急的事。去看什么热闹，或到寺里去参拜，约好一同去的人，将车子去接，可是停了等着，那人老不上车来，空自等得着急，真想丢下径自去了。

急忙的用炙炭生起火来，很费些时间，也很着急。和人家的歌，本来应当快点才对，可是老做不好，实在着急。在相思的人们，似乎不必这样的急，这在有些时候，也有自然不得不急的。况且在男女之间，就是平常的交际，和歌什么也是以急速为贵，如是迟了的时候说不定会生出莫名其妙的误会来的。觉得有点不舒服，恐怕是不是有鬼怪作祟，这样想着等待天亮，是非常觉得焦急的。又等待着齿墨[①]的干燥，也是着急的事。

---

① 古代日本妇女用来将牙齿涂黑的染料。

第146段　朝所[①]

在故关白公服丧[②]的期间，遇见六月晦日大祓的行事，中宫也应当从宫里出去参加，但是在职院里因为方向不利，所以移住到太政官厅的朝所里去。那一天的夜里很热，而且非常的暗黑，什么地方都不清楚，只觉得很是狭窄[③]，局促不安的过了一夜。

第二天早晨看时，那里的房屋非常的平坦低矮，顶用瓦铺，有点中国风，看去很是异样。同普通的房屋一样，没有格子，只是四面挂着帘子，倒反觉得新奇，很有意思。女官们走下院子里去游玩。庭前种着花草，有萱花什么的，在篱笆里开着许多。非常热闹的开着花，在这样威严的官署里倒正是相配的花木。刻漏司[④]就在近地的旁边，报时的钟声也同平时听见的似乎不是一样，年轻的女官们起了好奇心，有二十几个人跑到那边去，走到高楼上面，从这里望过去。淡墨的下裳，唐衣和同一颜色的单衣衬衫，还有红色的裤，这些人立在上头，纵然不能说是天人，看去似乎是从天空飞舞下来的。同是一样年轻的，可是地位较高的人们，不好一起的上去，只是很羡慕的

---

① 朝所，又名朝食所，在太政官署内，是太政一系参议以上的官员吃饭聚餐的地方。

② 按古代日本丧制，父母逝世，子女要为其服丧一年。

③ 朝食所面积不算太大，南北长11丈，东西长16丈，中宫身边伺候的人不少，仓促移居，所以觉得狭窄。

④ 阴阳寮下属，负责计时、报时的职能机构。

仰望着，觉得这是很有意思的。到了日暮，天色暗下来了，年长的人也混在年轻的中间，都走到官厅里来，吵闹着开着玩笑，有人就说闲话道：

“这不应该这样的胡闹的。公卿们所坐的倚子[①]，妇女们都上去了，又政务官[②]所用的床子[③]也都倒过来，被弄坏了。”有人看不下去，虽然这样的说，可是女官们都不听。

朝所的房屋非常古旧，大约是因为瓦房的关系吧，天气的炎热为向来所未有，夜里出到帘子外边来睡觉，因为是旧房子，所以一天里边蜈蚣什么老是掉下来，胡蜂的窠有很大的，有许多胡蜂聚集着，实在是很可怕的。

殿上人每天来上班[④]，看见大家夜里并不睡觉，尽自谈天，有人高吟道：

岂料太政官的旧地，
至今竟成为
夜会之场了呵！

真也是很好玩的事情。

虽然已经是秋天了，但是吹过来的风却一点儿都不凉快，这大概是因为地点的关系吧。可是虫声却也听得见了。

---

① 即“椅子”。
② 太政官署辖下的低级官吏，负责处理各种杂事的，如书记官。
③ 宽大些的凳子，类似于中国的榻。
④ 此处特指值夜。

到了初八日中宫将要还宫了，今夜就在这里举行七夕祭[1]，觉得星星比平常更近的能够看见，这或者是因为地方狭窄的缘故吧。

第147段 人间四月

宰相中将齐信和宣方中将[2]一同的进宫里来，女官们走出去正在谈话的时候，我突然的说道：

“今天是吟什么诗呢？”齐信略为的思索了一下，就毫不停滞的回答道：

“应当吟人间四月[3]的诗吧。”这回答的实在是很有意思。故关白公的逝世，已是过去的事，却还记得着说起来，这是谁也觉得是很可佩服的。特别是女官们，事情不会得这样的健忘，但若是在男子方面就不如此，自己所吟咏的诗歌并不完全记得，宰相中将却能够记忆关白公的忌月，实在是很有意思的了。帘内的女官们，以及外边的宣方中将，都不明白所说的为何事，这并不是没有道理的。

---

① 日本年中五祭之一，渊源于中国的乞巧节。祭典当日，人们会在庭院中摆好供品、焚香祈祷，还会饮酒赋诗，将做好的和歌、诗作写在册子上，用竹枝挂好。

② 即右中将源宣方。

③ 援引白居易名作《大林寺桃花》中“人间四月芳菲尽，山寺桃花始盛开”之句。

第 148 段　露应别泪

这个三月晦日[①]在后殿的第一个门口，有殿上人多数站着，退了出去之后，只剩下头中将、源中将和一个六位藏人留着，谈着种种闲话，诵读着经文，吟咏着诗歌。这时候有人说道：

“天快要亮了，回去吧。”那时头中将忽然吟起诗来道：

“露应别泪珠空落[②]。”源中将也一起合唱着，非常的觉得好玩，其时我说道：

“好性急[③]的七夕呀。”头中将听了非常觉得扫兴，说道：

“我只因了早朝别离而联想到，所以随口吟诵这不合时令的诗，怪不好意思的。本来在这里近处，太是没有考虑的吟这样的诗，说不定弄得出丑的。”这样说着，天色既已大亮了，头中将说道：

“就是葛城的神，既然是这样天亮，也已没有什么办法了。”说着便踏着朝露，匆促归去了。我心里想等到七夕的时节到来，再把这事情提出来说，可是不久就转任了宰相，不再

---

① 指长德元年三月的最后一日，彼时，中宫之父、关白藤原道隆尚未去世。

② 《七月七日代牛女惜晓更》一诗中的诗句。诗是菅原道真所作。全句为：“露应别泪珠空落，云是残妆髻未成。”

③ 性子急躁。此处是调侃语。时当三月，四月还未至，便开始咏叹七夕，所以说性急。

任藏人头了，到七夕那天未必见得到了。写封书简，托主殿司的员司转过去吧，正是这样的想着，很凑巧在初七那天宰相中将却进来了。很觉得高兴，把三月三十日夜里的事情对他说了。生怕一时想不起来，突然的提起来，觉得有点奇怪，要侧着头寻思吧。可是头中将似乎是等着人家去问他的样子，毫不停滞的回答了那一件，实在是很有意思的事。在这几个月的期间，我一直等着在什么时候问他，这我自己也觉得有点好事，但是头中将却又什么会得这样预备好了，即时答应的吧。当时一起在场觉得遗憾的源中将，却是想不起来，经头中将说明道：

"那一天早上所吟的诗，给人家批评了的一件事，你已经忘记了么？"源中将笑说：

"原来如此。"那是很不成的。

男女间的交际谈话，常用围棋的用语亲密的交谈，如说什么"让他下一着子了"，或是什么"填空眼啦"，又或者说"不让他下一着子"，都是别人听了不懂得的，只有头中将互相了解。正说着的时候，源中将便缠着询问道：

"这是什么事，是什么事呀？"我不肯教他，于是就去问那边道：

"无论怎么样，总请说明了吧。"怨望的追问，那边因为是要好的朋友，所以给他说明了。因为我和宰相中将亲密的谈话，便说道：

“这已是总结算[1]的时期了。”表示他也是知道了那种隐语，想早点教我了解，便特地叫我叫道：

“有棋盘么？我也想要下棋哩，怎么样？你肯让我一着么？我的棋也同头中将差不多，请你不要有差别才好哩。”我答道：

“假如是那样，那岂不是变成没有了谱了么？”后来我把这话告诉了头中将，他很喜欢的说道：

“你这说得好，我很是高兴。”对于过去的事情不曾忘记的人，觉得是很有意思的。

其二　未至三十期

头中将刚任为宰相的时候，我在主上面前曾经说道：

“那个人吟诗吟得很漂亮，如‘萧会稽之过古庙’[2] 那篇诗，此后还有谁能够吟得那样的好的呢？可惜得很，不如暂时不要叫他去做宰相，却仍旧在殿上伺候好吧。”这样说了，主上听了大笑，说道：

“你既然这么说了，那么就不让他当宰相也罢。”这也是很有意思的。

---

① 围棋对弈结束后，双方一起结棋算子，讨论胜负得失，毫无界限阻碍，此处，比喻交情深厚、亲密无间。

② 《交友序》中的序文，日本著名和歌诗人大江朝纲所作，全句为“萧会稽之过古庙，托缔累代之交；张仆射之重新才，推为忘年之友”。其中，萧会稽指的是梁萧允，张仆射指东汉的张衡。

可是终于当了宰相了，实在是觉得有点寂寞。但是源中将自信不很有功夫，摆着架子走路，我提起宰相中将的事情来，说道：

“朗诵‘未至三十期’① 的诗，完全和别人的不同，那才真是巧妙极了。”源中将道：

“我为什么不及他呢？一定比他吟得更好哩！”便吟了起来，我说道：

“那倒也并不怎么坏。”源中将道：

“这是扫兴的事。要怎么样才能够像他那样的吟诗呢？”我说道：

“说到‘三十期’那地方，有一种非常的魔力呢。”源中将听了很是懊恨，却笑着走去了。

等宰相中将在近卫府办理着公务的时候，源中将走去找他，对他说道：

“少纳言是这样这样的说，还请你把那个地方教给我吧。”宰相中将笑着教给他了。这件事我一点都不知道，后来有谁来到女官房外，和宰相中将相似的调子吟起诗来，我觉得奇怪，问道：

“那是谁呀？”源中将笑着答道：

“很了不起的新闻告诉给你听吧。实在是这样这样，趁宰相在官厅办事的时候，向他请教过了，所以似乎有些相像了

---

① 《见二毛》诗中的句子。作者源英明。全诗为：“颜回周贤者，未至三十期，潘岳晋名士，早著秋兴词，彼皆少于我，可喜始见迟。”

吧。你问是谁，便似乎有点高兴的口声那么的问了。”觉得特地去学会了那个调子，很是有意思，以后每听到这吟诗声，我便走出去找他谈天，他说道：

“这个全是托宰相中将的福。我对那方向礼拜才是呢。”有时候在女官房里，源中将来了，叫人传话说道：

“到上头去了。”但是一听见吟诗的声音，便只好实说道：

“实在是在这里。”后来在中宫面前说明这种情形，中宫也笑了。

有一天是宫中适值避忌的日子，源中将差了右近将曹①叫作光什么的当使者，送了一封在折纸上写好的书简进来，看时只见写道：

“本来想进去，因今日是避忌的日子，所以不成了。但‘未至三十期’，怎么样呢？”我写回信道：

“你的这个期怕已经过了吧。现在是去朱买臣教训他妻子的年龄，大概是不远了。”源中将又很是悔恨，并且对主上也诉说了。主上到中宫那里，说道：

“少纳言怎么会得知道这种故事的呢？宣方说，朱买臣的确到了四十九岁②的时候，教训妻子那么说的，又说，给那么说了，着实扫兴的。”主上说着笑了。这种琐屑的事情，也去告诉上边，这样看来源中将也着实是有点儿古怪的人物哩。

---

① 将曹，近卫府官职名。

② 当为概数，四十多岁。

第149段　左京的事

弘徽殿的女御[①]是闲院左大将[②]的女儿，在她的左右有一个名叫“偃息”的女人的女儿，在做着女官，名字是左京，和源中将很是要好，女官们正在笑着谈论着的时候，中宫那时正住在职院，源中将进见时说道：

“我本来想时时来值宿，女官们没有给予相当的设备，所以进来伺候的事也就疏忽过去了。若是有了值宿的地方，那么也就可以着着实实的办事了。”别人都说道：

“那当然是的。”我也说道：

“真是的，人也是有偃息[③]的地方才好呢。那样的地方，可以常常的去走动，现在这里是没有地方可以偃息呵！”源中将却觉得这话里有因，便愤然的说道：

“我以后将一切都不说了！我以前以为你是我这边的人，所以信赖着你，却不道你把人家说过的谣言，还拿起来说。”很认真的生了气。我便说道：

“这也奇了。我有什么话说错了呢？我所说的更没有得罪的地方。”我推着旁边的女官说，她也说道：

---

① 指藤原义子。

② 即藤原公季。

③ 左京的母亲名为“偃息”。作者此处故意用“偃息”一词，实则是一语双关，是在讽刺源中将与女官左京的私情。

"如果真是什么也没有的事，那又何必这样的生气呢？那么这岂不是到底有的么!"说着便哈哈的笑了。源中将道：

"你这话怕也是她主使的吧。"似乎是实在很生气的样子。我说道：

"全然没有说这样的话。就是人家平常说你的闲话，我听着还是不很高兴呢。"这样说了，便到了里边去了。但是到了日后，源中将还是怨我，说道：

"这是故意的把叫人出丑的事情，弄到我身上来的。"又说：

"那个谣言，本来是不知道哪个人造出来，叫殿上人去笑话的。"我听了便说道：

"那么，这就不能单是怨恨我一个人的了。这真是可怪了。"但是以后，与左京的关系也就断绝了，那事情也便完了。

第150段　想见当时很好而现今成为无用的东西

想见当时很好而现今成为无用的东西是，云间锦[①]做边缘的席子，边已破了露出筋节来了的。中国画的屏风，表面已破

---

① 一种白底织花的锦缎，很贵重，只有宫中与神社方可使用，类似中国的贡锦。

损了。有藤萝挂着的松树，已经枯了。蓝印花[1]的下裳，蓝色已经褪了。画家的眼睛，不大能够看见了。几帐的布古旧了的。帘子没有了帽额的。七尺长的假发变成黄赤色了。蒲桃染[2]的织物现出灰色来了。好色的人但是老衰了。风致很好的人家里，树木被烧焦了的。池子还是原来那样，却是满生着浮萍水草。

第151段　不大可靠的事

不大可靠的事是，厌旧喜新，容易忘记别人的人。时常夜间不来的女婿。六位的藏人已经头白[3]。善于说谎的人，装出帮助别人的样子，把大事情承受了下来。第一回就得胜了的双六。六十，七十以至八十岁的老人觉得不舒服，经过了好几日。顺风张着帆的船。经是不断经。

---

① 用淡竹叶染成的花色，极雅淡，但时间长了，容易褪色。

② 日本古时一种印染方法，初染好时为浅紫色，时间长了，布料褪色，渐渐就成了灰色。

③ 藏人所五位藏人的职缺有限，若六位藏人按例该提拔，五位藏人的名额又满了，无缺，就只能外放。在作者看来，离开宫廷，失去天子近侍的身份，外放地方本就很可怜了，若是外放的六位藏人已年迈，更是前途堪忧。

第 152 段　近而远的东西

近而远的东西是，中宫近处的祭礼①。没有感情的兄弟和亲族的关系。鞍马山②的叫作九十九折的山路。十二月晦日与正月元旦之间的距离③。

第 153 段　远而近的东西

远而近的东西是，极乐净土④。船的路程。男女之间。

第 154 段　井

井是掘兼之井。走井⑤在逢坂山，也是很有意思。山井，

---

① 祭礼近在咫尺，但因为身处宫中、各有各的职司，不能擅离岗位去观看，所以说虽近实远。

② 京都附近的名山，以山路曲折迂回闻名于世。

③ 十二月晦日，是十二月的最后一日，代表旧年的终结。元旦，为正月初一，是新年的第一日，代表新年的开始，两者虽然相隔仅一天，但却分属两个不同的年份，所以说近而远。

④ 即西方极乐世界。佛教传说，只要信徒潜心默念阿弥陀佛，瞬间便可身登极乐。所以说它远而近。

⑤ 井水外溢的水井。

但是为什么缘故呢，却被引用了来比浅的恩情[1]的呢？飞鸟井，被称赞为井水阴凉，也是很有意思的。玉井，樱井，少将井，后町井[2]，千贯井，这些并见于古歌和故事，觉得很有意思。

第155段　国司[3]

国司是，纪伊[4]守，和泉[5]守。

第156段　权守[6]

暂任的权守是，下野，甲斐，越后，筑后，阿波。

---

① 因位处山间，山井的井水大多较浅，《万叶集》中记录了一首和歌，歌曰“连浅香山的影子，也照得见的山井的浅的恩情”，以山井比喻恩情，寓意恩情浅薄、寡恩寡情。

② 位处后宫承香殿与常宁殿之间的一口水井。

③ 日本官职名，类似于中国古代的太守。

④ 古纪伊国，今和歌山附近区域。

⑤ 今大阪府辖下区域，毗邻奈良，邻近京都。古时，属于京畿重地。

⑥ 权，有暂且、暂时之意。权守，即代理国守、代理国司，是虚衔，没有实际权力。正六位官员符合擢拔条件，应该被擢拔，又没有合适的五位官职授予时，便会被暂封为权守。

第 157 段　大夫

大夫[①]是，式部[②]大夫，左卫门大夫，太政官的史的大夫。

六位的藏人希望叙爵的事，是没有什么好处的。升到了五位，可是退下了殿，叫作什么大夫或是权守，这样的人住在狭小的板屋里，新编桧木片的篱笆，把牛车拉进车房里去，在院子前面满种了花木，系着一头牛，给它草吃，似乎很是得意的样子，这是很可憎的。院子收拾得很干净，用紫色皮条挂着伊豫地方的帘子，立着布的障子很漂亮的住着，到了夜里便吩咐说："门要用心关好。"像煞有介事的说，这样的人看去是没有什么前程的，很是可鄙。

父母的住房，或是岳父母的住房，那是不必说了，又或是叔伯兄弟等现在不住的家，又或没有人住的地方，这也是自然可以利用。其平常有很要好的国司，因为上任去了，房子空了下来，不然是妃嫔以及皇女的子姓，多有空屋给人住着，暂且住着，等到得着相当的官职，那时候去找好的住房，这样的做倒是很好的。

---

① 五位官员的通称。

② 日本职署部门，类似于中国的礼部。式部大夫多由式部大丞进位，为正五位官职。

第 158 段　女人独居的地方

女人独居的地方须是很荒废的，就是泥墙什么也并不完全，有池的什么地方都生长着水草，院子里即使没有很茂的生着蓬蒿，在处处砂石之间露出青草来，一切都是萧寂的，这很有风趣。若是自以为了不起的加以修理，门户很严谨的关闭着，特别显得很可注意，那就觉得很有点讨厌了。

第 159 段　夜间来客

在宫中做事的女人的家里，也以父母双全的为最好。回到家里来的时节，来访问的人出入频繁，听见种种的人马的声音，很是吵闹，也并没有什么妨碍。但是，若是没有了父母的人，男人有时秘密的来访，或是公然的到来，说道：

“因为不知道在家里，所以没有来问候。”或者说道：

“什么时候，再进里边去呢？”这样的来打招呼。假如这是相爱的人，怎么会得付之不理呢，便开了大门让进去了。那时家主的心里便这么的想，真好讨厌，吵闹得很，而且不谨慎，况且直到夜里，这种神气非常的可憎的。对了看门的人便问道：

“大门关好了么？”看门的回答道：

"因为还有客人在内呢。"可是心里也着实厌烦，希望他早点走哩。家主便道：

"客人走了，赶紧关上大门！近来小偷实在多得很呢！"这样讽刺的说话，非常的不愉快，就是旁边听到的人也是如此，何况本人呢。

但是同了客人来的人，看着家里的人这样着急，老是惦念这客人走了没有，不断的来窥探，却觉得这样子很是可笑。还有人学了家里的人说话的，这如果给他们知道了，恐怕更要加倍的说些废话吧。其实就不是那么的现在脸上来说闲话，其实要不是对于女人相爱很深的人，像这样地方谁也不来的了。但是虽是听了这种闲话，却很是老实的人，便说道：

"已经夜深了，门敞开着，也是不谨慎的。"随即回去的人也是有的。还有特别情深的，虽然女人劝说道：

"好回去了。"几次的催走，却还是坐着到天亮，看门的在门内屡次巡阅，看看天色将要亮了，觉得这是向来少有的事，说道：

"好重要的大门，今天却是出奇的敞开了一宵。"故意叫人听得见的这样说，在天亮的时候才不高兴的把门关上了。这是很可憎的。其实就是父母在堂，有时候也会有这样的事情。可是假如不是亲生的父母，那么男人来访，便要考虑父母的意见，有点拘束了。在弟兄的家里的时候，如果感情不很融洽，也是同样的。

不管它夜间或是天亮，门禁也并不是那么森严，时常有什么王公或是殿上人到来访问，格子窗很高的举起，冬天夜里彻夜不睡，这样送人出去，是很有风趣的事。这时候如适值有上弦的月亮，那就觉得更有意思了。男人吹着笛子什么走了出去，自己也不赶紧睡觉，同女官们一同谈说客人的闲话，讲着或是听着歌的事情，随后就睡着了，这是很有意思的。

第160段　雪夜

雪也并不是积得很高，只是薄薄的积着，那时节真是最有意思。又或者是雪下了很大，积得很深的傍晚，在廊下近边，同了两三个意气相投的人，围绕着火盆说话。其时天已暗了，室内却也不点灯，只靠了外面的雪光，隔着帘子照见全是雪白的，用火筷画着灰消遣，互相讲说那些可感动的和有风趣的事情，觉得是很有意思。这样过了黄昏的时节，听见有履声走近前来，心想这是谁呢，向外看时，原来乃是往往在这样的时候，出于不意的前来访问的人。说道：

“今天的雪你看怎么样，心想来问讯一声，却为不关紧要的事情缠住了，在那地方耽搁了这一天。”这正如前人所说的“今天来访的人”[①] 的那个样子了。他从昼间所有的事情讲起头，说到种种的事，有说有笑的，虽是将坐垫送了出去，可是客人坐在廊下，将一只脚垂着，末了到了听见钟声响了，室内的女主人和外边的男客，还是觉得说话没有讲完。在破晓前薄暗的时候，客人这才预备归去，那时微吟道：

“雪满何山。[②]”这是非常有趣的事情。

只有女人，不能够那样的整夜的坐谈到天明，这样的有男人参加，便同平常的时候不同，很有兴趣的过这风流的一夜，大家聚会了都是这样的说。

第161段　兵卫藏人

在村上天皇[③]的时代，有一天雪下得很大，堆积得很高，天皇叫把雪盛在银盘里，上边插了一枝梅花，恰好月亮非常明亮，便将这赐给名叫兵卫藏人[④]的女官，说道：

“拿这去作和歌吧。看你怎么的说。”兵卫就回答道：

---

① 日本著名和歌歌人平兼盛作的一首咏雪和歌的歌词，全歌为：“山村中积满雪，路也没有，今天来访的人，煞是风流呵。”

② 开元二年进士、唐代文学家、寿春人谢观的《白赋》中有“晓入梁王之苑，雪满群山；夜登庾公之楼，月明千里”之句，此处的“雪满何山”，正是“雪满群山”的巧妙化用。

③ 日本第62任天皇，946—967年在位。

④ 藏人，为女官的官职。兵卫，是女官父兄或近亲属的官职名。

“雪月花时。[1]”据说这很受得了称赞。天皇说道：

“在这时节作什么歌，是很平凡的。能够适应时宜，说出很好的文句来，是很困难的事。”

又有一回，天皇由兵卫藏人陪从着，在殿上没有人的时候，独自站立着，看见火炉里冒起烟来，天皇说道：

“那是什么烟呀？你且去看了来。”兵卫去看了之后，回来说道：

海面上摇着橹的是什么？
出来看的时候，
乃是渔夫钓鱼归来了。[2]

这样的回答，很是有意思。原来是有只蛤蟆跳进火里，所以烧焦了。

---

① 典出《白氏文集》，为《寄殷协律》中的诗句，全句为：“琴诗酒友皆抛我，雪月花时最忆君。”

② 《藤六集》中载录的一首和歌，为藤原辅相所作，原本很普通，但兵卫藏人心思奇巧，利用谐音，让整首歌变得有趣起来。譬如，歌中“海面上”和“火”一语双关，“归来”与“蛤蟆”一语双关，“摇着橹”与“烧焦”一语双关，所以，后文中，作者才说“原来是有只蛤蟆跳进火里，所以烧焦了”。

第162段　御形宣旨[①]

称作御形宣旨的女官，做了一个五寸高的殿上童的布偶，头发结作总角，穿着很漂亮的衣服，写上了名字献给中宫，名曰友明王，中宫非常的喜爱。

① 女官名，隶属斋院体系。御形，原指神明显灵，后指贺茂神社所有的祭祀活动。“宣旨”，指传达敕封内亲王为贺茂斋院的旨意。

卷九

在月光很亮的晚上，渡过河去，牛行走着，每一举步，像水晶敲碎了似的，水飞散开去，实在是很有意思的事情。

第163段　中宫

我初次到中宫那里供职的时候[1]，害羞的事不知有多少，有时候眼泪也几乎落下来了。每夜出来侍候，在中宫旁边的三尺高的几帐后面伏着，中宫拿出什么画来看，也觉得害羞，不大伸得出手去。中宫解说道：

“这是什么，那个又是什么。”高盏上点着的灯火，照得非常明亮，连头发也一根根的比白天要看得清楚。虽然很是觉得怕羞，只得忍耐着观看。天气因为很冷，中宫从袖口底下伸出的手微微的动着，看上去是非常艳丽的红梅色，显得无限的漂亮，在没有看见过宫中生活的乡下佬的看法，会觉得这样的人在世间哪里会有呢。出惊的注视着。到得天快亮了，心里着急，想早点退下到女官房去。中宫便说道：

---

① 即993年。当时，清少纳言初入宫廷，侍奉中宫，时年，中宫定子17岁，清少纳言比中宫年长十余岁。

"葛城之神再停一会儿，也不妨事吧?"便开玩笑说心想这样丑陋的面貌，不给从正面看也罢，便叫从侧面来看，老是俯伏着，格子也不打开，女官①来说道：

"请把这格子打开了吧。"另外的女官听了，便要来打开，中宫却说道："且慢。"女官笑着，退回去了。中宫问的种种的事情，又说些别的话，过了不少时间，便说道：

"想早点退下去吧。那么，就快点退下吧。"又说道：

"到晚上也早点来呀。"就从中宫面前，膝行退出，回到女官房里，打开格子一看，是一片下雪的景象，很有意思。

中宫时常叫人来说道：

"今天就在白天来供职也行吧。因为雪天阴暗，并不是那么的显露呀。"女官房的主任也说：

"你为什么老是躲在房里的呢?你那么容易的被许可到中宫面前供职，这就是特别是看得你中意了。违背了人家的好意，这是讨人厌的事呀。"竭力的催促，我也自己没有主意了，随即进去，实在很是苦恼。看见烧火处的屋上积满了雪，很是新奇有意思。

在中宫的御前，照例生着很旺的炉火，但是在那边却没有什么人。中宫向着一个沉香木制的梨子地②漆绘的火盆靠着。

---

① 主殿司辖下、负责洒扫的低级女官。

② 日本古时较为盛行的一种着漆方法。先在器物上刷一层金粉或者银粉，再用加了雌黄的生漆重新漆一遍，漆完后，器物表面呈现出金色或黄色，其间夹杂着点点微斑，和梨子很像，所以，名为梨子地。

高级的女官侍候在旁边，供奉种种的事务。在隔座的一间房里，围着长的火炉，满满的坐着女官们，都披着唐衣垂至肩头，非常熟习的安坐在那里，看着也着实羡慕。她们接收信件，或立或坐，起居动作一点都没有拘束，说着闲话，或者笑着。我想要到什么时候，才可以那样的和她们一同交际的呢，这样想着心里就有点发怯。靠近里边，有三四个人，聚在一起看什么绘画。

过了一会儿，听见有前驱的声音很响的到来，女官们便说道：

“关白公进宫来了。”就把散乱在那里的东西收拾起来，我也退到后边，可是想要知道外面的情形，便从几帐的开着的缝里张望着。

这时是大纳言[①]进来了。紫色的直衣和缚脚裤，与白雪的颜色相映，很是好看。大纳言坐在柱子旁边，说道：

“昨天今天虽是避忌，关在家里，但是因为雪下得很大，有点不放心，所以来了。”中宫回答道：

“路也没有，却怎么来的？”大纳言笑着说道：

“煞是风流呵，或者是这样想吧。”[②]

这两位的说话的样子，真是再漂亮也没有了。小说里信口

---

① 指中宫定子的长兄，大纳言藤原伊周。

② 化用平兼盛咏雪和歌中的词句问答，和歌曰：“山村中积满雪，路也没有，今天来访的人，煞是风流呵。”

称赞主人公的姿态，用在这里却是一点都不错的。

中宫穿着白衣衬衣，外边两件红色的唐绫，此外又穿白的唐绫的打衣。面上披下了头发，如在画里才有这样漂亮的样子，在现世却还没有见过，如今现在眼前，真好像是做梦一般。大纳言和女官们谈话，有时说些玩笑，女官们毫不示弱，一一回答，若是说了些假话，便或者反对或者辩解，看得也是眼花，有时倒是看着的我要难为情，觉得脸红了。

大纳言随后吃了些水果什么，对于中宫也进上了。

大纳言似乎在问别人道：

"那在几帐的后边是谁呀?"女官答说这是什么什么的人①，于是站了起来，我以为是向别处去呢，哪知走近我的身旁，坐下说起话来。他说在我没有进宫供职来以前，就听说过我的事情。又说道：

"那么进宫供职的话，这是真的了。"当初隔着几帐看着，还是觉得害羞，如今当面相对，更不知如何是好，简直是像在做梦。平常拜观行幸的时候，对于这边的车子眼光如果射了过来，便放下车帘，生怕透出影子去，还用扇子遮住了脸。现在这样相近的见面，自己也觉得是大胆，心想为什么进宫来供职的呢。流着许多汗，也不知道回答些什么话。

平时所依恃着遮脸的扇子，也被拿走了，这时候觉得盖在额上的头发该是多么难看，这都是羞耻的意思表现在外边的

---

① 指女官回答大纳言的话，为他介绍清少纳言。

吧。大纳言要是早点走了才好哩。但是他却拿着扇子玩耍，并且说道：

“这扇子的画是谁所画的？”并不立刻站起来，我只好把袖子捂着脸俯伏着，唐衣上都惹上白粉，想必脸上也斑驳了吧。

长久这样的坐着，中宫想必料到我要怨恨她不知道体恤的吧，便叫大纳言道：

“来看这个吧，这是谁所画的呢？”这样的说，我听了很是高兴，但是大纳言道：

“拿到这边来看吧。”中宫说道：

“还是到这里来。”大纳言道：

“人家抓住了我，站不起来呢。”说着玩笑话姿容俊秀，举止潇洒，身份年龄自己都不能比，实在觉得惭愧。中宫拿出一本什么人所写的草书假名[①]的册子来阅看，大纳言道：

“是谁的笔迹呢？给她看一看吧。这个人是知道现世有名的人的笔迹的。”说出莫名其妙的话来，无非想叫我回答什么罢了。

有这一位在这里已经够叫人害羞的了，不料又听见有前驱的声音，一个同样的穿着直衣的人[②]进宫来了，这一位更是热闹，满口玩笑的话，女官们都喜笑赞美他。我也听着说，什么人有那样的事情，什么人有这样的事情，听讲殿上人的什么事，当初总

---

① 日本古代，以汉字为真名，日文为假名。
② 指中宫定子的兄弟，藤原隆家。

以为这些人乃是神仙化身，或是天人从空中降下来的，及到供职日久，逐渐习惯了，也就并不觉得怎样。以前我所羡慕着的女官们，在从家里出来供职的时候，大约也是这样害羞的吧。我这样的渐渐看着过去，也就习惯了，觉得自然了。

其二　喷嚏

中宫同我说着话，忽然的问道：

“你想念我么?”我正回答说：

“为什么不想念呢。”这时突然的从御膳房方面有谁高声打了一个喷嚏，中宫就说道：

“呀，真是扫兴。你是说的假话吧?好罢，好罢!”说着，走进里边去了。

怎么会得是假话呢?这还不是平常一般的想念，只是那打喷嚏[1]的鼻子说了假话罢了。到底这是谁呢，做出这样讨人嫌的事来的?本来是最不讨人喜欢的事情，就是我自己想要打嚏的时候，也总是逼住了不叫打出来，况且在这要紧的时节。想起来真是可恨，但我那时还是新进去的人，也不好怎么辩解，到得天亮退下到女官房里，就看见有女官拿了一封在浅绿色的薄纸上写着的信来，打开看时只见写道：

---

① 古人崇尚迷信思想，认为打喷嚏是不祥的象征，表示被诅咒或被骂。

怎么能够知道不是假话呢，
因为空中没有
纠察的神明[1]。

歌这样说，这是中宫的意思。看来是中宫叫女官代写的，我看了这信，虽是感激，但又觉得遗憾，心里很乱，总觉得昨夜打嚏的人太可恨，想去寻找了出来。

想念的心薄了，被说也难怪，
为了喷嚏却受了牵累，
深觉得不幸。

请把这个意思给我申明了吧。似乎是为式神[2]所凭了，非常的惶恐。写这信以后，时常想起这真是讨厌，怎么会得那么凑巧，打起喷嚏来的呢，实在是很可叹的。

---

① 指贺茂神。贺茂神社毗邻“纠之森”，所以，人们习惯上将贺茂神视为“纠察之神明”，纠察世间百态、真伪善恶。歌的意思是，主管纠察的神明不在，谁也不知道你说的话是真是假，暗表说的是假话。

② 阴阳师以术法驱役的一种鬼神，可回应人的怨念，因怨念而作祟。此处，作者是在表达自己被打嚏者连累的不满。

第 164 段　得意的事

得意的事是：正月初一的早晨，第一个打喷嚏的人[①]。竞争着去当藏人很多的时候，能够把自己的爱子去得到缺的人。在除目的这一年上，得到本年得缺的第一等国的人，相知的人向他道贺道：

“恭喜你得到好缺了。”回答说道：

“哪里有什么好处，也只是流落到外面去罢了。”这样的说，其实是着实的得意。

又有，一个闺女由许多人来求亲，挑选结果被看中做女婿的人，一定也有舍我其谁的感想吧。降伏了顽强的妖怪的修验者。赌猜押韵[②]，早被猜中的人。比射小弓[③]，无论怎样对方咳嗽，或是吵闹着希望分他的心，却是忍耐着，弦声很响的，居然一发中的，这也是得意的一副脸色吧。下棋的时候，贪心的人对于自己的棋子有许多会得被吃，全不理会，却去管别处

---

① 日本民间以打喷嚏为不祥，但如果是在一元之始、万象更新的元旦早上打喷嚏，则象征长寿，是吉兆。

② 古时日本的一种猜韵游戏。随意取诗一首，将其中含韵的一字隐藏起来，让其他人猜，诗押的是什么韵，最先猜中且猜对者获胜。

③ 小弓，游戏娱乐时用的弓箭，约二尺八寸大，迷你精致，不能用来作武器。

的事情，这方面虽然本来并无胜算，但因另外的地方也并没有活眼，却吃来了许多棋子，这不是很高兴的事么？很自夸的嬉笑，比寻常的得胜自然要更是得意了。

经过了许多年月，这才补到了国司的人，其高兴的情形，实在是可想而知的。剩下来的几个家人，一向是很无礼的侮弄着主人，虽然很是生气，但是没有法子只有忍耐着，这回却看见平常以为是身份比我要高的人对自己也表示惶恐，一一仰承意见，前来谄媚，顿时觉得自己和以前不是同一个人了。家里使用女官们，从前不曾见过的阔气的家具和衣服，也不知从哪里都涌出来了。又做过国司的人，升进到了近卫中将，比那些贵公子们因了门阀关系升进的，觉得更是得意，似乎更有价值。官位这个东西，实在是极有意思的。同样的一个人，在他被称为大夫①或是侍从②的时候，是很被看轻的，一旦升进为中纳言、大纳言或是大臣，便很莫名其妙的觉得高贵了。身份相当的人做了国守，也是如此。历任了各地方的国司之后，到了太宰府③的大贰或是四位，就是公卿们也得表示敬意了。

至于女人的地位，那就要差得多了。在宫里是天皇的乳

---

① 大夫，五位官员的通称。出身名门的子弟，按制应右迁五位，因故暂时补不上实缺的，也可称为大夫。

② 官名，品阶为从五位下，无实权，属于闲散官职，不为人看重。

③ 日本古时，为统辖治理九州地区而设置的特别行政机构，有些类似于现在的特别行政区政府，负责管理地方政务，有外交权。太宰府的最高行政长官为帅，一般由皇室亲王兼任，帅之下，有次官一人，负责太宰府的日常管理，总摄各种事务，名为大贰，是四位官职。

母、典侍和三位[①]等，也是颇受尊重的，但是年纪已经老了，也没有什么的好处。而且这样的人，又并不很多。倒还不如国司的夫人，一同上任到外地去，普通的女人要算这是最幸福的了。门第平常的人家，以女儿嫁给公卿为妻，公卿的女儿做天皇的后妃，实是极好的事情。但是也还不如男人，单靠着自己，能够立身发迹，挺着胸膛，觉得自在。法师们被称作什么供奉，傲然的走着，这有什么了不得呢？能够很漂亮的念经，风采也很潇洒，多半是被女人们所看轻，所以发愤用功变得有名了。因此成为僧正或是僧都，一般人当作佛爷出现，表示惶恐尊敬，那真是无可比喻的阔气的事。

第165段　风

风是暴风雨。落叶风[②]。三月时候的傍晚，缓缓的吹来的带着雨气的风，是很有情趣的。八九月里夹着雨吹来的风，也是很有趣。雨脚横扫着，沙沙的风吹来的时候，一夏天盖着的棉被里，还穿了生绢的单衣躺着，是很有意思的。本来单只是这生绢，也是太热，心想抛去了才好，却不料在什么时候，这样的凉快了，想着也有意思。刚才黎明，把格子侧窗打开了，就有强风一阵吹

① 官位等级。

② 将枯叶吹落的风，此处指初冬时节、带着料峭寒意的西北风。

了进来，脸上显得凉飕飕的，这是很有趣的事。从九月末到十月初，天空很是阴沉，风猛烈的吹着，黄色的树叶飘飘的散落下来，非常有意思。樱树的叶和椋树的叶，也容易散落。十月时节，在树木很多的家庭里，实在是很有风趣[①]的。

第166段　风暴的翌晨

风暴吹过的第二日，是觉得很有兴趣的事情。屏障篱笆都东倒西歪了，那些地方的花木真是可怜的样子。大的树木倒了好几株，树枝都吹断了，固然是可惜；但是它们歪七竖八的爬在胡枝子女郎花的上边，实在是特别觉得遗憾。格子的每一格里，都很丁宁的吹进树叶子去，似乎不是那粗暴的风所做的事情。

穿着非常浓红，表面的颜色稍为褪色了的，以及朽叶色的织物和薄绸的小袿的女人，样子很是美丽，昨夜因为风声睡不着，所以早上起得迟了。起来对镜，从上房里踅了出来，头发为风所吹，吹得多少鼓了起来，散落在肩头的光景，实在是很漂亮的。在她很有兴趣的看着的时候，有一个少女，大约有十七八岁吧，虽然生得不很小样，可是也不见得特别像大人，披着生绢的单衣，浅蓝色也褪了，似乎被雨湿了的样子，衬着淡红色的寝衣，头发像是芦苇的尾花，剪齐的一端等身的长，比

① 指十月赏枫的乐趣。

衣裾略为短一点，只有裤子却是鲜明的，从旁边可以看得见。她看着女童和年轻的女人们，把吹折了的花木从根本去收拾起来，倒了的扶直了，好像很是羡慕的，推量着怎么办，在帘子旁边立着看，这样后姿也是很有意思的。

第167段　叫人向往的事

叫人向往的事是，隔着格子听见，这不像是使女的声音，是女主人低声的说话，回答的是很年轻的人的声音，随后是衣裳綷缭声，是人到来了的样子，这是吃饭的时候了吧。就听见筷子和菜匙混杂作响，提壶[1]的梁倒下的声音也听见了。

捶打得很有光泽的衣服上面，头发并不散乱的，整齐的分列着，这景象是值得怀念的。很漂亮的上房里，也不点着灯火，在长火炉里生着许多炭火的光里，照见几帐的丝纽的光泽很是美丽，还有卷上帽额的帘钩，也特别有光，鲜明的可以看见。收拾得很好的火盆，灰都弄得很平整，里面的火光照见火盆上的画也看得见，很是有意思。而且火筷子特别的显著，看去歪斜的放着，是有趣的事。

夜已经很深了，大家都已睡了之后，听见屋外有殿上人说着

① 古代用来烧水的壶，有提梁。

什么话，里边是收拾棋子，放进盒子里的声音，屡次的听到，这实在是很令人怀念的事。廊下点着灯火，似乎有人在那里，也很叫人注意。隔着格子什么听着，有男人进到里边来了，夜里忽然醒来，说着什么话听不明白，只听得男子隐忍的发笑，这是什么事呢，觉得是很有意思的。

第 168 段　岛

岛是，浮岛。十八岛。游岛。水岛。松浦岛。篱岛。丰浦岛。多度岛。

第 169 段　滨

滨是，外之浜。吹上之浜。长浜。打出之浜。诸寄之浜。千里之浜，想来当是很宽阔的地方吧。

第 170 段　浦

浦是，生之浦。盐灶之浦。志贺之浦。名高之浦。须磨浦。和歌之浦。

第171段 寺

寺是，壶坂寺。笠置寺。法轮寺。高野[1]是弘法大师所住的地方，所以觉得有意思。石山寺。粉河寺。志贺寺[2]。

第172段 经

经是，《法华经》的可贵，那无须多说的了。《千手经》[3]。《普贤十愿经》[4]。《随求经》。《尊胜陀罗尼》。《阿弥陀大咒》。《千手陀罗尼》[5]，这些都是可贵的。

---

① 和歌山县高野山。弘法大师从中国回归日本故土后，在高野山建金刚峰寺，立密宗，以毕生之力，传扬佛法。

② 近江地区的古寺院，原名崇福寺，岁月辗转，现已不存。

③ 即《千手千眼观世音菩萨广大圆满无碍大悲心陀罗尼经》，合共一卷，由伽梵达摩翻译为日文。

④ 不空三藏择取《华严经》中《普贤行愿品》一卷，悉心翻译，集结成册，即现在的《普贤十愿经》。

⑤ 即《大悲咒》。

第173段　文[1]

文是，《文集》[2]。《文选》[3]。文章博士所作的申文。

第174段　佛

佛是，如意轮观音因为愍念众生的缘故，右手托腮想着的样子，真是世间无比的可以尊敬爱慕。千手观音，所有的六观音[4]，都是可尊。不动尊[5]。药师佛[6]。释迦如来。弥勒佛。普贤菩萨。地藏菩萨。文殊菩萨。

---

① 用汉字书写的诗文。

② 即《白氏长庆集》。

③ 即《昭明文选》。由南朝梁昭明太子萧统编撰整理，收录了从先秦到南朝梁近千年、数百位文人的作品，是中国最早的汉族诗文总集，体裁多样。

④ 六观音，指观世音菩萨普度六道众生时显现出的六种不同的化身，分别为地狱道圣观音、饿鬼道千手观音、畜生道马头观音、阿修罗道十一面观音、人道不空胃索观音和天道如意轮观音。

⑤ 即佛教五大明王之一的不动明王，相传，他是大日如来的显化身。

⑥ 即药师琉璃光王佛。

第 175 段　小说

小说是，《住吉》[1]，《空穗物语》[2] 之类；此外是《移殿》，《待月女》，《交野少将》，《梅壶少将》，《人目》，《让国》，《埋木》，《劝进道心》，《松枝》。《狛野[3]物语》里的人，遮了一把蝙蝠扇径自出去了的事情，是很有意思的。

第 176 段　野

野是，嵯峨野[4]，那更不用说了。又印南野。交野[5]。狛野。粟津野。飞火野。湿地野。早计野，不晓得为什么起这种名字的呢？安倍野。宫城野。春日野。紫野。

---

① 即《住吉物语》，日本比较古老的一本物语类书籍，原本已经佚散，现本为后人编纂。小说讲述的是被继母迫害的名门闺秀寄居住吉地区的庵堂时，与关白家的公子巧遇，相知相恋，得恋人相助，重享尊荣，后却被继母阴谋算计而死的故事。

② 即《宇津保物语》。

③ 京都狛山山麓的草野。

④ 京都附近的旅游胜地，风光旖旎，在岚山之北，适合野炊、郊游，观胡枝子，赏枫叶，听虫鸣，清幽宁静。

⑤ 位处今大阪府境内，又名片野，风光优美。

第 177 段　陀罗尼

陀罗尼是，宜于黎明。

第 178 段　读经[1]

读经是，宜于傍晚。

第 179 段　奏乐

奏乐是在夜里，人的颜面看不见的时节。

第 180 段　游戏

游戏是，虽然样子不大好看，蹴鞠[2]是很好玩的。小弓。

① 以一种独特的、有佛韵的节奏高声诵读佛教经文。

② 战国时代盛行于中国的一种用脚踢一种皮制球的游戏，该皮制球类似于现在的足球，唐时传入日本。

掩韵。围棋。

第181段　舞

舞是，骏河舞。“求子”①。太平乐②样子虽是不好看，可是很有意思。带了腰刀什么，有点讨厌，但是也非常的有意思，而且听说在中国，原来是和敌人一起对舞的。

鸟舞③，也是很有意思的。拔头④，披散了头发，鼓着眼睛的神气虽是有点可怕，可是不但舞态很好，就是音乐也是有意思的。落蹲⑤是两个人屈膝而舞。狛桙⑥，也是有意思的。

第182段　弹的乐器

弹的乐器是，琵琶。筝。

---

① 骏河舞舞曲名。

② 又名武将破阵乐，属于剑舞的一种，传说渊源于“项庄舞剑，意在沛公”的故事，但具体为何，已不可考。

③ 传自印度的一种舞蹈，又名迦陵频舞，舞者四人，手持铜钹、身穿狩衣、头戴天冠、和着音乐的节拍，翩翩起舞。

④ 安南地区较为流行的一种鬼面舞。

⑤ 纳苏利对舞的别称。

⑥ 一种高丽舞曲，舞者四人，手持长竿，状似划船。

第183段　曲调

曲调是，风香调。黄钟调。苏合香[①]的急。春莺啭的曲调。想夫怜[②]。

第184段　吹的乐器

吹的乐器是，横笛很有意思。远远的听着，听他渐渐的近来，很是有趣。但由近处走远了，听着很是幽微，也极是有意思的事。在车子上边，徒步走着，或是马上，其他一切状况之下，或是收在怀中，无论怎样都看不见。这样好玩的乐器，是再也没有了。特别是所吹奏的，是自己所知道的一种调子，那时更是觉得佳妙。在黎明的时候，男子所忘记的留在枕头边的笛子，忽而看见了，也是很有意思的。等他后来差人来取，包了给他，简直是同普通的一封信一个样子。

笙在月亮很明亮的晚上，在车上什么地方听见吹着，

---

① 一种印度乐曲，分三部分，首部为序曲，中部为急曲，末部为破曲。

② 曲调名。原为“相府莲”，“想夫怜”不过是讹称。曲调清雅，与男女情事无关。

是很有意思的事情。但是个子很是庞大，似乎是不便携带。吹的时候又是怎么样脸相，似乎不大好看。其实这在横笛也是一样，也有它的吹法的吧。

筚篥实在很是吵聒，用秋虫来做比喻，可以说是像络纬①吧，有点讨厌，不想在近处听它。况且更是吹的很拙，那尤其很叫人听了生气了。但是在贺茂临时祭的日子里，乐人们还未齐集御前，只在什么后台里吹奏着横笛，听着很是漂亮，心想："啊呀，这真是有趣。"那时节筚篥从中间合奏起来，渐渐的提长了调子，这时候只觉得是非常的漂亮，就是平常头发怎样整齐的人，也会觉得毛发都要耸立起来的吧。还有徐徐合奏着琴与笛子，从御前的院子走出去的那时，实在说不尽的有意思。

第 185 段　可看的东西

可看的东西是，贺茂的临时祭。行幸。祭后归还的行列。关白的贺茂参拜②。

---

① 络纬，一种叫声与马辔振动声极相似的鸣虫，又名辔虫。

② 按制，贺茂祭的前一日，关白要率领群臣往神社参拜神明，参拜仪式极为隆重，期间，还有骏河舞舞曲表演及其他一些活动。

其二　贺茂的临时祭

贺茂的临时祭那天，天色阴沉，很有点冷，雪片略见飘下，落在舞人和陪从的插头[1]的绢花和蓝色印花[2]的袍子上面，说不出的觉得有意思。舞人佩刀的鞘很明显的可以看见，半臂的带子垂了下来，仿佛磨过似的都有光辉，在白地蓝花的裤子中间，打衣的衣褶笔挺，望过去像是冰一样的有光泽，实在都很漂亮。

本来也希望这个行列能够更多一点也好，但是祭礼的使者未必是什么了不得的人。若是什么国司的类，那尤其不值得看，觉得讨厌了，可是那插头的藤花，把侧面遮住了，也不是没有一种风趣，在走过去的时候自然引人注目。那些陪从的身份稍为低下的人，在柳色下袭和插头的棣棠花之下，虽似有点不相称，很响的用扇打着拍子，高唱着“贺茂社的木棉手襁”[3] 的歌词，也是很有意思的事。

---

① 贺茂祭祭典上，按习俗，各人头冠上都要插佩绢制的花朵，侍从、舞者插的是樱花或棣棠花，国司的使者们插的是藤花。

② 不同身份，穿不同花色的袍服，舞者的袍服上印的是桐竹，侍从的袍服上印的是棕榈。

③ 《古今和歌集》卷十一中载录的一首与爱情相关的和歌的歌词，歌曰：“武勇的贺茂社的木棉手襁，我是没有一天里，不把你带在身上呵。”其中，“木棉手襁”指的是用楮树的纤维做的绳索，多用于神事。另外，日本和歌歌人藤原敏行还作过一首名为《冬天贺茂祭之歌》的和歌，歌曰：“武勇的贺茂社的松树啊，千年万年经过了，颜色也不会变。”此处，作者想写的约莫也是“武勇的贺茂社的松树啊”，只是记忆有错漏，混淆了。

其三　行幸

说到行幸，哪里还有更是盛大的事，可以和它相比呢？看见主上坐在御舆的那副神情，就是朝夕在御前供职的人，也觉得似乎忘记了一切，只是非常威严庄重，还有那些平常不大看得起的身份很低的官员和骑马先驱的姬太夫，倒也似乎另眼相看，特别可以珍重了。执着御舆四角的纤的大舍人[①]次官，以及警卫的近卫府的中将少将，也是很漂亮的。

其四　祭后归还[②]的行列

祭后归还的行列是非常有意思的。在前一天，万事都是整然，一条大路上扫得很是干净，日光很热的晒进车里来，很有点儿眩目，用桧扇遮着脸，屡次挪动坐位，长久的等待着，很难看的流着汗，到了今天早上出去，在云林院知足院[③]的前面

---

① 即中务省辖下负责禁中各类杂事的大舍人寮。

② 归还仪式，是贺茂祭期间极重要的仪式，一般在正式祭典的次日举行，这一日，未婚、被指定为贺茂神社斋院的皇女将返回居住地紫野，返回的过程，就是归还的过程，沿途围观者众多。

③ 位处京都船冈南侧，是观看归还仪式的绝佳处所。

停着的车子上，挂着的葵枝[1]也已显很枯萎了。太阳虽然已经出来，天空却还是阴沉。平常总是等着，夜里也不睡觉，想听它叫一声的子规，却似乎有许多在那里的样子，很响亮的叫着，煞是很漂亮，这中间还夹杂着莺的老声，在学着它叫，虽然有点觉得可憎，但也是很有意思的。

心想行列什么时候来呢，这样的等候着，从上贺茂神社，有穿着红衣的人们[2]走了过来。问他们道：

“怎么样，归还的准备完成了么?”回答道：

“还不知道是什么时候哩!”说着，便拿了御舆和腰舆过去了。想那斋院就乘坐这个的了，觉得很可尊贵，但是为什么在身边使用这些卑微的人们呢，又很是惶恐的事了。

虽是人们说是还时间遥远，但是归还的行列却是不久就来了。行列中从桧扇[3]起首，随后是青朽叶色的服装，看去似有意思，加之藏人所的杂色穿着青色的袍和白的下袭，随便的披着，觉得似乎像是水晶花开着的篱笆，或者子规鸟就会躲在这树荫里的吧。

昨日出来游览的时节，在一辆车子上坐着许多人，穿着二蓝的直衣，或者是狩衣，乱七八糟的，打开了帘子，不疯不癫

---

① 贺茂祭时，所有参加祭典的人都要以葵叶、葵枝作为自身的配饰或车辆的装饰，所以，贺茂祭又名葵祭。葵祭的时间是四月中旬的第二个酉日，所以，所用葵枝多为冬葵。此处的葵枝，是冬葵的一种，枝叶交叉，样子精致，名为二叶葵。

② 指抬肩舆的轿夫。

③ 被女官们用来遮面的工具。

闹着的贵公子们，今天却因为作为斋院宴飨的陪客[①]，俨然正式的装束，车子上一个人端然的坐着，后边又陪乘着殿上童，这样子也是很有意思。

行列过去了之后，不晓得大家为什么这样着忙的呢。都各自争先恐后的，急忙想要前去，简直是近于可怕的危险。自己伸出扇去，对了赶车的人说道：

“不要这样着急，慢慢的走好了。”也并不肯听，没有办法，在稍为广阔的地方，硬叫停住了等着，赶车的很是焦急，心里一定觉得主人很是可恨吧。但是这样的看许多车子很有威势的跑过去，实在是很有趣的事情。适当的让别的车子都过去了，前面的路有点像山村了，甚有风趣，什么水晶花篱笆上，枝干茂生，看去很是荒野，伸长到路上的树枝也很不少，花还没有十分开齐，有许多是蓓蕾，便叫折了些来，插在车子的各个地方，昨日所插的枫枝[②]已经枯萎了，觉得很是遗憾，似乎这个更是有意思。远远看去仿佛是走不过去的道路，及至渐渐走近了，却也并不这样，这是很好玩的。男人的车子也不知道主人是谁，跟在后面来了[③]，这似乎与平常普通的有点不同，觉得有意

---

① 依例，归还仪式后，贺茂斋院要在紫野设宴，宴请尊客，部分殿上人会受邀成为陪客。

② 贺茂祭期间，主要的装饰物除了葵叶，还有枫叶，但不是细长的红枫叶，而是一种不会变红的、圆圆的枫叶。

③ 指女眷、女官们乘坐的车子随后而至。

思，到了分路的地方，朗诵着“在峰头分别”① 的歌词，也是很有意思的事情。

第186段　五月的山村

五月时节，在山村里走路，是非常有意思的。洼地里的水只见得是青青的一片，表面上似乎没有什么，光是长着青草，可是车子如笔直的走过去，进到里边，却见底下是无可比喻的清澈的水，虽然是并不深，赶车的男子走在里边，飞沫四溅，实在很是有趣。路旁两侧编成活篱笆的树枝，都挂到车上面，有时还伸进车里边来，急忙的把它抓住，想拗折一枝下来，却被滑出去了，车子空自走过，觉得很是懊恨。有蒿艾给车子所压了，随着车轮的回转，闻到一股香气，这也是很有意思的。

第187段　晚凉

天气非常的热，正是乘晚凉的时候，四周的事物已经不大看得清楚，看见有男车带着前驱走过，很有风趣是不

① 壬生忠岑所作短歌的歌词，全句为：“白云被风吹动，在峰头分别了，是绝情的你的心意吗？”《古今和歌集》卷十二中有载录。

用多说的了。就是普通的殿上人，车子后的车帘卷上了，两个人或是独自坐着，跑了过来，似乎很是凉爽的样子。特别是对面走过来的车里，弹着琵琶，吹着笛子，径自过去了，仿佛有点儿惋惜，但是莫名其妙的在这一忽儿，闻着不曾嗅到过的牛的鞦带①的皮革的气息，觉得很有兴趣，似乎这是颇奇怪的事。在很暗黑的，月亮全然没有的晚上，前面走着的男车所点着的火把的烟气，飘浮到车子里边来，也是有意思的。

第 188 段　菖蒲的香气

端午节的菖蒲，过了秋冬还是存在，都变得很是枯槁而且白色了，甚是难看，便去拿了起来，预备扔掉，那时节的香气却还是剩余着，觉得很有意思的。

第 189 段　余香

衣服上薰得很好的香，经过了昨日，前日和今日好些时候，有些淡薄了几乎忘记。夜里将这件衣服盖上，觉得在那里

① 系在拉车的牛尾巴上的一种皮制带子。

边还有薰过的余香，比现今薰的还要漂亮。

第 190 段　月夜渡河

在月光很亮的晚上，渡过河去，牛行走着，每一举步，像水晶敲碎了似的，水飞散开去，实在是很有意思的事情。

第 191 段　大得好的东西

大得好的东西是，法师。水果。家。饭袋。砚箱[①]里的墨。男人的眼睛，太细小了便像是女人的，但是，大得像是汤碗[②]相似，也是可怕的。火盆。酸浆[③]。松树。棣棠花的花瓣。马同牛，也是好的个儿大。

---

① 放置笔墨纸砚的漆绘木盒。

② 原版写作“金碗”，指用来盛放汤水的金属碗，此处，用汤碗来比喻男人的眼睛，是说眼睛不仅大而且炯炯有神。

③ 酸浆，植物，又名灯笼儿、姑娘草，一种常绿小灌木，结果，果为红色，味道酸涩，所以名酸浆。将浆果掏空，向里面吹气，会有声响传出。古时，日本的孩童很喜欢玩这些。

第 192 段　短得好的东西

短得好的东西是，赶忙缝纫时的针线。灯台，也是矮的明亮。身份低下的女人的头发，还是整齐而且短的好。人家的闺女的讲话。

第 193 段　人家里相宜的东西

人家里相宜的东西是，厨房。从人的休憩所。扫帚的新的。食案。女僮。使女。屏障。三尺的几帐。装饰很好的饭袋。雨伞①。粉板②。橱柜。提壶。酒注子。中型食桌③。坐墩。曲廊。地火炉。画着花的火盆。

第 194 段　各样的使者

在出外的路上，看见有漂亮的男子，拿着折叠得很细的立

---

① 日本古时称“唐笠”。
② 中国民间也有，俗称水板，是一种用来记账的白色漆板。
③ 长四尺左右的食案。

封，急忙的行走，这是往哪里去的呢，不禁想问一声。又有很整齐的童女，穿的汗衫并不很新，但是穿惯了有点柔软了，屐子却是色泽很好，屐齿上沾着许多泥，拿着白纸包着的东西，或是盒子盖上装着几册的书本，向那里走去，我真想叫了来，问她一番呢。在她从门前走过的时节，想要叫她进来，可是不客气的走去了，也不答应，那使用的主人毫不知情趣，也就可想而知了。

第195段　拜观行幸

拜观行幸，极是漂亮的事，但是公卿们和贵公子，却是徒步，没有车子供奉，略为觉得有点寂寞。

第196段　观览的车子

比什么事情最叫人觉得讨厌的，是坐着寒蠢的车子，装饰也很是简陋，却出来观览的人了。假如去听讲经，那倒是很好，因为本是希望罪障消灭的嘛。但是即使如此，太是这样，也总是难看的吧。这种人，其实是贺茂祭什么的，便是不看也罢了。车上也没有帘帷，只用白布单挂着。在祭礼的当日，这才准备了车子和车帷，以为是这样差不多过得去了，但是出来看到更好的车子，便会相形见绌，觉得为什么坐着这种寒蠢相的车子出来的吧。

在街路上往来的贵公子的车，分开了人丛，走近自己的车边停住了，这时直觉得心里震动。想在好的地方停车，从人们也是催促，早上很早就出来了，等待得很长久，车子里却很宽敞，有时坐下，有时站起来，很是闷热，正在等得不耐烦，这时候有作为斋院的陪客的殿上人，和藏人所的员司，弁官，少纳言等人，坐在七八辆车子，陆续的从斋院那边过来了，那末这是时候到来了，心里觉得紧张，很是高兴。

殿上人差人过来，对了看台的主人来打招呼，这时给前驱的诸人请吃水饭①，把马都牵到看台下边来，有些名家子弟做那前驱的人，看台的杂色就下来，替他拿住辔头什么，这是很有意思的。但是对于那些不够身份的人，却就置之不理，实在觉得有点过意不去。

斋院的御舆走过来了，所有车子的车帘都全部放了下来，表示惶恐之意，等到过去之后，再急忙的卷上，这样子也是很好玩的。

到自己的车子前面，想要停住的车，用力去制止它，但是车夫说道：

“为什么在这里不能停的呢？”很是强辩，觉得对于从人不好再说，便只得去告诉主人，这也是有意思的事。已经没有

---

① 水饭，即用水将晒干了便于携带的饭团泡开食用。

停车的余地了，但是阔人家的车子以及副车①，都还陆续到来，看它停在什么地方呢，只见前驱的人们都纷然下马来，把在那里停着的车子，全都拉开了，留出地位来，让副车也给歇着，实在是很大的威势。那些被驱逐的无聊的车子，只好再把牛驾上，摇摆着往有空当的地方去，这模样实在是够寒蠢的。有些华美的车子，却不至于这样无理的被逐。有的也还整齐，却很有土气，不断的把下人叫到车边来，拿出乳儿来叫抱着，那些也是很难看。

第197段　湿衣②

有女官传说这话出去道：

“有个不应当③的人，清早从后殿④里，叫人打着雨伞出去了。”仔细的一打听，这事情乃是关系着我的。其实那人虽是地下人，也并不怎么寒蠢，而且也并没有为人家所非难的事情，觉得这是好奇怪的事。正在这样想着，中宫差人送信来了，并且说道：

“赶快要回信。”心想这是什么事呢，打开看时，信上

---

① 仆役、随从乘坐的车子。
② 穿着已经湿透的衣服。比喻被冤枉。
③ 没有资格在后殿歇息住宿的人。
④ 女官们休息住宿的地方。

画着一把大伞，不见有人，但是画着撑伞的手，底下题句道：

三笠山[1]的山边，
天色微明的时节。

中宫对于什么琐屑的事情都极为敏感，很可佩服。觉得有些无聊可厌的事，都不愿意让她知道，现在又有这样的谣言出现，很是遗憾。可是看见那信也觉得有趣，就拿了一张纸，画出正落着大雨，在底下写道：

并不是下雨，
却给浮名[2]落在身上了。
这样的情形，那么正是所谓湿衣了吧。

这样的启奏上去，后来中宫说给右近内侍等人听，并且笑了。

---

① 援引自《拾遗和歌集》卷十八中的和歌歌词，全句为："委实让人惊讶，我穿着湿透的衣裳，我的雨伞被三笠山的人借走了。"此处，中宫是以"湿衣"为喻，暗示作者，知道她是被谣言中伤了。

② 指谣言。

第198段　青麦条

住在三条宫[①]中的时候，到了五月节[②]，从六卫府送到菖蒲的车子，缝殿寮进呈香球。年轻的女官们和御匣殿[③]都做了香球，给公主[④]和皇子[⑤]挂上了。有很是好看的香球从别的地方也献了上来，我却只把人家送了来的叫作青麦条[⑥]的东西，用青色的薄纸，铺在很好看的砚箱盖[⑦]上，盛了进上去，说道：

“这是隔着马栅[⑧]的东西。”中宫便从那薄纸撕下一角来，

---

① 位处三条的中宫行宫，原是大进生昌的宅邸。长保元年（999年）八月，因兄长藤原伊周的事，中宫定子郁郁不乐，暂时移居三条邸。

② 指公元1000年的五月节，即五月初五端午节。

③ 中宫的胞妹，关白藤原道隆第四女。

④ 指皇长女修子内亲王。

⑤ 指敦康亲王。

⑥ 青麦条，点心名。将初熟的麦粒炒熟、去皮、磨粉、加糖，做成条状的点心。

⑦ 砚箱的盖子，漆绘雕花，十分精致，常被用来盛放水果及其他菜肴。

⑧ “隔着马栅”，和歌歌词，全歌载录于《和歌古今六帖》，歌曰：“隔着马栅啃食青麦的小马，很难够到，我亦是如此仰慕着。”此处，作者是在以歌明迹，向中宫定子表忠心。1000年，中宫定子已晋位为皇后。同年2月，定子的堂妹、时任关白藤原道长的女儿藤原彰子晋位为中宫，开始培养自己的势力。彰子曾拉拢过清少纳言，但清少纳言拒绝了。此处，清少纳言是在向定子述说自己的心迹。

写一首和歌作答道：

人家都忙着，
说花呀蝶呀[1]的时节，
只有你是我知心的人。

这是十分的可以纪念的。

第199段　背箭筒的佐官[2]

十月过了初十的一个月色很是明亮的晚上，大家说在那里走走看吧，有十五六个女官，都穿着浓紫的衣服在上边，把头发藏在衣内，只有中纳言君穿着红色的笔挺的衣服，披散的头发移在颈子的前面。大家都说道：

“这真是很可惜。”又说道：

“倒是很像呢，是背箭筒的佐官哩！”年轻的人给她起了这样一个别号。大家在她背后，立着说笑，她本人还不知道。

---

① 既喻指华贵的事物，也象征贪慕虚荣、见风使舵、趋炎附势的人。

② 近卫府中背负着箭筒、身着绯色制式服装的次官。段末，“倒是很像呢”，指的就是中纳言的红色衣装与次官的绯色衣装很像。

第200段　善能辨别声音的人

成信中将[①]善能辨别人的声音。同在一处的人，如不是平常听惯了，谁也不能分别出这是谁来。特别是在男人，对于人的面貌和声音，是不容易看得清楚或听得清楚的。中将却连非常微细的说话，都能够分别得很清楚，实在是很可惊异的。

第201段　耳朵顶灵的人

像大藏卿[②]那样耳朵灵的人，是再也没有了。真是连蚊子的睫毛落下地，也可以听得出来吧。[③] 我住中宫职官署的西厢的时候[④]，同关白家的新中将[⑤]说着话，其时有在旁边的一个女官说道：

"请你把那中将的扇子的画的事情，说给我听吧。"她用

---

① 指时任权中将的源成信。

② 官职名，大藏省的主官，相当于户部尚书。时任大藏省大藏卿是前关白藤原兼通之子藤原正光。

③ 典出《列子》，原句为"焦螟群飞，集于蚊睫"，后被引申为俗语，用来比喻人耳朵聪敏。

④ 指长德四年三月，中宫定子暂居中宫职院的时候。

⑤ 即源成信。成信是藤原道长的养子，道长得势后，成信被擢拔为近卫府中将，彼时新任不久，所以清少纳言称呼他为新中将。

很低的声音说，我回答她道：

“现在那位就要走了，等那时候告诉你吧。”幽幽的在她耳边说了，她还没有听见，只是说道：

“什么，什么？”侧着耳朵问。大藏卿远远的却听到了，拍手说道：

“真可恨呢。既然那么说，我今天就不走了。”这是怎么听见的呢，想起来真是吃惊。

第202段　笔砚

砚台很脏的，弄得满是尘土，墨只是偏着一头磨，笔头蓬松的套在笔帽里，这样的情形真是觉得讨厌。所有的应用器具都是如此。但在女人，这是镜和砚台上面，最显得出主人的性格来。在砚箱的盖口边沿上积着尘土，却丢着不加打扫，这种事情很是难看，在男子尤其如此。总要书桌收拾得很是干净，如不是几层的，也总是两重的砚箱，样子很是相调和的，漆画的花样并不很大，却是很有趣的，笔和墨也安放得很好，叫人家看了佩服，这才很有意思。说是反正都是一样的，便把缺了一块的砚台，装在黑漆的盖都裂开了的砚箱里，砚上只有磨过墨的地方才有点黑，此外砚瓦[1]的瓦纹里都积着灰尘，在这一世里也扫除不清，——在这样的砚台上，水尽淌着，青瓷水滴的乌龟[2]的嘴也缺了，只看见颈子里一个窟窿，也不怕人家觉得难看，坦然的径自拿到别人面前去，这样的人也是有的。

拉过人家的砚台来，想要随便写字，或是写信的时候，人家就说道：

"请你别用那笔吧。"这样的给人说了的时候，实在觉得无聊吧。就此放下，似乎不大好意思，若是还要使用，那更是有点可憎了。对方的人是这样的感觉，这边也是知道，所以有人来用笔的时候，便什么也不说的看着。可是不大能写字的人，却是老想写什么似的，所以把自己好容易才用熟了的笔，弄得不成样子，湿淋淋的饱含了墨，用了假名在细柜的盖上，乱写什么"此中藏何物"，写完了把笔横七竖八的乱抛，笔头浸在墨池倒了，真是可气的事情。虽是如此，却不能说出来。又在写字的人前面坐着，人家说道：

"呀，好黑暗，请你靠里边一点。"这也是很无聊的。在写字的时候前去窥探，给人家发见了，说些闲话，也是很无聊的。但是这在相爱的人，却是也无妨。

---

① 指品相很差的瓦砚。

② 一种瓷制龟状的水注，也名砚滴，是一种用于向砚台中滴水的文房器具。

第203段　书信

这虽然不是特别值得说的事，但是书信实在是很可感谢的。遥远的住在外地的人，很是挂念，不知道现在是什么情形，偶然得到那人的来信，便觉得有如现今见了面的样子，非常的觉得高兴。又把自己所想的事情，写了寄去，就是还未到着了那地方，可是仿佛自己已经满足了。若是没有书信的话，那就会多么忧郁，心里没有痛快的时候呵。在种种思虑之后，把这些写了送给那人，这至少对那人的挂念总已经消除了，况且若是更能见到回信，那简直同延长了寿命一样了。这话实在是有道理的。

卷十

一直过去的东西是，使
帆的船。一个人的年岁。春，
夏，秋，冬。

第204段　驿

驿是，梨原驿。日暮驿。望月驿。野口驿。山驿，关于这驿曾经听说有过悲哀的事情，近时又有悲哀的事，前后联想起来，实在深受感动的。

第205段　冈

冈是，船冈。片冈。鞆冈是小竹所生的山冈[1]，所以很有意思。会谈冈。人见冈。

① 《神乐》中载录着一首与竹相关的和歌，歌词为："这枝小竹从哪里来？舍人们别在腰间的鞆冈的小竹。" "小竹所生"之语便由此而来。

第206段　社

社是，布留社[①]。生田社。龙田社。花渊社。美久利社。杉树之社[②]，如古歌所说，就以这为目标[③]吧。万事如愿明神是很可尊信的，但是如果“单是听着人家的祈愿”，那么也会有叹息的日子的吧，给人这样的说，想来是很有意思的。蚁通明神[④]，纪贯之[⑤]的马生了病，说是犯了神怒的关系，贯之作歌奉献，于是就平复了，实在是有意思的。

其二　蚁通明神缘起

这蚁通的名字是怎么样起来的呢？也不知道这是不是真的事情，总之据说，在古时候，有一位皇帝，他只爱重那年轻的

---

① 指奈良的石上布留神社。相传，昔年有女子在河畔浣洗布匹，有神剑从上游顺流而下，无物不破，却被布阻挡留住。这把被留住的神剑便是日本镇国三剑之一的十握剑。

② 即大和地区的三轮神社，因神社前有杉树兀立，故得名杉树之社，社中供奉的是大物主神。

③ 指神社前矗立的杉树。

④ 蚁通神社供祀的主神。神社在今大阪府泉南郡境内。

⑤ 纪贯之（872—945年），日本著名文学家、和歌歌人，被誉为“诗圣”，是《古今和歌集》的主要编撰者，有《土佐日记》传世。

人们，把四十岁以上的人要全给杀了，所以都逃到外地远国去了，在都城里完全没有这样的老人了。其时有一个近卫中将，是当代顶有势力的人，思想也特别的贤明，他有着七十岁左右的双亲，老人们说：

“既然四十岁都有禁，何况将近七十岁的人，实在更是可怕了。”正在那里恐慌惊扰。但是中将是非常孝顺的人，他想道：

决不能让两亲住在远处，一天非见一回面不可。便偷偷的在每夜里将家里的土掘起来，在土窟中造一间房子，把他们藏在里边，每天去看望一次。对于朝廷和世间，只说是失踪了。其实是何必如此呢，老在家里住着的老人们，只装作不知道就是了。这真变成十分讨厌的世间了。老人原来不晓得是不是公卿。但是有着这中将的儿子，可见并不是平常的人，非常贤明，什么事情都知道。那个中将虽是年轻，却也很有才能，学问很深，皇帝也以他为当时第一有用的人。

当时唐土的皇帝常想设计骗这皇帝，袭取此国，来试验智慧，或设问答比赛。这一次，将一根木头，削得精光，大约二尺长，送了过去，说道：

“这木头哪一头是它的根，哪一头是树梢呢?”没有法子能够知道，皇帝十分忧虑，中将觉得他可怜，便到父亲那里，告诉他有这样这样的事，他父亲说道：

“这很不难，站在水流很快的河边，把木头横着投到水里去，回过来向着上游，流了下去的那一头是末梢。这样写了送去好了。”这样的教了，中将随即进宫，算作自己的意思，说道：“我们且试了来看。”便率引了众人走到河边，将木头投入，将在前边的一头加上记号算它是梢，真是这样的。

这回又将两条二尺长的同样的蛇送了来，说道：

“这蛇哪个是雄的，哪个是雌的呢?”这件事又是谁也都不知道。于是那中将照例的往问他的父亲，说道：

“把两条蛇并排的放着，用一根细嫩的树枝接近尾部去，其摆动着尾巴的便是雌的。”赶紧来到宫里，这样的做了，果然一匹不动，一匹摆动着尾巴，又做上了记号送去了。

这以后过了很久，送来了一颗珠子，这颗珠子很小，其中有孔，凡有七曲，左右开口。说道：

“把这个穿上绳子。在我们国家，是谁都会做的。”这无论怎么工巧的人，也都没有办法了。上自许多公卿们，下至世间的一切人，都说：“不知道。”于是中将又去找他的父亲，说这样这样的一件事情，回答道：

“找两个大的蚂蚁来，在腰间系上了细丝，后边再接上较粗的线索，放进孔里去，在那边孔的出口涂上一点蜜试试看吧。”这样的说了，中将照样对皇帝讲了，将蚂蚁放了进去，蚂蚁闻见蜜的香气，当真的从那出口走出来了。于是把那用线穿了的珠子送到唐土去。以后才说道：

“日本也还是有贤人在。”后来就不再拿这种难题来了。[①]

---

① 蚂蚁穿珠、辨蛇雌雄、檀木本末、给象称重类的题目，古已有之，贤人早便给出了解题办法。

皇帝对于这个中将以为大有功于国家的人，说道：

“将给予什么恩赏，授与什么官位呢？”中将回答道：

“决不敢望更赐官职，只是有年老的父母失踪了，希望准予寻求回来，住在京城里面。”皇帝闻奏说道：

“这实在是极为容易的事。”准许了中将的请求，万民的父母听见了这事，都十分的欢喜。据说皇帝后来重用中将，直至位为大臣。因为这个缘故，人们才把中将作为蚁通明神的吧。这位明神对于往神社的人一夜里示梦道：

钻过了七曲的珠子，
所以有蚁通的名称的，
于今恐已没有人知道了吧。

据人家传说，是这样的说的。

第207段　落下的东西

落下的东西是，雪。雪珠。雨夹雪虽然稍为有点可憎，但在纯白的雪里边，夹杂在内那也是很有意思的。雪积在桧皮屋顶上，最为漂亮，在稍为融化的时节，又落下好些来，刚落在瓦楞里，使得黑白相间，很是好玩。秋季的阵雨和雨夹雪，是落在板屋上为佳。[1] 霜也是板屋，或者在院子里。

第208段 日

日是，夕阳。当太阳已经落在山后的时候，太阳光还是余留着，明亮的能看见，有淡黄色的云弥漫着，很是有趣。

第209段 月

月是，蛾眉月。在东山的边里，很细的出来，是很有趣的。

第210段 星

星是，昴星[2]。牵牛星。明星。长庚星[3]。奔星，要是没

---

① 雨水、雪珠落在屋顶的板瓦上，泠泠作响，声音清悦，所以为佳。

② 古老传说，昴星为二十八星宿之一，白虎七宿第四星，位于西方，主凶。

③ 即金星。又名太白星。金星常出没在晨昏时节。清晨，东方微白时，地平线上会出现一颗特别亮的星，人们叫它明星或启明星；黄昏时分，西方天际会有一颗很亮的星伴月而现，人们叫它长庚星。事实上，启明星与长庚星是同一颗星星，指的都是金星。

有那条尾巴，那就更有意思了。

第211段　云

云是，白的，紫的，黑色的云，都是很好玩的。风吹的时节的雨云，也是很有意思的。天开始明亮时候的云，渐渐的变白了，甚是有趣。“早上是种种的颜色”，诗文中曾这样的说。月亮很是明亮，上面盖着很薄的云，这是很有情趣的事。

第212段　吵闹的东西

吵闹的东西是，爆的炭火。板屋上面乌鸦争吃斋饭①。每月十八日观音的缘日②，到清水③去宿庙的时候。到傍晚了，灯火也还没有点的时候，从外边到来了许多的人，而且这些都是从远地或是乡下来的，家里的主人这才回来，这实在是够忙乱的。近处说是火发了，却是得免于被烧，这情形也是很乱的了。观览终了，车子回来很是杂沓。

---

① 僧人吃饭都在午前，过了正午，便不吃饭了。午前，僧人进食时，会先拨出一小部分饭食，供奉鬼神，供鸟雀食用。

② 诸佛成道或显化之日。

③ 指京都清水寺，寺内供奉着观世音菩萨的六道显化身之一的十一面观音。

第 213 段　潦草的东西

潦草的东西是，低级女官的梳上头发的那姿态①。中国画风的革带的里面。高僧的起居动作。

第 214 段　说话粗鲁的事

说话粗鲁的事是，巫祝②的读祭文。摇船的人夫。雷鸣守护阵③的近卫舍人。相扑的力士。

第 215 段　小聪明的事

小聪明的事是，现在的三岁小孩，这是够讨厌的。叫来求

---

① 按制，宫廷中侍奉的女官日常应披发，不能梳发，梳发不庄重、显得随便且潦草。

② 以诵读祭文的方式向鬼神请愿祈福的人。古老传说，巫祝是鬼神在人间的代言人，能与鬼神沟通。

③ 古时，民间有传说，说雷电代表天罚，雷鸣电闪是天公在发怒，所以，按制，每次雷雨天气，雷鸣三遍后，负责戍守皇宫的近卫府将官们，就要带着弓箭，去护卫皇帝。其他士官、舍人也披着蓑衣去守护南殿。这种守护，被称为雷鸣守护阵。

子，或是袚除的巫女们，请求了各种材料，做出祈祷用的东西，看她把许多纸叠作一起，却用一把钝刀去切，这在平常恐怕连一张纸都切不开的，如今用于敬神的事情上，所以什么都可以切似的，将自己的嘴都歪着，那么用力的切下去，做成了切口很多的币束①垂了下来，再把竹切成夹的东西，似乎十分虔诚的准备好了，随后将这币束摇摆着，举行祈祷的动作，很是像煞有介事的样子，很是卖弄聪明。并且说道：

“什么王公，什么大人的公子，生怎么样的重病，给他医好吧，仿佛像把毛病揩去了似的，得到许多的赏赐。当初叫过有名的什么什么人去治，可是没有效验。自此以后，就老是叫我去了。很是蒙他们的照顾呢。”这样的说，也很是可笑的。

下流社会家里的主妇，也多是有小聪明的。而且多配有愚钝的丈夫。但是这样女人，如果有聪明的丈夫，也还是想要去指挥他的吧。

第216段　公卿

公卿中理想的官位是，春宫大夫②。左右近卫大将。权大

---

① 币束，御币的敬称。古时，日本举办禊祓、祈祷等神道仪式时，挂在直柱上，用以供奉神明的绢制、帛制、麻制、棉制或纸制的“钱币”，通常都会折成之字形。

② 从四位的东宫职官，负责东宫职院的各项事宜，虽然品阶不到三位，但因为地位特殊，也可列入公卿的范围。

纳言。权中纳言。宰相中将。三位中将。春宫权大夫。侍从宰相[①]。

第217段　贵公子

贵公子中理想的官位是，头弁[②]。权中将。四位少将。藏人弁[③]。藏人少纳言。春宫亮[④]。藏人兵卫佐[⑤]。

第218段　法师

法师中理想的地位是，律师[⑥]。内供奉[⑦]。

---

① 兼任侍从的参议，从五位官职。

② 兼任太政官署弁官的藏人头。

③ 兼任太政官署少弁、中弁等官职的藏人。

④ 亮，与“佐”谐意，春官，为东宫的别称，春宫亮，指的就是东宫职所的次官。

⑤ 兼任兵卫府次官的藏人。兵卫府，与左右近卫府一样，为日本平安时代六卫府之一，司职守卫。兵卫府的主官为兵卫督，次官为兵卫佐。

⑥ 擅长解读僧规戒律的法师。

⑦ 宫廷供奉堂内负责祈祷诵经的法师，合共十人，品阶为准五位，属僧纲。

第219段　女人

女人理想的职务是，典侍①。内侍②。

第220段　宫中供职的地方

宫中供职的地方是，禁中③。皇后的宫中。皇后所生的皇女，就是所谓一品宫的近旁。斋院那里，虽是罪障深重，却也是很好的，况且现在这位大斋院④更是非常殊胜的。皇太子的生母的妃嫔那里，也是理想的地方。

第221段　转世生下来的人

转世生下来的人，大约是这种情形吧。只是普通女官供着职的人，忽而当上了皇太子的乳母，就是一例。也不穿唐衣，

---

① 内侍司的二等官职，品阶为从四位。

② 又名掌侍，内侍司的三等官职，品阶为从五位。

③ 指在天皇近旁。

④ 指历任四朝贺茂斋院的选子内亲王。选子是村上天皇之女。

也并不用裳，只穿着白衣[1]陪了皇子睡觉，帐台的里边是自己的住所，旧时同僚的女官叫来任凭差遣，叫往自己住的女官房去干什么事情，或是收发信件，那种样子，简直是说不尽的阔气。

藏人所的杂色[2]，后来升为藏人，也是很阔气的。去年十一月贺茂神社临时祭的时候，还扛抬过和琴，现在看来觉得不像是同一个人了。同了贵公子们在一起走路，简直叫人想不起他是哪里的人了。其他不是从杂色任为藏人的人，虽然是同一样的，但是实在没有这样的可惊异了。

第222段　下雪天的年轻人

雪积着很高，现在还下着的时候，五位或是四位的，容貌端整很是年轻的人，衣袍的颜色很鲜丽的，上边还留着束带的痕迹，只是宿直装束，将衣裾拉起，露出紫色的缚脚裤，与雪色相映，更显得颜色的浓厚，衬衫是红的，要不然便是绚烂的棣棠色[3]的，从底下显露出来。这样的服装，撑了伞走着，这

---

① 指常服。

② 杂色，负责藏人所各种杂役事物的人员，因为不入品阶，没有官位，无定色的官服，平时穿的袍服什么颜色都有，所以称为杂色。按制，藏人所有杂色八人，符合升迁条件时，定会升职为藏人。因此，杂色又被称为藏人预备役。

③ 即黄色，表面为淡的朽叶色，即带有赤色的茶色。

时风还是很大的吹着，将雪从侧面吹来，稍为屈着身子向前走着，穿着的深履或是半靴的边上，都沾了雪白的雪，这种情景真是很有情趣的。

第223段　后殿的前面

后殿的拉门很早就打开了，有殿上人从御浴室的长廊下走了下来，穿皱了的直衣和缚脚裤，都有些绽裂，种种的衬衫从那里露出来，一面将这些东西塞到里边去，向朔平门方面走去。走到女官房的开着的拉门前面，将缨[①]从后边移了过来，遮着脸走过去了，这也是很好玩的事情。

第224段　一直过去的东西

一直过去的东西是，使帆的船。一个人的年岁。春，夏，秋，冬。

---

① 缨，帽子后面的飘带。以缨覆面，表示小心翼翼，没有勇气窥伺。

第 225 段　大家不大注意的事

大家不大注意的事是，人家的母亲的年老[①]。一个月里的凶会日[②]。

第 226 段　五六月的傍晚

五六月的傍晚，青草很细致似的，整齐的被割去了，有穿了红衣的男孩，戴着小小的笠帽，在左右两胁挟了许多的草走去，说不出的觉得很有意思。

第 227 段　插秧

在去参拜贺茂神社的路上，看见有许多女人顶着新的食盘似的东西，当作笠子戴，一起站在田里，立起身子来，又弯了

① 古时日本，男尊女卑，男子主外，或有官职，或有职司，常行走在外、抛头露面、应酬交际，别人的关注度很高。女子则深居内宅，显少外出，交际面极狭窄，不为人知。年老之后，本就极少的交际活动变得更少，所以，存在感就更低了，更没人注意了。

② 凶会日，诸凶毕集的日子。因为每个月都有，人们习以为常，反而不怎么在意了。

下去，不知道在干什么事，只见她们都倒退着走，这到底是做什么呢？看着觉得有意思，忽然听见唱起歌来，却是痛骂那子规的，就觉得很是扫兴了。唱歌说道：

子规呵，
你呀，那坏东西呀，
只因你叫了，
我们才下田里呀！①

她们这样的唱，但是这又是怎样的人呢，她会得做这样的歌说：

“请你不要随便的叫吧。②”这实在很懂事的人。那些毁谤仲忠③出身卑微的人，和说什么“子规的啼声比黄莺不如”的人，实在都是薄情，很是可憎的。

第228段　夜啼的东西

那说子规的啼声比黄莺不如的人，实在是薄情，很是可憎

---

① 古时的插秧歌。借用了中国“鸟啼催耕”的典故。

② 藤原夫人所作的一首赞美子规啼鸣声的和歌的歌词，该歌载录于《万叶集》，全句为：“请你不要随便的叫吧，我想将你的啼鸣，与珠子混淆，穿成五月的香球。”

③ 《宇津保物语》中的主人公，擅琴。

的。莺不在夜里啼，很是不行。凡物夜啼，都绝佳妙，唯独小儿夜啼，却是不佳。

第229段　割稻

在八月的下旬，去参拜太秦地方的广隆寺，看见那里在稻穗纷披的田里，许多人在忙乱着，这是在割稻。古歌里说："才插了秧，不知什么时候……"① 的确是这样的。是以前不久的时候，到贺茂神社参拜，那时看见的插秧的光景，深深的有所感触。但是在这里却没有妇女夹杂着，全是男人，将全是变成赤色的稻子，在稍为绿色的根株上捏住了，用了刀子什么的②，在根株边割下，很是轻快似的，觉得自己也想去割了来看。这是为什么这样办的呢，把稻穗向着上前，男人们都相并的立着，这是很有意思的。又在田间的小屋子③，样子很是特别。

---

① 歌词，载录于《古今和歌集》第四卷。全句为："昨天才插了秧，不知什么时候稻叶飘飘，秋风起了。"喻时光匆匆，不知不觉，凉秋已至，稻子已经成熟。

② 指镰刀。作者出身名门，又是闺中女子，不事稼穑，所以不认识镰刀。

③ 农人在田间搭建的小舍，类似窝棚，夜间看守稻谷时暂时栖居的地方。

第 230 段　很脏的东西

很脏的东西是，蛞蝓。扫地板用的扫帚。殿上的漆盒。

第 231 段　非常可怕的东西

非常可怕的东西是，夜里响的雷公。在近邻有盗贼进来了，若是走到自己家里，反而吓昏了，全不知道什么事情，所以并不觉得了。

第 232 段　可靠的事

可靠的事是，有点不舒服的时候，许多的法师在给做祈祷。所爱的人生了病的时节，真是觉得可以倚靠的人，来加劝慰，把精神振作起来。遇到什么可怕的事情，在两亲的旁边。

第233段　男人的无情

经过盛大的准备，接来了女婿，过了不久的时候，便不来了[①]，后来在什么重要的地方，与丈人相遇，应当有点难为情吧。

有一个男子，做了其时很有权势的人的女婿，可是只有一个月的工夫，就不再来了，周围的人就都非常吵闹议论，女人的乳母什么人对女婿很加以咒骂，但是到了第二年的正月，这个男子却任为藏人了。大家都说道：

“真是怪事！在这样翁婿的关系之下，为什么却能升进的呢？”外边这样的风闻，恐怕他也是听见的吧。

在六月里，有人家举行法华八讲，大家都聚集了来听讲，那个做藏人的女婿穿着绫的表裤，苏枋的外袭，黑半臂，穿的很是漂亮，在被遗弃的女人的车子的鸱尾[②]上边，几乎把半臂的带子都搭上了，那车子里的女人看了怎样感想呢？跟车子的人们知道这情形的，无不觉得难为情，就是旁观的人也都说：

“真亏他那么无情的！”后来也都还说着他的事。

似乎男人是不很懂得什么难为情，也全不管女人是怎么感

---

① 古时，日本婚俗，男子夜至女家，翌日清晨离开，若双方情感不和，男子就不会再到女家去，与女家彻底断绝往来。

② 鸱尾，指女人乘坐的牛车后部突出的两根辕木。

想的。

第234段　爱憎

世间最不愉快的事情，总要算为人家所憎的了。无论怎样古怪的人，也不会愿意自己被憎恶的吧。但是自然的结果，无论在宫中供职的地方，或是在亲兄弟中间，也有被人爱的或是不被人爱的，实在这是遗憾的事情。

在身份高贵的人们不必说了，就是在卑贱的人里边，有特别为父母所钟爱的儿子，人家也加以另眼相看，郑重待遇。其特别有看重的价值的，那么钟爱也不是没有道理，这样的小孩有谁觉得不爱的呢？若是别无什么可取的，正因其是这样所以特别怜爱，这也因为是父母所以是如此，也是深可感动的。

无论是父母，或是主君，以及其他，只是偶然交往的人，总之一切的人都有好意，我想这是最好的事了。

第235段　论男人

男人这东西，想起来实在是世上少有的，有难以了解的心情的东西。弃舍了很是整齐的女人，却娶了丑女做妻子，这是不可了解的事情。在宫廷里出入的人，以及这样名家的子弟，本来可以在多数漂亮的女人中间选择所爱的人；就是身份高贵，看来自己所决难仰攀的人，只要以为是好的，也不妨拼出性命去恋慕的。不然是普通人家的闺女，便是还不曾见过世面的，只听说是很殊胜，也总想得了来做自己的妻子。但是偏有爱那样的，便是在女人眼里也是不好的人，这样的男子正不知是什么心情呢。

容貌很整齐，性质也很柔顺的女人，字写得很好，歌也做得很有风趣的，寄信给他去，单只是回信回得很漂亮，可是并不理睬她，让她尽自悲泣着，舍弃了她却走向别的女人，这种男子实在是很奇怪的。虽然是别人的事情，可是女人也感到公愤，觉得这种举动很是遗憾。但在男子自己却毫不觉得责任，没有对不起的心情的。

第236段　同情

比一切事情更好的，是有同情的事，这在男人不必说了，便是在女人，也是极好的事情。假使极无关系的话，这如用了讨厌的口气说了，就是旁边听着的人，也要觉得遗憾。即使不是从心底里说出来，遇见人家有为难的事，说道："这太为难了。"听见什么可怜的事，说道："这真是，不知道那人怎么的心情呢！"本人从别人传闻听到这话，要比直接听见尤为高兴。平常总想怎样想个法子，使得那个人知道，我是十分了解他的好意的。

那些平素关切，或必然要来访问的人，其同情乃是当然的事情，便没有特别觉得怎样。倒是平常不想到会这样关怀的人，这样亲切的招呼，更是高兴。事情虽然极是容易，却是实际难以办到。本来气质温和，而且很有才智的人，一般看过去似乎是很少的。但是，这样的人在世间或者很多，也正是说不定吧。

第237段　说闲话

听见人家说闲话，觉得生气，这实在是没有道理的事。有谁能够什么都不说呢？本来把自己的事情完全搁起，只顾非难别人，也是本不愿意，然而有时候也不能不说。总之说别人家的事不是好事情，又被本人听见了，又要怨恨也未可知。所以说人闲话不是怎么好事。还有平常觉得关心的人，说了对他不起，所以也就谅解了忍着不说，假如不然的话，那便大家说笑算了。

第238段　人的容貌

人的容貌中间，有特别觉得美观的部分，每次看见，都觉得这是很美，甚是难得。图画什么看见过几次，就不很引人注目了。身边立着的屏风上的绘画什么，即使非常漂亮，也并不想再看。但是人的容貌，却是很有意思的事。便是不大精巧的家具中间，也总会有一点是值得注目的地方。难看的容貌也正是同样的道理，但是因此觉得聊以自慰的人，那就很是可怜的吧。

第239段　高兴的事

高兴的事是，自己所没有看到的小说还有许多，又看了第一卷，非常想继续着看，现在见到了第二卷，这是很高兴的事。但是这很拙劣，看了很是扫兴的事也是有的。

拾得人家撕碎抛弃了的书信来读，看见上面有连续的好些文句。做了一个梦，不知道是什么事情，正是害怕，心里惊跳着的时候，据占梦的判断为没有什么关系，这实在很是高兴。

在高贵的人[①]的面前，许多女官都侍候着，正在讲以前有过的事，或是现今听说世间种种的事情，说着话的时候眼睛却看着我这边，这是很高兴的事。

在远隔的地方那是不必说了，就是同在京都里面，自己所顶为看重的人听说是有病，怎么样了，怎么样了呢，老是惦念着的时候，得到来信说是痊愈了，很是高兴。自己所爱的人给

① 指中宫定子。

人家所称赞，又为高贵的人所赏识，说不是寻常的人，也是高兴的事。

在什么时节所做的和歌，或是与人家应酬的歌，在世间流传为人家所称赞，或者写入笔记什么里去。这虽然不是自己所经验的事，但是也想象得到是很高兴的。

并不怎么熟习的人说出一句古歌或者故事，当时不好问，后来由别人问明白了，觉得很是高兴。随后在什么书本里面看到了，这是很偷快的，心想原来是出在这里么，更觉得当初说这话的人很有意思了。

陆奥地方的檀皮纸，白色的纸，或者只是普通的雪白的纸，得到手里，很是高兴。在才情学问都很高而自己看了很惭愧的人面前，问到和歌的上下句，忽然的想了起来，就是自己的事也很是高兴。即使是平常记得的事，到得人家问到的时候，偏是完全忘了，这样的时候居多。急忙的寻找什么时，忽而见到，也是可喜的。现在就要看的书，怎么也找不着，把种种的东西都翻遍了，好容易才算找到，这实在是高兴的事。

在百物比赛①，及其他赌输赢的事情上面，得了胜利，这怎能不高兴呢？还有暗算那很是自负，得意扬扬的人，也是高

---

① 即物合比赛。古时日本较为流行的一种游戏方式。双方选取同一种物品，各出其一，分出优劣，优者胜，劣者负。譬如“绘合”比赛，就是比赛双方，各出一幅绘画作品，哪方的画儿好，哪方取胜；“扇合”比赛，双方各出一柄或几柄扇子，哪方的扇子更精致、更名贵，哪方取胜。类似的还有“贝合”“书合”“花合”等比赛。中国古时，闺中常玩的“斗草”，也是此类游戏。

兴的事。赢了女人们那不算什么，要使男子上当那更有意思。这事情那对手必定要还报的，时常要警戒着，这种心情也很愉快，那边的人又或是装得很是坦然，似乎没有想着什么，叫这边不防备，那也是很好玩的。

平常觉得可憎的人，遇着了不幸的事，虽然这样想是罪过①，但是觉得很可喜的。

新作木梳，很精致的做好了，也觉得是高兴。无论什么，凡是关于所爱的人，比自己的事，更是高兴。

在中宫的御前，女官们侍候着，房间里没有空地，我那时刚才进去供职，在稍为离得远的柱子边坐着，中宫却看见了，说道：

"到这边来吧。"女官们让出路来给我，将我召到御旁去了，这件事想起来也是很高兴的。

第240段　纸张与坐席

在中宫面前，许多女官们侍候着，谈着闲天的时候②，我曾说道：

"世间的事尽是叫人生气，老是忧郁着，觉得没有生活下

① 佛家讲究普度、慈悲、博爱，认为幸灾乐祸是不对的，是一种罪孽。

② 此处，清少纳言与女官们谈起的是长德二年六月，她被误认为左大臣藤原道长党羽的事。为这事，清少纳言很是苦恼了一段时间。

去的意思，心想不如索性隐到哪里去倒好。那时如能有普通的纸，极其白净的，好的笔，白的色纸[①]，或是陆奥的桤纸得到手，就觉得在这样的世间也还可以住得下去。又有那高丽缘[②]的坐席，草席青青的，缘边的花纹白地黑文，鲜明的显现，摊开来看时，不知怎么的，总觉得这个世间也还不是就放弃得，便不免连性命也有点爱惜了。”这样说了，中宫就笑着说道：

“这真是，因了很无聊的事，就可以得到慰藉的了。那么弃老山的月亮[③]，究竟是怎样的人看的呢？”伺候的女官们也都说道：

“这倒是很简易的长生的方法呀。”

以后过了好些日子，因为有点事情感到烦恼，退出在自己的家里的时候，中宫赐给我很好的纸二十帖，并且传话道：

“早点进宫来吧。”又说道：

“这纸是因为想起从前曾经说过的话，所以给你的，因为不是很好的纸，或者不能书写《寿命经》[④]，也说不定。”这样的说，实在很是有意思。连我自己也几乎完全忘记了的事，中

---

① 色纸，即染上了色彩的纸。白的色纸，指染成了白色的纸。

② 高丽缘，即坐席的边缘。

③ 传说，日本信浓的更科地区，有一座“姥舍山”（不少老姥被舍弃于此），曾有男子嫌弃母亲年迈，将母亲丢在山中，后，见到山中明月，感念昔日种种，愧悔不已，连忙返回，将母亲带回家。回到家后，男子心中五味杂陈，作歌一首，歌曰：“我的心难以安宁啊，望着那照在弃老山上的，更科的明月。”作者此处，援引的就是这首歌。此歌，《古今和歌集》第十七卷中有载录。

④ 指唐时不空三藏法师译著的《寿命陀罗尼经》。

宫却还是记忆着，这就是在普通的人，能够这样，也是怪有意思的，何况这是出于中宫，自然更是感谢不尽了。因为喜欢，心也乱了，觉得不晓得怎么样说的好，只写了一首和歌道：

提起来也是惶恐的

神明①的灵验，

我就将成为鹤龄了吧。

那么，这未免活得太久了吧，请把这话代为启上。这样写了送了上去。这是台盘所的女官送信来的，把一件青的单衣给她作为赠物，打发她去了之后，就将那纸订成册子，非常觉得高兴，把这几时的烦闷的心情也消遣开了，心里也很是愉快。

经过了两天之后，有个穿红衣的男人，拿了坐席进来了，说道：

"把这个进上吧。"使女出去问道：

"你是谁呀？好不客气。"粗率的说，那男子放下了就走了。我问道：

"从哪里来的呢？"回答道：

"已经回去了。"拿了进来看时，乃是特别的人使用的所谓"御座"做成的坐席，用高丽缘沿边，很是漂亮。心想这

---

① 与"纸"同音，此处一语双关。意为，得到庇佑，我得以如仙鹤般长寿千年。

是从中宫来的吧，可是因为不能确定，叫人去找寻送来的那男子，却已经走掉了。大家觉得奇怪，互相谈论着，只是使者已经不在，那也没有办法。假如地方送错了的话，那自然会得再来的。想去试问中宫近旁的人来着，但是此外还有谁是这样好事的人呢，一定出于她的指示，这是很好玩的事。

过了两天没有什么消息，但是事情却是更没有疑问了。我对女官左京君说道：

“有这么的一回事，请你看一下有这样子形迹么？希望你秘密的告诉我。如果没有这样的事，就请把我说的这番话，也不要泄漏出去吧。”回答说道：

“这实在是中宫极秘密的教做的事。千万不要说是我所说的，日后也请保守着秘密。”固然不出所料，想起来很是有意思，写了一封信，偷偷的叫人去放在宫里的栏干上边，可是因为送信的人有点慌张，从栏干上拂落，掉落在台阶底下了。

第241段　二条宫

二月十日[①]，关白公在法兴院的积善寺的大殿里，举行一切经供养[②]。女院和中宫都要前去，所以在二月初一左右，中

① 指正历五年二月十日。次年四月十日，关白藤原道隆去世。藤原道隆，是前关白藤原兼家的嫡长子。

② 即一切经供养法会。誊抄佛门各种经书典籍，捐献给寺院，供奉佛前。

宫先搬到二院宫里去。那时已是夜深了，很是渴睡了，什么也没有看清。到了次日早晨，太阳很明亮的照着，这才起来看时，宫殿新建，布置得很有意思，连御帘也好像是昨日新挂似的。房内一切装饰，狮子狛犬等东西也不知什么时候摆好的，看了很觉得有兴趣。有一棵一丈多高的樱花，花开得很茂盛，在台阶的左近，心想这花开得很早呀，现在还正是梅花的时节呢。再一看时，乃知道实在是像生花。一切的花的颜色光泽，全然和真的一样，真不知道是怎样费事的做成的呵。可是一下了雨，就怕要褪色凋谢了，想起来可惜得很。这里原是有许多小房子，拆去了，新建的，所以到现在没有什么可以观赏的树木。可是构造都是宫殿的样式，觉得很是亲近，而且很是优雅。

关白公就过来了。着了蓝灰色的平织的缚脚裤，樱花的直衣，底下衬着红色下衣三重，外面就穿着直衣。中宫以及女官们都穿着红梅的浓色或是淡色的织物，平织和花绫的种种的服装，真是应有尽有，光辉灿烂的，唐衣是嫩绿的，柳色[①]或是红梅。关白公坐下在中宫的前面，说些闲话，中宫的回答非常的漂亮，我在旁看着，真想怎么使得平常的人窥见一点儿这才好呢。关白公看着女官们说道：

“中宫不知道是怎么的想呢。在这里这样排列着许多的美人，那么的看着，真是可羡慕得很哪。一个都没有稍差的，而且又都是名门的闺女，真是了不得的事，要好好待遇她们才对

① 一种外白内青的唐衣服色。

呢。可是大家是不是了解这中宫的性情，所以来到这里的么？她是多么吝啬的一位中宫，我自从她诞生以后，一直很用心的伏侍她，但是把旧衣服赏我一件的事情，一回都不曾有过。这听去好像是说背后的坏话哩。”这样的说玩笑的话，在那里的女官们都笑了。

“这是真话。当我作傻子看，这样的笑了，实在是羞得很。”说着话的时候，有使者从宫里来了，这是式部丞某人[①]奉命而来。大纳言接了书简上来，交给关白公，解了下来[②]说道：

“信里的话倒很想看一看呢。假如得到许可，真想打开来看哩。”虽是这样说，又说道：

“似乎不合适，而且也惶恐得很。”便拿来送给中宫了。中宫接到了，可是并没有立即开封的样子，这种从容应付的态度，实在是很难得的。一个女官从御帘里将坐垫给御使送了出来，还有三四个女官并坐在几帐旁边。关白公说道：

“且到那边去，给御使准备出礼物来吧。”说完站起身来，中宫才打开书简来看。回信是用了同御衣一样颜色的红梅的纸所写，那两种颜色互相映发是怎样的艳丽，不曾在旁看着的人，是万想象不来的，想起来实是遗憾。今天说是特别的，从关白公方面给御使发给赠品。这是女人的服装，外添一件红梅

---

① 指时任式部丞、兼任藏人的源则理。

② 古时，日本的书简或书信都系在柳枝、松枝、花枝上来传递，后文说解了下来，是说将书简从花枝上解下来。

的细长。准备好了杯盏，原想请御使喝醉了去，但是那使者对大纳言说道：

“今天是有很重要的职务来的，所以请特别免赐了吧。”这样的说，就退去了。

关白公的女公子们都很漂亮的妆饰着，红梅的衣服互相竞赛，各不相下，其中第三人是御匣殿，看去身材要比那第二女公子为高大，似乎说像是夫人更为适当了。关白夫人也来了。旁边放着几帐，不和新来的女官们见面，觉得很有点无聊。

女官们聚集拢来，商议在供养的当日穿什么衣服，拿什么扇子的事。其中也有似乎赌气的说道：

“像我这样算得什么，反正只穿现成的就是了。”人家便批评她说道：

“这照例说那老话的人。”便都有点讨厌她。到了夜间，有许多人退回自己的家里去，但是这是因为准备服装的事，也不好挽留得她们。

关白夫人每天都来，夜间也住在那里。女公子们也都来了，所以中宫的身边十分的热闹。天皇的御使也每日到来。

其二　偷花的贼

那殿前的樱花，因为本来是造花的缘故，所以颜色不但没有变得更好，日光晒着更显得凋萎的样子，看了很是扫兴，若是遇见落过雨的早晨，尤其不成样子了。我很早的起来，想起前人的歌词，说道：

“这比起哭了离别的脸[①]来，很有逊色呀。”中宫听见了说道：

“那么说，昨天夜里似乎听见下雨了，樱花不晓得怎么样了呢？”出惊的询问。

从关白公那边来了许多从者和家人，走到花的底下，就把树拉倒了，说道：

“上头吩咐，偷偷的前去，要在还黑暗的时候收拾了。现在天已经大亮。这真是糟了。快点吧，快点吧。”忙着拔树，看了也觉得很有意思，要是懂得风流的人，很想问他一声，可不是想起做那“要说便说吧”[②] 的歌的兼澄[③]来了么，但是我不曾这样问，只是说道：

“那偷花的人是谁呀？那是很不行的哪！”笑了起来，那些人拉了樱花的树，径自逃去了。到底关白公是了解风流的人，如随它下去，那么造花被雨所湿了，缠在枝间，那是多么难看的事呀，我这样想就走进屋里来了。

扫部司的女官来了，打开了格子，由主殿司的女官清扫完

---

① 歌词。全句为：“瞧那樱花被露水润湿的容颜，忆起哭了离别的脸，觉得十分眷慕。”歌的作者已不可考，《拾遗和歌集》第六卷载录了整首和歌。此处，清少纳言是反用其意，说泪湿的容颜比樱花更漂亮。

② 歌词，全歌为：“看山的人，要说便说吧，我欲将折一枝高砂尾的樱花，插在头上。”这首歌载录于《后撰和歌集》中。作歌者为僧正遍昭之子素性法师。但此处，清少纳言却说这首歌是源兼澄所作，年代久远，不可考据，不知哪种说法为真。

③ 源兼澄，著名歌人，中古三十六歌仙之一源信明的儿子。

了之后，中宫这才起来，一看花没有了，便问道：

“啊，怪事，那花到哪里去了呢?”又说道：

“早上，听见有人说偷花的人，以为是稍为折几枝去罢了。这是谁干的事呢？有人看见了么?”我回答道：

“看是没有看见。因为天色还是黑暗，不很看得清楚，只看见仿佛有穿白色衣服的人，猜想是来拗花的，所以问了一声。”中宫说道：

“便是来偷花，也不会这样全部拿走的。这大概是父亲给隐藏了吧。”说着笑了。我说道：

“不见得是这样吧。恐怕是春风的缘故，也说不定。”中宫说道：

“这是你想这样说，所以把真情隐瞒过了。这并不是谁偷去的，乃是雨下了又下，花也都坏了吧。”这样敏捷的机智，虽然不是珍奇的事，可是也是很漂亮的。

关白公到来了，觉得早上睡起的脸，不是时候的给他看见了不大好，就躲进里边去了。关白公来了就说道：

“那花说是不见了。怎么会得这样的被人偷去了的呢？女官们真是睡得好香哪，说是不曾知道呀。”似乎是很出惊的样子。我就轻轻的说道：

“那么，也是比我们更早的知道[①]这件事的了。”却是很敏

① 壬生忠见所作和歌歌词的化用。说关白提前预知了樱花被偷的事情。原歌为：“听见莺啼之声，觉得山路深深，比我先知道春光了。”全歌载录于《新拾遗和歌集》第十八卷。

捷的就被听到了，说道：

“我想大抵是这样的吧。别的人是不会觉到的，除非是宰相君或是你，才能晓得。”说着大笑了。中宫也说道：

“但是那件事，少纳言却推给春风[①]去了。”说着微微的笑，这样子十分的漂亮。以后对着父亲说道：

“这是给春风说的谎话，现今是山田都要插秧的时节了。”引用古歌来说话，实在是非常优雅有趣。关白公说道：

“总之，很是遗憾，被人家当场发见了，虽然我当初是怎么的告诫他们的，我们家里有那么样的笨人嘛。”又说道：

“漫然的说出春风，那也真是说得好呀。”便又吟诵那首歌。中宫说道：

“就是只当作平常的说话，也是巧妙得很。但是今天早上那情形，那一定是很有意思的吧。”说着笑了。小若君[②]说道：

“那么这是她，早已看见了，说被雨淋湿了，‘这是花的丢脸的事’。”自己很懊悔没有能够看见，这也是很有意思的。

其三　花心开未

经过了八九日光景，我将要退还私第，中宫便说道：

“且等日子近一点再走吧。”可是我仍是回来了。后来比

① 援引纪贯之的和歌，歌曰：“山田都要插秧了，别将花落的原因，推给春风啊。”

② 即松君。中宫定子的侄子，大纳言藤原伊周的嫡子，时年 12 岁的藤原道雅。

平常更是晴朗的中午，中宫寄给信来道：

“花心开未[1]，如何？”我回答道：

“秋天虽然未到，现在却想一夜九回的进去呢。[2]”

其四　乘车的纷扰

在当初中宫出发往二条宫去的那天晚上，车子很是杂乱，大家都争先的乘车，非常嘈杂，觉得讨厌，便同三个要好的友人说道：

“这样吵闹的乘车，好像贺茂祭回来时候那样子，仿佛拥挤得要跌倒了似的，真是难看得很。就这样任凭它去好吧，如果没有车坐，不能进去，中宫知道了，自然会得拨给别的车子的。”大家说笑着，站在那里观看，女官们都挤作一块，慌忙地乘车完了的时候，中宫职的官员在旁边说道：

“就是这些了么？”我们答应道：

“这里还有人呢。”官员走近了来问道：

“那都是谁呀？”又道：

“真正是怪事。以为都已经上了车了，怎么还有这些人没有坐呢。这回本来是预备给御膳房的采女们坐的。实在是出于意外的事。”似乎是很出惊，使将车子驶近前来。我说道：

---

① 白居易《长相思》一诗中有“二月东风来，草坼花心开”之句，中宫问“花心开未”，引用的便是“草坼花心开”之句。

② 清少纳言回答中宫问话时，化用的也是《长相思》中的诗句。原句为：“九月西风兴，月冷霜华凝，思君秋夜长，一夜魂九升。”

“那么，请先给那预定的人们坐了吧。我们便是在下一次的也罢。”中宫职的官员听到了，便说道：

“哪里话，请不要再别扭了吧。”这样说了，我们也就坐上了车。这的确是预备给膳房的人乘用的车子，火把也很是黑暗，觉得很阴郁的，这样的到了二条宫。

中宫的御舆却早已到着，房屋的设备也已齐备，中宫就坐在里边，说道：

“叫少纳言到这里来。”于是右京和小左近两个年轻的女官，向到来的人们查看，可是没有。女官们下车，一车四个人都一块儿到中宫面前伺候，不见有我们到来，中宫说道：

“真奇怪了。没有么，那么为什么不见的呢?”我却全然不知道，直到全部下车之后，才给右京她们所发见了，说道：

“中宫那么盼切的询问，为什么这样迟来的呢?”说着连忙带往御前去，一看那里的情形，仿佛是长年住惯了的模样，觉得很有意思。中宫说道：

“为什么无论怎么寻找，都没有找到的呢?”我不知道怎么说好，同车来的人答道：

“这是没有法子。我们坐了最后的车子，怎么能早到来呢？而且这也是坐不上车，是御膳房的人看得有点对不起，特为让给我们坐的。天色也暗了，真是心里发慌得很。”笑着这样的说。中宫说道：

“这是办事的人员做得不对。你们又为什么不说的呢？情形不熟悉的人，表示谨慎这也罢了，右卫门①她们说一声，岂不好呢。”右卫门答道：

“虽是如此说，可是我们怎么能够抢先的走呢？”这么说了，在旁边的女官们一定听了会得怨恨的吧。中宫说道：

“乱七八糟的，这样的上车，真是不成样子。这要有秩序先后，才是对呀。”中宫的样子似乎很是不高兴。我便说道：

“这大概是因为我在私室的期间太久了，大家有点急不及待，所以争先上去的吧。”把这场面弥缝过去了。

---

① 右卫门，中宫女官，清少纳言的挚友，与清少纳言同乘一车的四人之一，姓名不详。

卷十一

望着明亮的月光，怀念远方的人，回想过去的事，无论是烦恼的事，高兴的事，有趣的事，都同现在的事情感觉到，这样的时候是再也没有了。

第 242 段　积善寺

明日在积善寺供养一切经，我在前夜便进宫去了。到了南院的北厢，向里边一张看，见有高灯台上点着灯，两个三个或是四个亲近的同僚，用了屏风隔开，或用几帐间隔着，正在谈话。又或不是谈天，也多数聚集拢来，钉缀衣裳，或缝腰带，又装饰容貌，那更不必说了；也有整理头发的，好像今天最要紧，后来就不管怎么都没有什么关系了。

“听说明晨寅时，中宫就要出发了。怎么还能不来呢？还有人来打听，说把扇子送给你哩。”有人这样的告诉我，我心里想道：

“当真的么？在寅时就走么？”这样想着一面准备装束，过了一会天就亮了，太阳也就升上来了。

在西边的对殿[1]的廊下乘车出发，所以大家都聚拢到渡殿那边来，有些才进宫来的女官们，都表示着谨慎。关白

① 大殿两侧的殿阁，皆南向，一左一右，称为对殿。

公便住在西边的对殿里，中宫也在那里，说要看着女官们乘车出发的样子，所以在御帘内有中宫，和她的妹子淑景舍，第三第四的女公子①，关白夫人和她的妹子，一总共是六位，并排的站着。车子的左右是大纳言②和三位中将这两位，揭开车子的帘子，放下车帷，来帮助女官们乘车。要是大家一起聚集了上车，那么也可以隐藏的地方，现在乃是四个人一车，按照名单，一一点名上车，走上去时实在觉得为难，似乎一切都显现在人的眼前，很是难为情。在御帘内的各位，特别是中宫，看见自己这样难看的样子，更是难受，觉得遍身流出汗来，整理得很好的头发，似乎也都直竖了起来③。好容易在那里走过了，这回是在车子旁边，看见大纳言和三位中将④两位叫人很难为情的。非常俊秀的姿容，微笑的看着，觉得害羞，将要昏过去的样子。可是并没有晕倒，终于走到车子那里，虽然觉得是没有一个人不是变了脸色的，但是全部总算都上了车，把车子拉出到二条的大路上，将车辕都搁在“榻”上面，像是

---

① 中宫定子为关白藤原道隆的嫡长女，有三个妹妹，分别是三条天皇的淑景舍藤原原子，冷泉天皇皇子敦道亲王的王妃，以及一条天皇的御匣殿。

② 指藤原伊周。

③ 人在情绪激动，如兴奋、快乐、恐惧、惊慌、愤怒时，会因为交感神经兴奋、肾上腺素分泌加快而毛发竖立。中国有成语名为“毛骨悚然”，指的就是这种状况。不过，在日本，人们多用“头发直竖”来形容高兴、兴奋，而非恐惧。

④ 指藤原隆家。

观览车那么排列停着，实在是很有意思的。心想别人看见，也一定觉得漂亮吧，想着不禁心里兴奋起来。四位五位六位的人很多进进出出的，有的来回到车子旁边，装模作样的来说话。

最先是迎接女院①的行幸，关白公以下，凡殿上人和地下人都到来了。女院过去之后，随后中宫出发，大家都等待得很焦急，太阳已经升上来了，中宫这才通过。女院的行列总共有车十五辆，其中有四辆是尼僧的车。第一辆是女院御用的唐车②，随即接着尼姑的车子，车后边露出水晶的数珠，淡墨色的袈裟和法服，很是漂亮，车帘也不卷起，车帷是淡紫色的，下底稍为浓一点。其次是普通女官的车十辆，樱花的唐衣，淡紫色的下裳，打衣全是红色的，和生绡的外衣，也很显得艳丽。太阳明朗的照着，天空中横亘着浅绿的彩霞，与女官们的服装相映发，觉得漂亮的锦绮要比种种颜色的唐衣更是鲜艳，无可比喻。

关白公和他的几位兄弟，全都到了，过来招呼着，真是非常的漂亮，大家看这情形，很是赞叹。中宫这边的车子共有二十辆，也是这样排列着，由别的方面③看来，想必也是很有意思的吧。

这回不知道中宫是什么时候出发，大家等得很久，又不晓

---

① 指一条天皇的生母，东三条院藤原诠子。

② 唐车，御用的车辇，唐式，车厢宽大，车顶用槟榔叶装饰修葺、极高。

③ 指从女院的视角或角度来看。

得为什么这样的迟呢，心里着急，好容易看见有采女八个人骑了马，牵着出来了。青色末浓的下裳，裙带和领巾，在风中飘着，看着很有意思。名叫丰前的采女乃是医师①重雅的妻子，她穿着蒲桃染的锦绮的缚脚裤，有点特别的样子，山井大纳言②笑着说道：

"重雅是许可使用禁色③的哪。"

大家都乘了车，排作一列，这时候中宫的御舆乃出发了。看了女院的行列觉得很漂亮。可是同这又不能相比。朝阳明朗的照着，舆上的葱花宝珠④显得非常辉煌，车帷的色泽也更是鲜艳。御舆四角的纤拉着，车帷微微的动摇，看着这情形真是非常兴奋，连头发都直竖起来，觉得并不是什么假话，以后头发稀薄的人，或者要以此为口实吧。说自从头发直竖之后这就不行了。看了出惊，还是说不尽，简直可以说是庄严了，想到自己怎么会在这样的人旁边供职，也就觉得是了不起了。御舆过去之后，卸下来放在架子上的车子，再驾好了牛，跟着御舆前进，这时候心里的

---

① 太医院辖下的医官，相当于中国古代的御医。

② 即藤原道隆的庶长子藤原道赖。

③ 古时，有部分颜色、布料、物品是皇室或公卿专用，普通人没有资格使用的，人们称之为禁色。比如，中国一些朝代，明黄为帝王的专用色，只有帝王才能穿戴，其他人，不得使用，用了就是僭越、欺君。

④ 葱花宝珠，即拟宝珠，形状与葱花类似。古时，日本神道教认为，葱辛辣刺鼻，有驱邪去祟的功效，葱花虽不娇美，却长开不谢，预示着吉祥长寿。日本天皇有两种御辇，一种是"凤辇"，另一种就是镶嵌着金色拟宝珠的葱花辇。

偷快真是难以言语形容的。

其二　瞻仰法会

到了积善寺，在大门的地方奏起高丽[1]和唐土的音乐，还有狮子狛犬的舞，笙的音与大鼓的声，听得出了神，觉得这是到什么佛国来了么，听着音乐仿佛是升到天空上去的样子了。走进门内，有种种颜色织锦的帐幕，帘子青青的挂着，四面围着帷幕，觉得这简直不像平常人世了。车子拉近中宫的看台的时候，这里也是刚才的那两位站着，说道：

"请早点下来吧。"在乘车的时候，还是那么害羞，现在更是明亮，在大庭广众之中，自然更是迟疑了。大纳言是堂堂端整而且非常潇洒的姿态，将下袭的衣裾拖得很长，显得地方都狭窄了，揭起车帘来说道：

"请快点下来。"添了假发，整理好好的头发，在唐衣里边鼓得高高的，却已恐怕弄得不成样子，而且连毛发的黑黄颜色也都看得清楚，真很是讨厌，不能立即下来。大纳言又说道：

"请先从后边坐着的人下来吧。"那人也是同样的意思吧，便说道：

"请你站开一点儿。这样惶恐得很哪。"大纳言笑着说道：

---

① 高丽乐，三韩音乐的总称。三韩，是古时朝鲜半岛上的三个极具代表性的部族，分别为马韩、弁韩和辰韩。

“又是害羞了。”便走到原来的地方去了。好容易我们都下了车，又来到近旁，说道：

“中宫说，瞒过了致孝[①]他们，叫他们下车来吧。所以我是这么的在车边等候，真是不会体谅人的意思。”便帮助我们下了车，带到中宫的面前来了。中宫那样的说，她的意思实在是很可感谢的。

到了御前，有先下车的女官在观览方便的地方，八个人在一块儿。中宫是在大约一尺多、二尺高的板廊上面。大纳言说道：

“不叫人家看见，将少纳言她们带到这里来了。”中宫问道：

“在哪里呢?”说着到几帐的这边来了。还是穿着普通的唐衣，已经是非常的漂亮，再加上红色的打衣，尤其是美丽。里边是唐绫的柳色御袿，蒲桃染的五重衣服，赤色的唐衣，白地印花的唐土的罗纱，和印有金银泥的细画的下裳，重叠的穿着，其色泽的艳丽，简直无可比喻。中宫问道：

“你们看我的样子怎么样呢?”我回答道：

“非常的好。”要用言语来形容，其实也只是极平常的话罢了。中宫又说道：

“等待得很久吧。那是因为中宫大夫[②]，在那陪伴着女院时所穿的衬衣，给人家看见过，现在再穿同样的衣服，觉得不

① 指藤原致孝。

② 指时任中宫大夫的藤原道长。

大好，所以叫缝置别一套衬衣，因此迟了。那才真是爱漂亮呢。”说着笑了。

这时天气晴朗，更显得姿容的漂亮异于平时，头发在额上卷起，插着钗子的地方，显明的看得出分界，略为偏一点儿，这姿容的美丽真是说不尽的。

三尺的几帐一双，交错的安放着，作为与女官们的间隔，在这后边横放着一张坐席，铺在板廊上面，有关白公的叔父兵卫督忠君①的女儿中纳言君和富小路右大臣②的孙女宰相君两个人，在中宫旁边坐着观看。

中宫四边看了一下，说道：

“宰相你到那边，大家所在的地方去看去吧。”宰相君了解中宫的意思，便说道：

“这里也很可以容得三个人看吧。”中宫说道：

“那么好吧。”就把我叫了上去。其他在下边的女官们笑说道：

“这好像许可升殿的小舍人的那样子哩。”别的人又说道：

“那是为的叫人发笑，所以这样做的吧？”又一个人说道：

“那有如跟马的小使③吧！”人家这样的说冷话，便因为我到上边去看法事，是很有面子的事呵。我自己讲这话，有点近于自己吹嘘，又使得上头的人给人看轻，把我无样无聊的人那

---

① 指藤原忠君。藤原道隆的叔父。

② 指右马头藤原重显的父亲、时任右大臣的藤原显忠。

③ 宰相君的父亲时任右马头，管理着右御马寮，所以，清少纳言才调侃她是“跟马的小使”。

么看得起，让世间去讲闲话，很对不起上边，实在很是惶恐。但是这乃是事实，所以也是没有法子。总之，这在自己实是过分的事情了。

女院的看台和别的各人的看台，四面看来都是很好的眺望。关白公首先到了女院的看台那里去，随后再到这边来。同来的有大纳言等两位①，还有三位中将在近卫的卫所，背着弓箭武器，样子非常相配。此外殿上人，四位五位的官员，有许多人陪伴着。

关白公走进来的时候，女官们全部直至御匣殿，都穿着唐衣和下裳，关白夫人在裳的上边，独穿着小袿。关白公看了说道：

“这简直同绘画里的模样一般哪。自此以后，不要说今日顶好了也罢。三四君②两位，来给中宫脱去那御裳吧。因为这里的主君，乃是中宫嘛。在看台的前面，设了近卫的阵，这决不是寻常的事情呀。”说着高兴得流下泪来。看着的人也都像是要落下泪来的样子，这也是难怪的。关白公看见我穿的樱花五重唐衣，说道：

“法衣刚才缺少一领，急忙中很是着急，拿这借用了岂不是好。但是这或者倒是用法衣裁成的，那也说不定吧。”这样的说，这回使得大家都笑了。大纳言坐在稍为远一点的地方，

---

① 指时任大纳言的藤原伊周与藤原道赖。道赖是关白道隆的长子，却不是高阶贵子所生。伊周不是道隆的长子，却是嫡子。

② 中宫定子的三妹和四妹，后来的敦道亲王妃及一条天皇御匣殿。

但是听到了这话，说道：

“那或是借的清僧都[①]的衣服吧？”这一句话，也是很有意思的。

所说的僧都穿着赤色的罗的衣服，外加紫色的袈裟，极淡的紫色的衬衣和缚脚裤，头剃光得青青的，像是地藏菩萨的样子，混杂在女官们中间走着，煞是好玩的事。大家笑着说道：

“僧都在僧纲[②]中威仪具足，但是在女官队里，很不雅观呀。”

有人从父亲大纳言那里，带了松君来了。穿了蒲桃染织物的直衣，深色的绫的打过的内衣，和红梅的织物等，照例有四位五位的许多人陪侍着。有女官来抱到看台里去了，随后不晓得有什么不如意的事，便大声哭叫起来，这也使得更加添了一番热闹。

法事开始了，把一切经装入红的莲花里，一朵花里一卷经，由僧俗、公卿、殿上人、地下的六位，其他无论何人，都捧着走过去，实在非常尊严。随后是大行道[③]，导师走来，举行回向[④]，稍为等待舞乐就开始了。整天的观看着，眼睛也疲劳了，很觉得苦。天皇的御使五位藏人到来了。在看台前边架

① 调侃之言。因作者姓清原，所以被戏称为“清僧都”。

② 指负责管理佛教事务的僧纲司。也指僧院的官职体系。

③ 行道，佛教法会上一种极重要的仪式，僧人一边念诵经文，一边绕着佛像行走，一般绕行三圈或七圈。

④ 回向，佛教仪式，多在法会将结束时举行，是将法会中集聚的所有功德转向众生、试图普度众生、令人人皆可成佛的一种仪式。

起胡床来，坐着的样子，的确显得很是像样的。

其三　盛会之后

到了夜里，式部丞则理到来了，传谕道：

“天皇的旨意，叫中宫今晚就进宫去，并令则理陪去。”因此他自己也便不回去了。中宫说道：

“可是也得先回二条宫去。”虽是这样说，又有藏人弁[1]来到，对于关白公也有书信劝驾。中宫乃说道：

“那么就遵谕办理吧。”便进宫去了。

从女院的看台方面，也有信来，引用古歌“千贺的盐灶”[2]的话，对于不能会面的事，表示遗憾，还送来很好的水果等物，这边也有回赠的东西，这实在是很漂亮的。

法会完了，女院回去了，女院供职的人和一半的公卿都奉陪了同去。

女官们的从者也不知道中宫已经进宫去了，还以为是回二条宫里，便都往那边去，无论哪样等候，仍不见主人们的到来，夜已经很深了。进宫去了的女官们心想从者们会得拿直宿

---

① 兼任弁官的藏人。此处指高阶贵子的兄弟、中宫定子的舅舅、时任右少弁的高阶信顺。

② 平安时代已传唱不衰的一首古老和歌，见载于《续后撰和歌集》。千贺，地名；盐灶，地名，隶属于千贺地区。全歌曰：“陆奥千贺的盐灶啊，路虽近却崎岖难行，无法和那个人相见。”从歌词看，这是一首恋歌，盐灶在歌中也有暗喻咸苦之意，表达的是无法与恋人相见的苦涩。

用衣类来的吧，可是等着也并不见到来。穿着新的衣裳，身上也不服帖，天气又寒冷，喃喃的生着气，可是没有什么用处。第二天早上，从者们来了，对他们说道：

“为什么这样的不留心的呢?”说的辩解的话也是很有道理的。

法会的第二天，下起雨来了，关白公说道：

“这样就很可以证明我前世的善根了。你以为是怎么样呢?”这样的对中宫说，可见他是怎么的安心满意了。

第243段　可尊重的东西

可尊重的东西是，《九条锡杖经》[①]。念佛的回向文[②]。

第244段　歌谣

歌谣是，杉树立着的门。神乐歌[③]也很有意思的。今样节

① 唐时传译到日本的佛教经典，合共九条。法会上，僧人会唱经，每唱一条，就振动锡杖一下，九条九振，十分庄重。

② 回向文，佛教回向仪式举行时念诵的经文。回向，是佛门一种仪式，一般都在法会将结束时举行，意为以回向的方式，将法会上聚集起来的所有功德都返还给众人，愿普度众人，令人人皆可成佛。

③ 祀神时所唱的歌曲。

奏很长而有曲折的。又风俗歌[①]唱得很好的，也有意思。

第245段　缚脚裤

缚脚裤是，浓紫色的。嫩绿色的。夏天是二蓝的。天气顶热的时候，蝉翼色的也是很凉爽的。

第246段　狩衣

狩衣是，淡的香染[②]的。白色的。帛纱的赤色的。松叶色的。青叶色的。樱色，柳色，又青的，和藤花色的。男人穿的，无论哪一样颜色都好。

第247段　单衣

单衣是，白色的。正式服装的时候，还是穿红色的一重的袖衣为佳，虽说是白色的好，可是穿了颜色发黄[③]了的单衣，

---

① 即带着本土风情俗理色彩的民歌、民谣。

② 香染，染色方式的一种，又名丁子染，是将丁香花用水熬煎成汁用以染色的一种方式，染出的颜色略红且稍黄。

③ 不是白色转变为黄色，而是红色褪色，变成了黄色。

也实在不成样子。也很有穿练色[1]的衣服的人，但单衣总是白色的，无论男女穿了都觉得看去像样。

第 248 段　关于言语

把一句文字里的发音，读得错误，这是很不好的。只凭着一个字的发音，能使得这句话变成很是高雅的，或是很下流的，这是什么道理呢？在我这样想的人，可是自己本身，特别说话来得高雅，也未必然。这是凭了什么来判断，哪个是好，哪个是不好呢？但是这在别人这也罢了。不过我自己总是这么的想。例如说什么话，说“我要做什么事”，或者“要说什么”，往往将动词的那个指定助词略去，那就是不行的。若是写成文章，那是不行更不必说了。若是小说里用了这样不行的写法，作品本身就成为问题，连作者这人也要受到轻蔑了。假如在抄写的时候，旁边要注着“订正”[2]，或者“原本如此”[3] 等文句，这是觉得很可惜的。有人把“一辆车子”说成“一个车子”的。至于将“求”字读若

---

① 微带些黄晕的白色。

② 在木版刻印技术出现之前，书籍传播的主要方式为传抄，抄写时难免会有错误，或者书籍原版就有错误。发现错误，在旁边注释纠正，即为“订正”。

③ 传抄书籍时，发现书籍中有不当错漏之处，却又不确定这一处是不是错了，抄写者大都会原样抄写，然后在旁边加上注释说明。注释大多是“原来如此”，意思是原来就是这样，不知道错没错。当然，有一部分“原来如此”也表示恍然大悟、本该如此。如何判断，还要依情况而定。

“认”字的[1]，更是常见了。有些男子，将这些怪话故意的不加订正，说着好玩的，那并没有什么不好。独有当作平常言语，自己使用着的那些人，感觉着不满罢了。

第249段　下袭[2]

下袭是，冬天踯躅[3]，练绢袭，苏枋袭。夏天二蓝[4]，白袭。

第250段　扇骨

扇骨是，青色的扇面用红的，紫色的扇面则用绿的。

第251段　桧扇

桧扇是，没有什么花样的，或是中国画。

---

① “求”与“认”读音十分近似，前者训作“毛止武”，后者训作“美止武”，读错、误读是很常见的事情。

② 一种后裾特别长的半身衬衣。

③ 服色名，多在春冬时节穿着，内里为红色，表面为苏枋色。

④ 此处，二蓝指的不是染色的方式，而是一种夏天穿着的衣服，这种衣服内里为浅蓝色，外表为蓝红色。

第252段　神道

神道是，松之尾神社[①]。八幡[②]，此神是这国里的皇帝，所以极是伟大的。主上行幸的时候，乘坐了葱花辇前出，实在是壮观。大原野，贺茂神社，那更不必说了。稻荷[③]，春日明神，也都觉得很可尊崇。佐保殿，就这名称也感觉得很有意思。在平野地方，有一座空屋在那里，问这是什么用的呢？答说，这是寄放神舆的所在，这也觉得很可尊敬。墙垣上爬着许多藤萝，红叶各种颜色的都有，想起纪贯之的“不能与秋天违抗”[④] 的歌来，深深有所感觉，好久的站在那里。分水的神[⑤]也是很有意思的。

---

① 奉祀山末之大主神大山咋命及其子别雷神的神社，位处日本京都松尾村。

② 即石清水八幡神社。神社中祭祀的是被尊为“武功之神”的应神天皇。

③ 即伏见稻荷大社。奉祀主管丰收、农事的稻荷神。

④ 纪贯之所作的古和歌的歌词，载录于《古今和歌集》第五卷，全句为：“肃穆的神之墙垣上，爬满的藤萝也不能与秋天违抗，换了颜色。”

⑤ 奈良县吉野郡水分神社奉祀的“天之水分神”和吉水神社奉祀的“国之水分神”。据日本《古事记》记载，水分神是日本神话传说中的水神，是神明速秋津比卖和速秋津日子的孩子。

第253段　崎[1]

崎是，唐崎。伊加崎。三保崎。都是有意思的。

第254段　屋

屋是，圆屋。四阿屋[2]。

第255段　奏报时刻[3]

在宫禁中，近卫的官员奏报时刻，是很有意思的事。天气很冷的时节，在夜半的时候，只听得吃哒吃哒的响，是拖走着鞋子的声音，随后是鸣弦，用了高雅的语音说道："什么家的某人[4]。时刻是丑时三刻。"或者是"子时四刻"。就听见挂上

---

① 通"岬"，在日本常被用于地名。

② 四角出檐的屋宇，类似中国的"亭"。

③ 古时，以十二干支法计时，一日24小时被分为12个时辰，每个时辰2小时，一个时辰分为8刻，每刻相当于现在的15分钟。

④ 指自报出身及姓名。

时刻的牌子，这是很有意思的。乡下的人们常说是“子时九刻”[①]，或者“丑时八刻”，其实是一切的时刻，都只有四刻，那时才把牌子挂上的。

第256段　宫中的夜半

太阳明亮的照着的正午时节，或是夜已很深了，将要到子时的光景，推想主上已经睡觉了的时候吧。这时听见主上叫道：

“人[②]来呀。”这是很有意思的。又在半夜里，听见有笛声吹着，也很是漂亮的事。

第257段　雨夜的来访者

成信中将乃是入道[③]兵部卿宫[④]的儿子，风采非常闲

---

① 古时，日本民间并无计时的铜漏，都是听宫中或地方打更击鼓来计算时辰。按制，不同的时辰，会击打不同的鼓点。子时、午时，击鼓9下；丑时、未时，击鼓8下；寅时、申时，击鼓7下；卯时、酉时，击鼓6下；辰时、戌时，击鼓5下；巳时、亥时，击鼓4下。民间的计时方式与正经的时刻计时法其实并不同，相对比较混乱，所以，才有子时九刻这样的说法。

② 指殿上人。

③ 入道，对出家为僧的殿上人的称谓。

④ 指曾任四位兵部卿的致平亲王。

雅，性情也很优良。伊豫守源兼资的女儿[①]与他要好，后来被遗弃了，就跟了父母到伊豫去，那是多么可怜的事情呀。明天早上就要出发了，中将在那天晚上前去访问，残月的光中照着他归去时的直衣的姿态，那女人看着是怎样的心情呵！

以前中将常来谈话，人家的事有不对的，便直说不对，现在却说抛弃了那女子，也是意外的事。

有特别讲究什么“避忌”的人，宫中平常总是叫人家的姓作为称呼，她虽是已给人做了养女，改姓“平”氏了，但年轻的女官们总还称她的旧姓，当作话题。姿容也没有什么特殊的地方，名称叫作什么兵部[②]，虽是缺少优雅风流，却喜在众人前厮混，中宫也说是“难看”，但是人都怀着别扭的心，没有一个人去通知她的。

在一条院造起来的时候有一间屋子，决不让讨厌的人近前的。是正对着的东御门，很有趣的一间小厢房，我同了式部君[③]无论昼夜都在那里，就是中宫有时也到这里来看什么的。有一天，我说道：

---

① 源兼资之女原是藤原隆家的妾侍，后与源成信相识相恋，也有过一段美好的爱情，但最终还是被抛弃了。

② 什么兵部，是一种嘲讽的叫法，此处，清少纳言是想表达自己对这位女官的不屑。女官原姓什么不得而知，被收养后，改姓平，家中有近亲属出任兵部之职，按惯例，应该称为“平兵部”，或者冠以旧姓，称为“某兵部”，但清少纳言却偏说“什么兵部”，似乎是搞不清她到底姓什么，实则是在表达自己的不屑不满。

③ 中宫身边的近侍女官，与清少纳言交好。

“今天晚上，就在这里睡吧。”就在南边的厢房里边，两个人都睡了。过了一会儿，有人敲门敲得很响的。我们说道：

“真很吵闹。”便装作睡着了的样子，可是还是呼叫不息。中宫说道：

“叫她们起来吧。怕假装睡着哩。”那个叫作兵部的女官走来想叫醒我们，却只是装作熟睡着的样子。兵部说道：

“却总是不起来。”说着去了，到了门口，就那么坐下和来访的男子谈起来了。当初以为只是暂时，原来夜已经很深了。这谈话的人乃是权中将①，我们议论说道：

“这和兵部有什么话说呢？”说着咕咕的笑了，但他们怎么会得知道呢？说话到了天将破晓，中将这才回去了。

“那个人真好讨厌哪。这回再来，决不同他说话了。有什么事情，那么要整夜的讲话的呢？”我们笑着说话，打开了拉门，兵部就进来了。

第二天在照例的小厢房里，听见兵部和人家说道：

“在雨下得很大的时候，来访问的男人，实在是很怀念的。平常不很满意，似乎不很靠得住，这样的淋湿了来，一切不如意的事就都已忘记了。”她这样的说，不知道是什么意思呢。假如在昨夜里、前夜里以前一直接连着频频的来访的人，今夜下着大雨也都不怕，仍然走来，那像是一夜都不能隔开，觉得男子或者很是可怀念的。若是不然，好几天没有见面，很叫这边感觉不安心的男人，特别挑了这样时候走来，我是以为

① 指时任权中将的源成信。

断不能算是有情义的人的。这或者也是各人的看法不同吧。有人遇着懂得事情，了解情趣的女子，和她要好了，但是此外也多有要去的地方，也还有本来的家庭在那里，因此不能很频繁的来往，所以在雨下得很大的时候来访，人家听了互相传说，自己也可以得到称赞，是这样计画出来的行为吧。可是如果对于那个女人，一点儿都没有爱情，那也何必故意的造作出来，叫人去看呢？总之下雨的时候，非常阴郁，直到今朝为止的晴朗的天气再也不见，虽是住在后殿什么很好的地方，也并不觉得好了，况且住在并没有什么好的家里，心里就只希望它快点停住就是了。

其二　月夜的来访者

月明的晚上来访问的人，以后无论隔了十天、二十天、一个月，或者是一年，又或索性过了七八年之久，因了月光而想起自己来，觉得非常的有意思。因此就是在不便相见，别有理由的地方，或是在必要躲避人家的耳目的时候，也总想就是立着说几句话也好，然后叫他回去，又或者是可以留他住下的人，也就想将他留下了。

其三　月明之夜

望着明亮的月光，怀念远方的人，回想过去的事，无论是烦恼的事，高兴的事，有趣的事，都同现在的事情感觉到，这样的时候是再也没有了。《狛野物语》[1] 说不出有什么特别有意思的情节，文章也很陈旧，没有什么可看，但是里边写主人公因了月光想念前情，拿出虫蛀的蝙蝠扇，吟咏“曾经来过的马驹”[2] 的诗句站着的那场面，却是富于情趣的。

其四　再是雨夜的来访者

下雨因为觉得很是扫兴的事的关系吧，所以一遇见下起雨来，就有点讨厌。有些要紧的事情，应当很有意思的事情，或是非常尊重的事情，碰着下雨就把好事耽误了，现在弄得遍身沾濡了来访问诉苦，这有什么好玩呢？那个批评交野少将的落洼少将[3]，倒是很有意思的。这是因为在昨夜和前夜都曾经来访，所以觉得有些情趣，但是途中

---

① 日本古时较为流行的小说之一，现已不存，内容更不可考。

② 《后撰和歌集》第十三卷载录的一首古老和歌的歌词。这是一首恋歌，作歌者不详，歌中化用了“老马识途”的典故，全歌曰：“苍茫的暮色里，旧路已不见，只靠那曾经来过的马驹，往往来来。”

③ 落洼少将、交野少将都是小说《落洼物语》中虚拟的人物。落洼少将，指小说中女主人公落洼君的恋人右近卫府少将藤原道赖。交野少将，是落洼少将的情敌，也喜欢落洼君。落洼君，是中纳言之女，才貌双全，可惜生母早逝，继母容不下她，将她驱赶到下人居住的落洼去居住，所以，人们称她为落洼君。落洼君年岁渐长，继母却不愿意给她说亲，家中的仆役同情她，就找机会把右近卫府少将道赖引到了她的住所，两人相识、相知、相恋，最后结合。

踏了龌龊东西，虽然洗过了脚，可是总觉得很讨厌吧。[①]这样冒着辛苦前来，假如不是以前每夜都来访的话，有什么足取呢？

比起落雨天来，还是在大风刮得很厉害的晚上来访的男子，更觉得诚实有意思。但是比这尤其好的，乃是下雪的日子。独自口吟着古歌“怎能忘记你呢”，偷偷的前去那是不必说了，即使用不着秘密的地方，无论穿着直衣，或是狩衣和衣袍，藏人的青色的衣袍，冷冰冰的被雪所湿透了，都是很有意思的事。就是六位人员的绿衫，若是给雪沾湿了，也不觉得可厌。从前的藏人，夜里到女人那里去，必定穿青色的衣服[②]，被雨所湿了，绞干了再穿着，现在是在白天也似乎很少穿着的了。而且现今似乎只是穿绿衫的样子。兼任卫府职务的人所穿的，那更是非常的有意思了。听了我这样的话，恐怕就不外出[③]的人，就会得有，也未可知吧。

在月光非常明亮的晚上，极其鲜明的红色的纸上面，只写道“并无别事”[④]，叫使者送来，放在廊下，映着月光

---

① 指落洼少将冒雨夜访落洼君，途中踩到粪便的事，即便已经洗过了脚，却仍觉得腌臜扫兴。

② 六位藏人的制式服色。

③ 指不冒雨夜访恋人或情人。

④ 和歌《月明的夜致某女》中有句歌词：“虽然恋慕之心并不相同，今夜的月亮，君莫非不曾见？”此处，清少纳言化用的便是这句歌词。这首歌是首恋歌，载录于《拾遗和歌集》第十三卷，作歌者是源信明。

看时，实在觉得很有趣味的。下雨的时候，哪里能有这样的事呢？

第258段　各种的书信

平常总是寄后朝的书信的人，忽然生了气说道：

“这是什么孽缘呢？如今说也没用了。”这样在那一天就不给回信。在女人方面因为每次总是天一亮，就有书信来的，这回却不见来，觉得有点儿不满足，但是心里想道：

“这样的干脆断了，倒也痛快！”这样子一天就过去了。到了第二天，下着大雨的中午，还是没有信息，心里说道：

“那人真是对我断了想念了。”走到廊下的边沿坐着，傍晚时分，有撑着伞的少年送信来了，比平常更急速的打开封来看时，只见上面写着一句道：

“雨下水涨了。”这实在要比写了好些累赘的诗歌，更有意思。

又在今早还看不出要下雪的天气，忽然变得很是阴暗了，随着下起雪来，弄得四周更是黑暗，正是沉闷的坐着，只见在雪白的堆积着，一面还在落下的当中，有一个像是随从模样的细长漂亮的男子，撑着伞从侧门里进来①，送来一封书简，这是很有意思的。这给同事的女官的信，是用纯白的陆奥纸或白

---

① 送信人进的不是女官的家，而是当值后暂供休息的地方。

的色纸上，封缄地方的墨色好像忽然冰冻了的样子，末笔的颜色很是淡了①，那人开封来看时，这信卷得极细，卷过的地方遇着封缄结束，细细的有好些凹进去的摺文，那地方的墨或浓或淡，行间也很狭窄，不论表里乱写一气，反来覆去的长久的看，这里到底写着些什么事呢，旁观者从旁看着，也是很有意思的事情。况且读着有时候更是微笑，更是想要知道这是什么事，但是远隔的坐着，只能够想象黑色的一行行的文字，那是现在读着的地方吧，这也是很好玩的事。

又如或额发留长，姿容端丽的人，在薄暗的时候，接到了来信，似乎连点灯的时间也都等不及，夹起火盆里的炭火来，很勉强的一个个字读去，也是很有意思的。

第259段　辉煌的东西

辉煌的东西是，近卫大将的警跸②。《孔雀经》③ 的读经法

① 古时，书信书简都写在极薄的长纸上，写好后，卷成长筒，用丝帛或棉绳等系好，打个活结，加好墨封，捆在花枝或树枝上，差人递送。因为中间打了活结，所以，这种书信又叫“结文”。除此之外，还有折成长条状、信纸首尾被捻成鱼尾状的“捻文”，及前边提到过的立文。

② 警跸，帝王出行时，侍从、侍卫、将官作为前驱，将帝王要行经的所有道路都戒严，禁止其他人通行。

③ 即不空三藏译著的《佛母大孔雀明王经》，合共三卷。

会。祈祷修法是五大尊[①]。藏人的式部丞[②]在白马会的节日里，在大路上游行。御斋会[③]的时候，在右卫门府的佐官都穿着蓝印花，磨得很光泽的衣服，在那里伺候。春秋二季的读经[④]。尊胜王的祈祷修法[⑤]。炽盛光的祈祷修法[⑥]。

雷公响得很厉害的时候，雷鸣警备的仪式，很是可怕。左右近卫府的大将和中少将，都武装了来到殿前格子的外面侍候着，非常的有意思。末了大将命令道：

"归班，退散。"

《坤元录》[⑦] 的御屏风，觉得真是很有意思的名字。《汉书》[⑧] 的御屏风，却觉得很雄大的。再又每月风俗的御屏风，也有意思。

---

① 即佛教的五大明王：不动明王、大威德明王、降三世明王、金刚夜叉明王、军荼利明王。

② 指兼任式部丞的藏人。

③ 御斋会，平安时代南京三会之一，与兴福寺维摩会、药师寺最胜会齐名。每年农历正月初八，宫中都会举行御斋会，请法师宣讲金光明最胜王经，以庇佑皇室、祈祷国泰民安。法会合共七日，初八日开始，十四日结束。

④ 宫中每年二月、八月会按制举办读经会，读经会期间诵读宣讲的多是《大般若多罗蜜多经》。

⑤ 法会的一种，会上，以尊胜佛顶为本尊佛，宣讲《佛顶尊胜陀罗尼经》，信众向佛祈祷，祈祷少病驱灾、罪孽消减。

⑥ 以金轮佛顶为本尊佛，宣讲佛法经典，虔心祈祷，希望能举国安定、少战争、少天灾、少兵祸的佛门法会。

⑦ 中国古代的地方志，年代久远，已经散佚，内容不可考。

⑧ 指东汉史学家班固主导编撰的中国第一本纪传体断代史《前汉书》。

第 260 段　冬天的美感

因为避忌改道的关系，住在外边什么人家，在天还没有亮的时候回了来，冷得实在没有办法，连下巴颏儿都似乎要掉下来了，好容易回到家里，把火盆拉了过来，火是大块儿的，一点都没有黑的地方，燃烧得很好，把它从细灰里掘了出来，觉得非常喜欢。

和友人说着些闲话，连火要熄灭了都不曾注意的时候，别人进来，重新加上了炭，实在是很讨厌的。可是，如把炭排列在炭火的四周，中间放上炭火，那是很好的办法。若是将炭火都拨到外边，堆起炭来，再在顶上把火搁上去，那就很是难看，没有意思了。

第 261 段　香炉峰的雪

雪在落下，积得很高，这时与平常不同，仍旧将格子放下了，火炉里生了火，女官们都说着闲话。在中宫的御前侍候着。中宫说道：

“少纳言呀，香炉峰的雪怎么样呵？”我就叫人把格子架上，站了起来将御帘高高卷起[①]，中宫看见笑了。大家都

① 白居易《香炉峰下新卜山居》一诗中有云：“遗爱寺钟欹枕听，香炉峰雪拨帘看。”中宫问“香炉峰的雪怎么样”，清少纳言旋即将御帘卷起，应的就是“香炉峰雪拨帘看”一句。

说道：

“这事谁都知道，也都记得歌里吟咏着的事，但是一时总想不起来。充当这中宫的女官，也要算你是最适宜了。”

第262段　阴阳家的侍童

在阴阳师家里的侍童，真是很懂得事体的人。遇见什么祓除祈祷，主人到了坛场，读着祝文什么东西，到场的人别不注意，只当作当然的事听着。他却往来奔走，也不等着主人命令着说：

“把清水洒在面上吧。”[①] 便自会去做，懂得作法规矩，不要主人开口，这实在是很可羡慕的事。这样机灵的人那里有的时候，很想得着一个来使唤用着。

第263段　春天的无聊

三月的时候，遇见避忌，就到一家不很相熟的人家去，院子里种种的树木，没有什么值得注意的，就是杨柳，也不见像

---

① 除了堪舆卜噬、降妖除祟、观星相人、画符修历外，部分阴阳师也精通医术，可以为人治病祛疾。若遇到昏迷不醒的病患，就会用清水洒面的方式，将人唤醒。

平常的那样优美，叶子很宽阔觉得可憎[1]。我说道：

“这似乎是别的树的样子。”答说道：

“是有这个样子的杨柳。”我看着便作成一首歌道：

自作聪明的
杨柳展开了眉毛，
使得春光失了颜色了。

在那时候，也是因为同样的避忌的缘故，从宫中退出到那么样的一处地方去，第二天的中午时分，更觉得非常无聊，心想即刻就进宫里去，在这时候中宫有信来了，很高兴的打开来看。在浅绿色的纸上，由宰相君代笔，很有意思的写着道：

过去的日子
是怎么过了的，
难以排遣的昨日与今日呵。

这样写了，又给我的私信里说道：

“到了今天，颇有一日千秋的意思，请你在明天的早上，快点来吧。”

单只是宰相君这样说，已经够高兴了，再加中宫那旨意，尤

---

① 柳叶以细长纤柔为美，宽阔了，便失了美感。

其不好轻忽；但又不知道怎样回答才好，只得写了一首答歌道：

春天的无聊赖，
在云上①尚且不好过，
何况我在这地方的呢。

另外又给宰相君的私信里说道：

“在今天晚上，我就做了深草少将②，也说不定吧。”写了送去，到了天明就进宫去了。中宫见了说道：

“昨天的答歌里，说春日不好过，实在是很讨厌，大家都在很批评你呢。”实在是很抱歉的，或者确实可以那么的说吧。

第264段　山寺晚钟

在清水寺③中住宿礼拜的时节，寒蜩正在盛鸣，觉得很是

① 云上，意为云端之上，喻指宫廷。

② 深草少将，据传是才貌双绝的女歌人小野小町的恋人。少将对女歌人一见钟情、深深恋慕，小野小町许诺少将，若少将能连续百日，夜访其家，便与他相恋。于是，少将每天夜里都会如约到小野小町家中去，风雨无阻。不想，第九十九日，少将猝然死去，留下无限遗憾。小野小町是平安初期著名的女歌人，有不少和歌传世，但其生平早不可考，深草少将是真有其人，还是《深草少将百夜相会》中杜撰的人物，也不得而知。

③ 指京都音羽山上、供奉着千手千眼观音的清水寺。

有情趣，其时中宫特地的叫人来，送一首歌给我，在红色的中国纸上面，用草体字①写着道：

近山的晚钟的声音，
每一击是记着相思之情，
这你是知道的吧。

可是，你这是多么长久的逗留呵！”仓卒旅行中，忘记携带了不致失仪的用纸，所以在紫色的莲花瓣上写了回信送去了。

第265段　月下的雪景

十二月二十四日，中宫举办御佛名会，听了第一夜供奉法师诵读佛名经之后，退出宫来的人，那时候已经过了半夜了吧，或是回私宅去，或是偷偷的要去什么地方，那么这种夜间行路，往往有同乘一程的事，也是很有意思的。

几日来下着的雪，今日停止了。风还是很猛的刮着，挂下了许多的冰柱，地面上处处现出黑的地方，屋顶上却是一面的雪白，就是卑贱的平民的住宅，也都表面上遮盖过去了。下弦的月光普遍的照着，非常的觉得有趣。好像是在用白银造成的屋顶上，装着水晶的瀑布似的，或长或

① 草体字，即现在日语中的平假名。

短的特地那么挂着，真是说不出的漂亮。在自己的车前，走着一辆车子，也并不挂着车帷，车帘也很高的卷上了，月光一直照到车厢里，车子里的女人穿着淡色和红梅的，白色的衣服，重叠七八件，加上浓红的上衣，颜色极其鲜明的互映着，显得非常的好看，旁边的男子是穿着浅紫色的凹纹的缚脚裤，白色的单衫，棣棠和红色的出衣[①]露着，雪白的直衣连纽也解开了，从肩头脱了下来，很美丽的露出在外边。一边的缚脚裤伸在车辕的外面，路上的人遇着看见了，一定觉得很有意思吧。

因为月光很是明亮，女人有点害羞，将身子往里边靠拢，却被男子拉住了，外边全都看见，很是为难的样子，看了很有意思。男子朗咏着“凛凛冰铺”[②] 这一句诗，反复的吟诵，也是很有趣的事。很想一夜里都跟着走路，但是要去的地方已经到了，很感觉遗憾。

第266段　女主人

在宫里奉职的人们，退出回私宅来，聚在一处，各自

---

① 直衣下穿着的衣服，有裾摆外露，所以叫出衣。

② 援引自唐代诗人、词作家公乘亿的诗歌对句，全句为：“秦甸之一千余里，凛凛冰铺；汉家之三十六宫，澄澄粉饰。”公乘亿才华横溢，但声名并不显赫，其诗作有部分收录于《全唐诗话》，日本人编撰的《和汉朗咏集》上卷中也收录了一部分。

讲她的主君的事，加以称赞，并传说宫禁内外的事情，互相闲话，这家里的女主人在一旁听着，实在是很有意思的事。

卷十二

无论男女，均不可不保有他的品格。

第 267 段　女主人之二

屋宇宽畅，很是整洁，亲戚的人不必说了，只要可与谈话的，在宫中供职的人，在房子的一角落里，给她们寄住，也是很好的。在什么适当的机会，聚集在一处，说些闲话，把人家所做的歌拿来加以评论，有书信送到来的时候，便大家一起观看，或是写回信，又或者遇着有人亲切的来访问，将房屋收拾得干干净净，招待进来；倘然下雨不能回去的时节，很有意思的接待着，各自要进宫去时，便帮忙照料，像心合意的送她出门，很想这样的做。

那些高贵的人的日常生活，是怎么样的呢，很是想知道，这岂不是莫名其妙的空想么？

第 268 段　看了便要学样的事

善于看人学样的事是，打呵欠。幼儿们。有点讨厌的半通不通的人。

第 269 段　不能疏忽大意的事

不能疏忽大意的事是，被说为坏人的人，但是看起来，他却比那世间说为好人的，还似乎更是没有城府，因此是不可疏忽大意。

第 270 段　海路

海路[①]。太阳很明朗的照着，海面非常的平静，像似摊开着画一件浅绿的砧打得很光泽的衣服，一点没有什么可怕。在自己坐着的船上，年轻的女人穿着汗衫，和从者的少壮的人，一起的摇着橹，巧妙的唱着船歌，实在是很有意思的，很想教

---

① 各本这两个字属于上一节，表示“不能疏忽大意的东西”之一，以下才来引申。这是以《春曙抄》为据写在这段里。

高贵的人们看一看也好。正在这样想着一面船在行走着，可是大风忽然的刮起来，海面也时刻增加险恶，几乎昏了过去，好容易把船摇到预定停泊的地方，那时节看波浪拍打船身的样子，真不像是从前那样平稳的海了。

细想起来，实在比那坐在船上走路的人，危险可怕的是再也没有了。在不很深的地方，坐在看去很是薄弱的船上面，想摇到远处去，那是可能的么？况且那简直不知有底，有千寻[1]左右的深浅吧，装着非常多的东西，离开水面不过一尺上下，那些用人一点都不觉害怕，在船上行走着，只要稍为乱动看样子就要沉下去，他们却是在把大的松树，有三尺长短，圆的五株六株，砰砰的扔到里边去，真是了不起的事情。

有身份的人乘坐在有篷顶的船[2]上面。走到里边去的时候，人就更觉得是安稳了。但是那站在船边劳动着的人们，就是旁边看着也觉得几乎要昏晕了。那一种叫作橹索的东西，是扣住那橹什么的索子，这又是多么的细弱呵。若是这一旦断了，那就将怎么样呢？岂不是落到水里去么。可是如今连这个橹索也不曾弄得粗大一点。自己所乘坐的船造得很是整齐，挂着带有额饰的帘子，装着门窗，挂上格子，但是因为也不同别的船只那样沉重，只是同住在一所小房子里一般。看那些别的船，这实在觉得担心。在远处地方的船只，差不多像是用竹叶子所做的，散布在那里，这样子非常的相似。船碇泊着，每只

---

① 寻，日本古时的长度单位，一寻等于八尺，三尺为一米。
② 即唐时的楼船。

船都点着灯火，看了也觉得很有意思。

有一种叫作舢板的，是很小的船，人家坐着划了出去，到了明朝踪迹全无，这很有风情。古歌里说“去后的白浪”[①]，的确是什么都消灭不见了。平常有身份的人，我想还是不要坐船走路为是吧。陆路若是远路也有点可怕，但那到底是在大地的上面，所以很是安心。

其二　海女[②]的泅水

想起海来既是那么的可怕，况且海女泅水下去，尤其是辛苦的工作了。腰间系着的那根绳索，若是忽然的断了，那将怎么办呢？假如叫男子去干这事，那还有可说，如今是女子，那一定不是寻常的这种劳苦吧。男子坐在船上边，高兴的唱着船歌，将这楮绳[③]浮在海面上，划了过去。他并不觉得这是很危险的，而感觉着急么？海女想要上来的时候，便拉这绳子作为信号。男子拿了起来，慌忙的往里拉，那样着忙其实是应该的。女人上来扶着船沿，先吐一口大气，这种情形就是不相干的旁人看了，也要觉得可怜为她下泪，可是那个自己将女人放下海去，却在海上划着船周游的男人，真是叫人连看也不要看的那样的可憎了。这样危

① 古和歌歌词，歌曲载录于《拾遗和歌集》第二十卷，作歌的是位佛门沙弥，法号满誓，全歌为：“世事可以以何来比喻，恰如这晨曦划过的船，去后的白浪。”

② 生活在海边，以泅渡、捕捞、采石花为业的渔女。

③ 海女缚在腰间的、用楮树纤维做的绳索。

险的事情，全然不是人间所想出来，所能做的工作。

第271段　道命阿阇梨的歌

有一个右卫门尉[①]，因为有个不像样子的父亲，人家见了很是丢脸，自己看了也是难受，所以在从伊豫上京来的途中，把他推落到海里去了。世人听见了这事都觉得是意外，很是惊愕。到了七月十五日，这人为他的父亲忙着设盂兰盆[②]的供养。道命[③]阿阇梨知道这事，乃作歌道：

将父亲推入海里的
这位施主的盆的供养，
看了也实在很是悲哀呀！

---

① 尉，卫门府的三等官职名。卫门府负责京都的戍守工作，有左右二府。卫门府的主官为卫门督，其后为卫门佐，三等官为尉，分少尉与大尉，按制，每府有尉官四人。右卫门尉，指的就是右卫门府里的三等尉官。

② 盂兰，是梵文音译，意为“倒悬”，盆为盛放百味食物的器皿。相传，释迦牟尼的弟子目连，为了解救在地狱中受倒悬之苦的母亲，在七月十五日，开盂兰盆法会，以百味食物供养十方众僧，靠众僧之力，将母亲救出了地狱。此后，盂兰盆法会就成了佛教较为流行的法会，民间传说，七月十五中元节时，奉侍些食物给鬼神与佛陀，能为父母长辈消减业障、添福添寿。

③ 指前关白藤原兼家之孙、右大将藤原道纲之子、已经出家为僧的藤原道命。

这是很有点可笑的事情。

第272段　道纲母亲的歌

又小野公[1]的母亲，实在也是了不得的人。有一天听说在普门寺的地方，曾经举行了法华八讲的法会，在第二天有许多人聚会在小野的邸宅里，演奏音乐，或写作诗文，那时她作歌道：

砍柴的工作[2]昨天既然完了，
今天就在这里游乐，
让斧柄都腐烂了吧[3]。

这是很漂亮的歌。这些歌话都是传闻下来的。

---

① 即藤原道纲。道纲在小野地区有别墅，常往居住，所以，又被称为小野公。道纲的母亲是下伊势守、著名歌人藤原伦宁的女儿，素有才华，平安时代著名的《蜻蛉日记》就是她撰写的。

② 法华八讲的别称。《妙法莲华经》中有一卷为《提婆品》，其中记载了释迦牟尼为了求法，为仙人砍柴挑水、辛勤奉侍，最终得到佛法真传的故事，“砍柴的工作”就是化用了这个典故。

③ 化用了王质山中遇仙、观棋烂柯的故事。且，此处“斧”与“小野”谐音，有双关之意。

第 273 段　业平母亲的歌

又业平中将[①]的母亲伊登内亲王[②]寄给她儿子的歌里说道：“却更是想见你一面。”[③] 深觉得有情意，很有意思。业平打开来看的时候，心里怎么的想，大约是可以推测而知的了。

第 274 段　册子上所记的歌

觉得很有兴趣的歌，把它写在册上了放着，却被使女们拿去念诵，这简直叫人生气。而且把那歌词直读[④]，尤其讨厌了。

---

① 指平城天皇之孙、平安时代著名的歌人、曾任右卫中将的在原业平。业平生性风流、潇洒不羁，有许多韵事流传于外，据说，《伊势物语》中有两卷，载录的都是和他相关的逸事。

② 业平中将的母亲，桓武天皇的女儿。

③ 业平中将答应到长冈去看望母亲，却因事没能成行，伊登内亲王久等儿子不至，内心焦急，就给业平中将写了一封信，信中有一首和歌，歌的内容是：“人渐渐老去，永别总是难免，如今却更是想见你一面啊。”这首歌，在平安时代很著名，《伊势物语》《古今和歌集》中都有载录。

④ 和歌是用来咏唱的歌，要按照节律高声咏唱，直接照着诗句念，就失了歌的韵味，没意思得很。

第 275 段　使女所称赞的男子

有些稍有身份的人，为使女们所称赞，说道：

“真是很可怀念的人。”这样的说，就会立刻使得人对这个男子发生轻蔑的意思。其实这还不如给她们所批评，要好得多多呢。为使女们所称赞，便是女人也不很好。又被她们所称赞，说的不对，或者称赞倒要变成批评哩。

第 276 段　声惊明王之眠

大纳言[①]来到主上面前，关于学问的事有所奏上，这时候照例已是夜很深了，在御前伺候的女官们，一个二个的不见了，到屏风和几帐后边去睡觉，自己独自一人忍着渴睡侍候，听见外边说道：

“丑时四刻！”是奏报时刻的样子。我独自说道：

“天快亮了。”大纳言说道：

“现在这个时候，请不必再去睡觉了吧。”仿佛觉得不睡觉是当然的样子。糟了，我为什么说那样的话的呢。如果还有别人在那里，那也还可以混得过去，溜进去睡了。主上靠着柱子，也稍为睡着了的模样。大纳言说道：

---

① 指中宫定子的兄长，时任权大纳言的藤原伊周。

“请你看这边吧。天已经亮了，却那么的安息着哩。”中宫看了也笑着说道：

“真是的。”主上似乎都不知这些，在这时候，有宫女所使用的女童黄昏时分拿了一只鸡来，说道：

“等到明天，要拿到老家里去的。”就把那鸡藏在什么地方，可是不知怎的给狗找到了，便来追赶，鸡逃到廊下，大声的叫嚷，大家都给它吵醒了。主上也惊起问道：

“是什么事呀？”大纳言这时候高吟道：

“声惊明王之眠。①”这实在很是漂亮也有意思的事，连我自己渴睡的眼睛，也忽然的张大了。主上和中宫也觉得很有兴趣，说道：

“这实在是，恰好的适合时机的事。”无论怎样，这总是很漂亮的。

第二天的夜里，中宫进到寝宫里了。在半夜的时候，我出到廊下来叫用人，大纳言说道：

“退出到女官房去么？我送你去吧。”我就把唐衣和下裳挂在屏风上，退了出来，月光很是明亮，大纳言的直衣显得雪白，缚脚裤的下端很长的踏着，抓住了我的袖子，说道：

“请不要跌倒呀。”这样一同走着的中间，大纳言就吟起

---

① 日本著名诗人、文章博士都良香代表作《刻漏刻》中的名句，全句为：“鸡人晓唱，声惊明王之眠；凫钟夜鸣，响彻暗天之听。”《本朝文粹》《和汉朗咏集》下卷、都良香传世名作《都氏文集》中都收录过这首诗。

诗来道：

“游子犹行于残月。[1]”这又是非常漂亮的事。大纳言笑说道：

“这样的事，也值得你那么的乱称赞么。”虽是这么说，可是实在有意思的事，也不能不佩服呵。

第277段　卧房的火

同了隆圆僧都的乳母一起，在御匣殿的房间的时候，有一个男子来到板廊的旁边，近前说道：

“我遇到了十分晦气的事情。现在上来，可以对谁来诉苦呢?”说这话的时候，脸上仿佛就要哭出来的样子。我问道：

“这是什么事呢?”他回答道：

“真是刚出去了一会儿，龌龊的房子[2]就给火烧了，现在暂时在这里，像寄居蟹[3]似的，把尾巴安插在别人的家里。从堆着御马寮的马草的家里，发生了火灾，因为只隔着一重板

---

① 语出唐代诗人贾岛的《晓赋》。原文如下：“佳人尽饰于晨妆，魏宫钟动；游子犹行于残月，函谷鸡鸣。”因年代久远，且贾岛遗世的诗词作品中也找不到这篇赋，所以，有学者认为这首赋是诗人谢观或贾嵩所作。只是，这两人生平也不详，无可考证。

② 谦词，类似于汉语中的“寒舍”“陋居”。

③ 一种海蟹，属甲壳纲十足目，上半部似虾，尾部无甲壳，寄居在空置的螺壳中。

壁，在卧房里睡着的妻子也差一点儿就被烧死了，什么东西都一点没有拿得出来。”御匣殿也听见了，觉得他的手势和口调都很可笑，就大笑起来。我自己写了一首歌道：

烧着马草的这一点
春天的火，为什么把卧房
烧得什么也不剩了呢？

写好了便丢给他道：

“把这个给了他吧。”女官们哗然笑说道：

“就是这一位，因为你的家被火烧了，很可怜你，所以把这个给了你的。”叫他来拿了，那人问道：

“这是什么票据①呢，有多少东西可以领取呀？”女官说道：

“你先念一遍好了。”那人道：

“这怎么成呢？我是睁眼瞎②的呀。”女官又说道：

“那么叫人家去代看吧。刚才上头有召唤，我们就要上去了。你既然得到这样极好的东西，为什么还要发愁呢。”大家都笑着闹着，来到中宫那里。乳母说道：

---

① 古时，人们常用一种略厚些的纸来题写和歌与俳句；官厅衙署也用这种纸来记账开票。此处，这位女官就是把写了和歌的纸误认为是某种票据了。

② 指目不识丁的文盲。

“不知道他回去给谁看了没有。听到了这游戏的歌词，不晓得要怎样的生气哩。”便把这事告知中宫，中宫笑着说道：

“你们也真是，真亏做得这样疯疯癫癫的事来呢。”

第278段 没有母亲的男子[①]

一个男子没有了母亲，只有父亲一人，那父亲虽是很爱怜他，但是自从有了很麻烦的后母以来，不再能够随意的进到父亲的房里去了，一切服装等事，只得由乳母和先妻的使用人等加以照顾了。

在东西的对殿里，布置了客室，整理得很是像样，什么屏风和纸隔扇上的绘画也都很可观，就住在这里面。

殿上人中间的交际关系搞得很好，人家都没有什么批评。主上也很是中意，时常召唤，去做音乐或其他游戏的对手，但是他似乎总是郁郁不乐，觉得世事不如意，可是好色[②]之心却似乎不是寻常的样子。

一位公卿有一个妹子，一向非常的珍重，只有她对他情意缠绵，很是说得来，这是他唯一的安慰了。

---

① 本段的主人公是个失母的贵族公子，具体是谁，不得而知。

② 此处，“好色”一词并无贬意，指的是很纯粹很美好的感情。

第 279 段　又是定澄僧都

“定澄僧都没有袿衣，宿世君没有汗衫。”① 有人这么的说，这是很有意思。

第 280 段　下野的歌

有人问我道：

“这是真的么？听说你要到下野②去呢！”作歌回答道：

想都没有想到的事，
是谁告诉了你，去到
艾草丛生的伊吹山的乡里？

第 281 段　为弃妇作歌

有女官和一个远江守的儿子要好，可是那男子又和在同一

---

① 袿衣是一种很长的古代袍服，定澄僧都没有，是因为他个子太高，穿着一点儿都不显长；汗衫是一种很短的衫褂，宿世君没有，是因为他个子太矮，穿着不合适，显得太长了。

② 下野，地名，毗邻东京，与京都相距颇遥，在当时，是十分偏远的地方。

地方供职的女官要好了。听见了这事，女人很有怨言，那男子说道：

“我叫父亲做证人给你立誓。这实在是一种谣言。我连梦里都没有见过那女人。”女官对我说了，又说道：

“那我怎么说好呢？”我就代她做了这首歌去回答他：

你立誓吧，凭了远江的神，
可是我难道没有看见么？
那滨名桥的一端。

第282段　迸流的井泉

在不很方便的地方[1]，与男子说话。男人随后说道：“那时心慌得很。你为什么那么做的呢？”作歌答道：

逢坂相会总是心慌，
遇见了迸流的井泉，
会得有看见的人呵。

---

① 指人多眼杂、不适宜私会的地方。

第283段　唐衣[①]

唐衣是，赤衣，淡紫，嫩绿，樱花，一切淡的颜色。

第284段　下裳

下裳是大海[②]，褶裳。

第285段　汗衫

汗衫是，春天是踯躅，樱花，夏天是青朽叶，朽叶。

第286段　织物

织物是，紫。白。嫩绿的地织出柏叶[③]的也好。红梅虽然是好，可是最容易看厌。

---

① 即日本平安时代的宫廷“十二单”和服，因为是仿照唐朝衣装的式样，所以称为“唐衣”。

② 又名海部，是与海相关的一类服色的总称，有海松纹的，有贝壳纹的，有波浪纹的，等等。

③ 并非柏树的叶子，而是槲树叶。日本古时，将槲树称为柏树。

第 287 段　花纹

花纹是，葵，酢浆[1]。

第 288 段　一边袖长的衣服

夏天的纱罗衣服，有人穿着一边的袖子很长的，真很是讨厌。好几件套着穿，便被向着一边牵扯，很是穿不好。棉花絮的厚的衣服，胸口也容易敞开，非常的难看。这与普通的衣服也不能混杂着穿。也还是照从前的那样做了，等样的穿着为佳。那边袖子还是应当一样的长。但是，女官的衣服有时也太占地方，未免觉得局促吧。男子的如件数穿得太多，也是要一边偏重。整齐的装束的织物和罗纱等薄物，现今似乎都是一边袖子长的样子。每见时式的，又模样长得很好的人，穿着这样的衣服，觉得样子很是不雅观的。

① 一种绫织的花纹样式，黄花细叶，很清新雅致。

第289段　弹正台[①]

容貌风采很好的贵公子，任弹正台的官，很是不像样的[②]。即如中将殿下[③]的例，便是很可惜的事。

第290段　病

病是，心口痛[④]。邪祟。脚气。只是莫名其妙的胃口不开。这些都是常见的病。

十八九岁的人，头发生得非常美丽，有等身的长，末端还是蓬蓬松松的，身体也很肥大，颜色白净，很是娇媚，显得是个美人，却是非常患着齿痛，啼哭得额发都被眼泪濡湿了，头发散乱了也并不管，只按着那红肿的面颊，那是很可同情的。

在八月的时节，白色的单衣很柔软的穿着，也很像样的系

---

① 日本古代的职司，类似于中国的御史台。弹正台有主官一名，为弹正尹；主管纠察不法事务、弹劾巡查事务的次官两名，为大弼、少弼。

② 弹正台官员的主要职责是弹劾纠察，容易得罪人，百官多不喜，所以，作者认为，容貌风采很好的贵公子，到弹正台任职，是很不像样的。

③ 中将殿下，是对身兼中将之职的亲王之子的称谓，此处，指的是曾任弹正台大弼、后被擢拔为近卫府权中将的平亲王之子源赖定。

④ 原文写作“胸痛”，其意不明，可能指的是胸闷、心口痛，也可能指的是胃病、肺病，具体为何，不得而知。

着下裳，上边披着紫苑色[1]的上衣，鲜艳夺目，年轻的女人很厉害的患着心口痛病。同僚的女官们轮流的来看望她。女官房的外面，也来了些年轻的贵公子们，都问讯道：

"真是可怜。这是平常也是这样的苦恼的么？"有的便只是照例的问候罢了。平常对于她深致想念的人，才真心的觉得可怜，感到忧愁，若是秘密的恋慕着的男人，更是回避人家的耳目，想走到病人身边去，也不敢走近，只是焦急的悲叹着，就是旁人看着，也觉得很可同情。非常美丽的长头发，束了起来，说是想呕吐，坐了起来的样子，真是可怜，叫人心痛的。

上头[2]也听见了这病状，便派遣了祈祷读经的法师，声音特别好的人到来给她治病，在病床近旁设了几帐，安置坐位。并没有多大的房间里，访问的人来了许多，又有来听闻读经的女客，外边就完全看得见，法师便有时候看着女人，一面念着经，这个样子我想是要受到冥罚的吧。

第291段　不中意的东西

不中意的东西是，到什么地方去，或者上什么寺院去参拜的时候，遇着下雨。偶然听到使用人说："主人不爱惜我，现

① 一种衣服的颜色。内里为青色，表面为淡紫色。

② 泛指，或言身居高位的人，或言女官们的直属领导，此处，指的可能是中宫。

今这是某人，是当今最得时的人哩。”有比别人稍为讨厌的人，却尽自胡猜，没有理由的不平，独自逞着聪明，这也是不中意的。

有心地很坏的乳母所养育的小孩，也是不中意的。虽然是这样说，可不是那小孩有什么不好，只是叫这样的人养育，能够成得什么呢？所以旁人就不客气的说：

“在许多小孩中间，主人不很看重这位小孩儿吧，所以也被别人所讨厌了。”

小儿方面什么也不知道，所以就是这样的乳母，看不见的时候，会哭泣寻找，这也是不中意的事情。这样的乳母，在那小孩大了之后，很是珍重，着实忙着照料，可是因而发生弊害，也是有的。

又有看了很是讨厌的人，就是很冷酷的对待她，还是缠着表示要好。若说是“有点儿不舒服”的话，就比平常更是靠近了来睡，劝吃什么东西，这边是并不算是一回事，可是那边总是纠缠不放的顺从着，加意照料，更是不中意的事。

其二　在女官房里吃食的人

到在宫中供职的女官房里来访问的男子，在那里吃什么东西，实在是很不行的。这给吃食的女人也很是不对。互相爱慕的女人说“请吃这个吧”，亲切的劝食，所以不好装出似乎很是厌憎的样子，紧闭了嘴，转过脸去，因此就吃了的吧。但是若是我呢，无论男人喝得很醉的来了，或是夜很深了，住了下来，也决不该给他一碗汤泡饭[①]吃的。假如男人心里想：这是多么不亲切呀，就不再来了，那么便随他不来好了。若是在家里的时候，厨房里做了什么拿了出来，那么这是没有法子。可是就是这样，也决不是可以感心的事情。

第292段　拜佛的民众

到初濑去参拜观音[②]，在女官房里的时候，卑微的民众都乱七八遭的将后面对着人，坐满一屋的那样子，真是太没礼貌了。好容易起了殊胜的信心去参拜，经过河流的可怕的声音[③]，困难的登上了扶梯，本想早点瞻拜佛尊的容颜的，赶紧的走进房里；可是穿着白衣的法师和那些像蓑衣虫模样的人们，都聚集在那里，或坐或立的在礼拜着，一点都无所顾虑，真是看了生气，想一齐推倒了才好。在非常高贵的人们的房前，那里家人虽然回避，若是平常身份的人，就无法制止了。把专管参拜事务的法师叫了来，叫他传话道：

---

① 即水饭。

② 奈良县初濑町有一座长谷寺，寺中供奉着观世音菩萨的六道显化身之一的十一面观音，香火旺盛，信众众多。

③ 指初濑川澎湃的水波声。

“请大家这边稍为让开一点吧。”说话的时间虽然渐时退去了，但等那法师一旦走开，却立即同先前一样了。

第293段　不好说的事情

不好说的事情是，到对方去传述主人的口信，以及贵人的传言，说的很多，要从头至尾的仔细的说，很不容易说。对于这些的回信也是不好说的。遇着觉得惭愧[①]的人，送给什么物事，要给回信，也是很难的。一个已经成人的儿子，有什么意外的事情[②]，忽然听到了，在本人面前也是不好说得的。

第294段　束带[③]

束带是，四位五位的人宜于冬天，六位的人宜于夏天，宿

---

① 此处，“觉得惭愧”，有“自惭形秽”的意思，多用来指地位卑下的人遇到公卿贵族。

② 意外的事，指出乎预料、不合时俗的恋情，男女的私相授受或者私奔等。

③ 原段无题，述说的是官员的正装式样，题目“束带”，是译者自行添加的。

直装束[①]，也是如此。

第295段　品格

无论男女，均不可不保有他的品格。就是一家的主妇，不见得有人会来评论善否，但是懂得事理的使用人要出入遇见，便免不得有所批评了。况且在宫中供职，与众人有着交际，自然更容易招人家的注意了。所以不应当没有品格，像是猫下到地上[②]来的那样。

第296段　木工的吃食

木工[③]的吃食的样子，实在是很古怪的。营造寝殿，要建筑像东边对殿一样的房子，那时有许多木工聚在那里吃食。我走出向东的房屋来看，只见首先搬来的是汤，这一拿到手便立即喝了，把空碗直塞出去。其次拿来的是菜，也都吃光了，看去好像是饭也不要了的样子；可是这也一忽儿都完了。有两三

---

① 宿直装束，指没有束带的便装。

② 彼时，猫是公卿贵族、天潢贵胄之家才养的起的宠物，多出入厅堂席榻之间，不会下地。猫下地，在此有自甘堕落、自甘卑贱之意，所以说没了品格。

③ 因受地理环境影响，日本的房屋大多为木造，因此，木工也被视为百工之首，称为“大工”。

个人在那里，都是这个样子，可见这是木工的习惯如此吧。这是很没有意思的。

第297段　说闲话

或是说闲话，或是说过去的故事，有人好像很聪明似的，在中间应答，却又是自己去和别人聊天，把话头打断了，这样的人实在是很可憎恶的。

第298段　九秋残月

在某处地方，住着叫作什么君[①]的一位女人，九月里的一天，有一个人虽然不能算是什么名门的子弟，但是大家说是了解风情，也是很有才情的人，前来访问她。在黎明正要回去的时候——

“下弦的月亮很美的照着，觉得很有意思，心想把这回归后的风情，让女人老是记着，所以说了些慰藉的言语，走了出去了。女人以为现在已经走远了吧，出来远送着的时候，说不尽有一种优婉的滋味。既然离去以后，也走了回来，站在格子

① 此处的君，是日本古时对女子的尊称，譬如前文提到的宰相君、少将君。

屏风开着的背后，要设法叫她知道自己还是逗留着不肯离去的样子。那时听那女子微吟道：

“‘九秋残月如常在。[①]’向着外边窥探，头发的上部没有照见，只在这以下五寸的光景月光照着，好像是火光一般，吃了一惊，心想莫不是天明了么，就走了回来了。”随后那人还同别人讲说过去的事。

第299段　借牛车

女官在进宫去或退出的时候，向人家借车的事情是常有的。有时候车主人很爽快的借给了，但是饲牛的人辱骂那牛，比平常使用的那头牛更是下等，用力打它叫它快走，这是很觉得讨厌的。而且那跟车的也装出一副不高兴的样子，说道：

“要快点走，在夜不很深的时候，赶这牛回去才好。”这实在是很无礼的，而且也可以推想到主人的意思，实是不很愿意借给的，以后即使有了急用，也不想再借了。

只有业远朝臣[②]的车子，是无论夜半，或是黎明，人要借

---

① 《拾遗和歌集》和《万叶和歌集》中均载录了一首与月相关的古和歌，歌曰：“君如能常来，如九秋残月那样，那么我的情怀也能被慰藉。”“九秋残月如常在”这句，就是对这首歌歌词的一种调整化用。相传，此歌是著名和歌诗人柿本人麻吕所作，但也有人说是一位名姓已不可考的歌人所作，具体情况如何，早不可考。

② 指时任美浓国守兼正四位春宫亮之职的高阶业远。

它乘坐，丝毫都没有这种不偷快的事，他是那样的教训那些用人的。路上如遇见女车，车轮陷落在道路的洼下的地方，拉不上来，饲牛的正在发怒的时候，业远朝臣便叫他自己的家人，替他拿鞭子打牛，帮助他们。因此若在平常的时候，他对于用人们，可见是训练有素的了。

第300段　好色的男子

有好色①而独居的男子，昨夜不知道在哪里宿了吧，清早回来，还是渴睡的样子，将砚台拉过来，用心的磨墨，并不是随便的拿起笔来乱写，却是很丁宁的写那后朝的信来，那种从容的态度是看了很有意思的。白的下袭上面，穿着棣棠色和红色的许多衣服。白色的单衣为朝露所湿，很失了糊气，有点皱缩了，一面注视着，已经将信写好，也不交给在面前的侍女，却特地站了起来，把一个似乎懂事的书僮，叫到身边来，在耳朵边说话，将信交付了他。书僮走去了之后，暂时沉思着，把经文里适当的章句，随处的低声吟诵着。后边听到预备漱口和吃粥的声响，来催促说“请过去吧”，他走到里边，靠着书几，又看起书来了。看到有兴趣的地方，便随时吟诵了起来，

① 好色，非贬义，在当时，或指年少慕艾，或指年少风流。男子未婚，在外有红颜知己，便日日外宿其家，按当时的婚俗，是很正常的事情，无可指摘。

这是很有意思的事。漱过了口，只穿了直衣，便暗诵着《法华经》第六卷。这实在是很可尊重的。刚才这样想着，那送信的地方大约是很近的吧，先前差遣去的那书僮回来了，使用眼色告诉了主人知道，便立刻停止了诵读，把心转移到女人的回信上去了。心想他这样的做，不怕得罪佛法么，这也是颇有意思的。

第301段　主人与从仆

潇洒的年轻的男子，穿着的直衣、袍子以及狩衣，都是很漂亮的，底下衣服也穿得很多，袖口看出是很厚的。这样的一个人，骑了马走在途中，随从着的男子，拿着一件立封，仰望着上边，马上的主人正在接那封信，这样子是很有意思的。

第302段　邪祟的病人

松树长得很高，院子也是很宽阔的一所人家，东南两面的格子都打开了，所以显得很是凉爽。上房主屋里立着四尺的几帐，前面放着一个蒲团，有一个三十几岁的，不是很难看的和尚，身穿淡灰色的法衣和浅紫的袈裟，很整洁的装束着，手里捏着香染的扇子，念着《千手陀罗尼》。那几帐里边的，是被那邪祟所苦恼着的病人吧。为的要找一个可以给那邪祟作“凭依”① 的人，便去找了一个年纪稍为大一点的童女，头发生长得非常漂亮，穿了生绢的单衣，鲜红的裤子很长的穿着，膝行着来到侧向摆着的三尺几帐前坐了。法师便扭过头去，拿出一个很是细长美丽的金刚杵来，叫她拿着，发出“哦”的一声喊，便闭了眼睛，又自念他的陀罗尼，这实在是觉得很可尊贵的。在帘子外边，聚集着许多女官，毫不隐蔽的看守着这景象。没有多久的时间，那童女就开始颤抖，随即不知人事了。随着法师的祈祷进行，护法神也愈是显出灵验来，这的确是可尊贵的事。童女的长兄穿着袿衣，以及别的年轻的人们，都坐在后边，用团扇给她扇着。大家都感激着神佛的威德。可是假如这童女像平常一样的清醒的话，那样她将怎样的感觉羞耻，无地可以自容吧。此刻谁也明白，她未必知道什么，但是这样的苦恼，哭泣着的模样很是可怜，所以那病人的朋友看了无不觉得怜悯，坐在几帐的近旁，给她整理弄乱了的衣裳。

这样做着的时候，病人说略微觉得好了，便叫拿药汤来给她喝，从厨房里去取来送了上去，其时年轻的女官们很是着急，一面将盛药汤的碗撤下，赶紧往祈祷的地方去窥看。她② 却是整齐的穿着单衣，浅色的裳也一点都不凌乱，很是整洁的。

到了申刻的时候，邪祟谢罪放走了，那作为凭依的童女也

---

① 指体质特殊，可以被邪祟或神灵附体的人。

② 指患病的女官。

就得了放免。她回复了意识，说道：

“我道是在几帐的里边，怎么变成这个样子，却到了外边来了。还不知道做了些什么样的事哩！”觉得很是害羞，将头发摇得散乱了，遮住了面孔，偷偷的躲进几帐后边去了。

法师暂时留了下来，仍作祈祷，随后说道：

“怎么样？稍为爽快一点了么？”笑嘻嘻的说，样子很是漂亮。又说到：

“本来还该暂时留在这里，但是做功课的时刻已经到了。”便要告辞出去，家里的人留他说道：

“且请等一会儿吧。让我们送上布施的礼物。”可是非常的着急要走，这家的似乎最高的女官便膝行到了帘子的跟前，说道：

“真是多谢了，因为承蒙下降的关系，刚才的那种情形，看了也是难受的，却立即好了起来，所以郑重的给你道谢。明天如有工夫，还请过来吧。”这样的传达主人的意思。法师回答说道：

“好执拗的邪祟，所以请不要疏忽，还是小心一点好吧。现今好起来了，这是要给你道喜的。”很简单的应酬了，便走了出去，样子很是尊贵，似乎觉得好像佛尊自己的出现了。

第303段　法师家的童子

端丽的男孩，头发长得很长的，还有年纪稍为大一点的孩子，虽然已经长出髭须来，头发却是意外的美丽；又或是身体顽强，但是容貌丑陋的，当作使用人有许多人，很是忙碌似的，这里那里的出入奔走于大家贵族，在社会上很有声望，这就是在法师，也是非常愿意的事吧。那时候法师的父母，推想起来，也不晓得是怎样喜欢的呢。

第304段　难看的事情

难看的事情是，衣服背缝歪在一边穿着的人。又把衣领退后，伸向后方的人；公卿所用的下帘很是龌龊的旧车。平常少见的客人的前面，带了小孩子出来。穿了裤的少年脚上蹑着木屐，这个样子现在却正在时行。壶装束的妇人，快步的行走。法师戴了阴阳师的纸帽子，在举行祓除的法事。① 又黑瘦而且容貌丑恶的女人装着假发，是很难看的。

满生着胡须，身体精瘦的男子，在那里白天睡觉。这有什么好看的地方，所以这样睡着的呢？若是夜里，什么模样也看不见，普通一般又都是睡了，也不必因为我是丑陋，便那么起来不睡。只要早上赶紧起来，那就好了。在夏天时候，午睡了起来，也是难看的。只有非常美丽的人，那才稍为有点儿风

---

① 古时，日本神道教与佛门密宗泾渭分明，属于两个不同的修行体系。阴阳师属于神道教体系，为人禊祓除祟、作法降妖时，会戴一种三角形的白纸帽；法师属于佛门体系，作法时常着袈裟、敲木鱼、念诵经文。若法师作法时戴着阴阳师戴的白纸帽，则不伦不类，是十分难看、十分犯忌讳的事情。

趣，若是容貌平常的人，睡起的脸多是流着油汗，仿佛肿了的样子，而且弄得不好，似乎两颊也是歪斜了。午睡醒过来的人们互相对看着的时候，应该非常觉得扫兴，觉得没有人生的乐趣吧。

颜色暗黑的人，穿着生绢的单衣，也是很难看的。若是浆过或是砧打的衣服，那虽然一样的透亮，但是也还没有什么。若是生绢的话，那便连肚脐也可以看得见了。

第305段　题跋

天色已经暗下来了，不能够再写文字，笔也写得秃了，我想勉强的把这一节写完了就罢了。这本随笔[①]本来只是把自己眼里看到、心里想到的事情，也没有打算给什么人去看，只是在家里住着，很是无聊的时候，记录下来的，不幸的是，这里边随处有些文章，在别人看来，有点不很妥当的失言的地方，所以本来是想竭力隐藏着的，但是没有想到，却漏出到世上去了。

有一年，内大臣[②]对于中宫进献了这些册子，中宫说道：

---

① 原文为“草子”，即“册子”的谐变音。因为《枕草子》一书内容散乱、多随笔之作，所以译为“随笔”。

② 指中宫定子的兄长藤原伊周。正历五年九月，藤原伊周卸去大纳言之职，转任内大臣。

“这些拿来做什么用呢？主上曾经说过，要抄写《史记》……”我就说道：

“若是给我，去当了枕头也罢。”① 中宫听了便道：

“那么，你就拿了去吧。”便赏给我了。我就写了那许多废话，故事和什么，把那许多纸张几乎都将写完了，想起来这些不得要领的话也实在太多了。

本来我如果记那世间的有趣的事情，或是人家都觉得漂亮的，都选择了来记录，而且也有在歌什么里头，苦心吟咏草木虫鸟的，历举出来，那么人家看了，就会说道：

“没有如期待的那么样。根底是看得见的。”那么这样的批评，也是该受的吧。但是我这只是凭了自己的趣味，将自然想到的感兴，随意的记录下来的东西，想混在那些作品的中间，来倾听人们的评语，那似乎是不可能的吧。然而也听见有读者说道：

“这真是了不起的事。”② 这固然是觉得是很可安心的事，可是仔细想来也不是全无道理的。世人往往憎恶他人偏说他好，称赞的反要说是不行，因此真意也就可以推想而知吧。但总之，这给人家所看见了，乃是最是遗憾的事情。

---

① 此句句意，众说纷纭。有学者认为，枕，即枕边。枕草子，就是枕边常备的、用来记录生活日常的小册子。也有学者认为，清少纳言此处是援引了白居易《秘省后厅》诗中“尽日后厅无一事，白头老监枕书眠”之句，以“白头老监”自况。孰是孰非，难以定论。

② 原文为“害羞”，有被人盛赞，不胜惭愧羞涩之意。

其二　又跋

这是左中将还叫作伊势守的那时候，他到我家里来访问[①]，想在屋角里拿坐垫给他，这本册子却在上边，便一起的拿了出去了。急忙的想要收回，可是已经来不及，就被他拿了回去，经过了好久的时期，这才回到我的手里来。自此以来，这本册子就从这里到那里的，在外边流行了。

① 长德二年六月，左近卫中将源经房曾登门拜访过清少纳言，此处讲述的就是那时发生的事情。